고규홍의 한국의 나무 특강

고규홍의 한국의 나무 특강

|고규홍 글·사진|

Humanist

| 프롤로그

사람을 찾아서, 나무를 찾아서

나무를 보는 건, 그리움을 쌓아가는 일입니다. 그걸 우리와 함께 살아가는 모든 생명에 대한 사랑을 키우는 일이라고 이야기해도 되겠지요.

개화 시기를 예측하는 게 어려워 봄의 개화, 가을의 단풍을 기대하며 나무를 찾아가도 제대로 맞추기가 어렵습니다. 꽃이 예쁘게 피었겠거니 하고 찾아가면 아직 덜 피었거나, 아니면 이미 낙화를 마친 경우도 흔히 겪곤 합니다. 그럴 때면 어쩔 수 없이 다음 계절을 약속하는 수밖에 없습니다. 안타까움과 아쉬움은 곧바로 나무를 향한 그리움으로 하나둘 쌓입니다.

물론 개화 시기를 정확히 맞추어서 나무를 찾아가는 경우도 적지 않습니다. 그렇다고 나무에 대한 그리움이 모두 만족되느냐 하면, 그렇지 않습니다. 생명 있는 것은 언제나 다음의 살림살이를 약속하고, 새로운 변화를 준비하기 때문입니다.

꽃이 예쁜 목련이나 작약, 모란 등을 한참 들여다보고 있으면 일단 좋지요. 잠시 뒤 그에게서 눈을 떼고 돌아설 때면, 내년에 또 이 자리에서 이 꽃이 아름답게 피어나겠지 하고, 내년에 다시 만나자고 약속하게 됩니다.

그러나 그 순간 '세상의 모든 꽃은 단 한 번만 피어난다'는 깨달음에 이르게 됩니다. 맞습니다. 꽃은 단 한 번만 핍니다. 물론 내년에도 이 나무에서 꽃은 피어나겠지요. 그러나 새로 피어나는 꽃이 바로 지금 제가 보고 있는 이 꽃은 아닙니다. 이 꽃은 이제 얼마 뒤면, 자기에게 주어진 생명의 역할을 다 한 뒤에 스러지고 말 겁니다. 그 사실을 알게 되면, 다시 또 하나의 그리움이 쌓입니다. 곧바로 세상의 모든 살아 있는 것들이 더 소중하다는 깨달음으로 이어집니다.

개화 질서가 무너지는 변화의 시기에 우리는 우리 환경에 대해 여러 이야기들을 많이 합니다. 생태와 환경을 공부하고 연구하는 분위기도 사뭇 진지해집니다. 하지만 그 어떤 노력보다 앞서야 하는 것이 바로 살아 있는 모든 생명에 대한 사랑입니다.

미국의 고생물학자 스티븐 제이 굴드(Stephen Jay Gould)는 "우리는 자신과 자연 사이의 정서적 유대를 함양하지 않고서는 종과 환경을 구하는 이 전쟁에서 이길 수 없다. 자신이 사랑하지 않는 것을 구하러 싸우지는 않을 테니까"라고 했습니다. 지식에 앞서 반드시 가져야 하는 건 자연에 대한 지극한 애정이지 싶습니다.

우리가 애정을 갖고 바라보아야 할 나무는 수목원이나 깊은 숲 속에만 있는 게 아닙니다. 가로수는 물론이고, 아파트 단지나 사무용 건물 주위 등 도시에도 나무 없는 곳은 없지요. 개체 수를 헤아려본 적은 없지만, 어쩌면 사람이 심은 나무는 도시에 더 많을지도 모릅니다. 하다 못해 건물을 짓고 준공 허가를 받으려 해도 일정 정도의 나무를 심어야 하니까요. 바쁘게 살아가는 도시인들이 바로 곁에 살아 있는 나무의 존재감을 느끼지 못할 뿐입니다.

*

10여 년 전 서울 서소문 근처의 직장에 다니던 때가 있었습니다. 불현듯 길가의 나무들이 눈에 들어와 출근길에 나무를 헤아려본 적이 있지요. 경기도 부천시에서부터 서울 서소문의 회사까지 1호선 전철을 타고 이동하면서 눈에 띄는 나무를 수첩에 적었습니다. 겨우 1시간 남짓한 동안 수첩에 적힌 나무는 무려 50종류가 넘었습니다.

아파트 현관을 나서자, 단지 안에 목련·앵두나무·자귀나무·감나무가 있고, 단지를 벗어나자 길가에는 가죽나무와 메타세콰이아 가로수가 줄지어 서 있으며, 낮은 울타리에는 개나리와 쥐똥나무·회양목이 즐비했습니다. 대로에 나오자 스트로브잣나무와 소나무, 튤립나무와 플라타너스가 눈에 들어왔고, 다문다문 매실나무도 있었습니다. 전철 창밖으로 향나무·오동나무·무궁화·버드나무가 스쳐 지나갔으며, 회사 가까이에는 회화나무·벚나무·은행나무가 우람하게 하늘 향해 두 팔을 벌리고 있었지요. 회사 건물 주위에는 산철쭉과 영산홍이 화려하게 꽃을 피웠고, 대나무로 벽을 둘러싼 곳도 있다는 걸 알게 됐습니다.

한 시간 남짓이었지만, 제 곁에 이토록 많은 생명들이 살아 있다는 걸 새삼 깨달을 수 있었습니다. 그동안 바로 곁에 있는 많은 나무들을 바라보지 못했습니다. 10년 넘게 같은 길을 출근하면서 한 번도 떠올리지 못한 생각이었습니다. 제 곁의 모든 생명체들을 한번 더 바라보아야겠다는 생각에 이르게 됐고, 꽃잎 한 장, 낙엽 한 장이 더 소중하게 다가왔습니다.

늘 허투루 바라보기만 하던 나무이지만, 한번 눈에 담아두고 바라보기 시작하면 나무는 겹겹이 둘러싸인 생명의 신비를 하나둘 드러냅니다. 사뭇 사람의 곁에서 사람과 함께 살아가는 동물들에게서 발견하기 어려운 신비입니다.

우리 사는 세상에 나무만큼 크게 자라는 생명체도 없습니다. 너끈히 100미터 넘게 자라는 나무도 있지요. 우리나라에서도 40미터쯤 자란 거대한 나무는 어렵지 않게 만날 수 있습니다. 그리 거대한 나무도 처음에는 손톱보다 작은 한 톨의 씨앗에서 시작했다는 걸 생각해보신 적 있으신가요? 그 작은 씨앗 어디에 저리 강인한 생명력이 담겨 있을까를 생각하면 놀랄 수밖에 없습니다. 게다가 나무는 사람이나 동물과 달리 나이가 들면 들수록 점점 더 아름다워지지요. 짚어보면 볼수록 나무는 신비롭기만 합니다.

사람보다 먼저 이 땅에 자리 잡고, 사람보다 오래 사는 나무에는 사람살이가 새겨져 있다는 것도 중요한 사실입니다. 수백 년을 살아낸 노거수(老巨樹)의 줄기에 새겨진 나뭇결에서 사람살이의 자취를 발견하는 건, 사람과 더불어 말없이 살아온 나무의 소중함에 대한 깨우침이라 할 수 있습니다. 누가 왜 이 자리에 심었을까? 글로 된 기록은 없지만, 나뭇결을 한참 바라보면, 나무는 서서히 나무껍질(수피, 樹皮) 깊숙이 감추어두었던 이야기를 하나둘 풀어냅니다.

*

옛날부터 우리 조상들은 나무를 많이 심었습니다. 농경문화를 바탕으로 살아온 민족들에게 공통적으로 나타나는 현상일 겁니다. 자연을 소중하게 여길 뿐 아니라, 때로는 자연을 숭배하며 살아왔을 테니까요.

우리 조상들은 사람살이에서 중요한 일이 있을 때마다 나무를 심었습니다. 아들을 낳으면 소나무를 심고, 딸을 낳으면 오동나무를 심었지요. 비교적 빠르게 자라는 오동나무를 심은 건 혼사 때까지 잘 키워, 장롱 한 채 지어줄 실용적 생각이 있었기 때문이고, 소나무는 사내아이가 높은 기상을 갖고 사철 푸르른 절개를 갖춘 훌륭한 선비로 자라나라는 기원이 있었기 때문입니다.

좌절된 꿈을 다시 일으켜 세우려는 다짐으로 심어 키운 나무도 있습니다. 조선 중종 때, 급진적 개혁을 추진하던 조광조의 정치 운동이 피바람을 맞아야 했던 기묘사화(己卯士禍) 때의 일입니다. 그때 조광조와 관련한 참화를 피해 나주 땅으로 피신한 11명의 선비가 있었지요. 그들은 훗날을 도모하기로 맹세하고 그 상징으로 나무를 심었습니다. 추위가 혹독할수록 더 붉은 꽃을 피우는 동백꽃의 비장함에 자신들의 처지를 빗대었고, 사철 푸른 잎을 떨어뜨리지 않는 한결같은 나무의 생명력에서 올곧은 절개를 배우기로 서약하는 의미에서 동백나무를 골라 심었지요. 나주 송죽리 금사정 동백나무입니다.

농경문화권인 우리 민족만 그런 건 아닙니다. 세상의 모든 인류는 나무를 중심으로 살아왔습니다. 국제해양법에 따르면, 무인도는 두 세대 이상의 거주민이 없고, 물이 없으며, 나무가 자라지 않는 곳으로 규정돼 있습니다. 사람이 사는 곳임을 가늠하는 세 가지 중요한 기준 가운데에 나무가 있다는 이야기입니다.

거슬러 올라가면, 이 같은 기준은 그리스·로마 신화에서도 찾아볼 수 있습니다. 인류 최초의 거주지인 아테네가 만들어진 때의 이야기가 그렇지요. 신들이 사람이 살 수 있는 도시를 처음 만들지요. 그곳을 놓고, 포세이돈과 아테나가 다툼을 벌입니다. 다툼이 막상막하로 오래가자, 신들의 신인 제우스가 이들의 다툼을 평정하기 위해 경합을 제안합니다. 경합의 내용은 저 땅에서 살게 될 사람에게 가장 요긴한 것을 가져오는 자에게 땅을 주겠다는 거죠. 이때 포세이돈은 하늘을 나는 말(그건 교통이나 통신을 상징하는 게 되겠지요)을 가져오고, 아테나는 나무를 가져오지요. 제우스의 판정은 아테나의 승리였고, 사람에게 가장 필요한 나무를 가져온 아테나는 그 땅에 자신의 이름을 붙입니다. 그게 바로 그리스 신화 속 인류 최초의 도시 아테네입니다.

지난 세기에 생태와 관련한 명작 《침묵의 봄(Silent Spring)》을 쓴 레이첼 카슨(Rachel Carson) 여사는 자신의 유고집을 통해 아이들에게 어떻게 자연을 가르칠 것인가에 대한 실마리를 보여주었습니다.

"어린이에게나 어린이를 인도해야 할 어른에게나, 자연을 '아는 것'은 자연을 '느끼는 것'의 절반만큼도 중요하지 않다"고 말했습니다. 구체적으로 그는 "아름다움에 대한 감수성, 새로운 것, 미지의 것에 대한 흥분과 기대·공감·동정·존경·사랑……. 이런 감정들이 기름진 땅을 이루고 난 다음에야, 비로소 그런 감정을 불러일으킨 사물에 대한 지식을 올바르게 추구할 수 있다"고 강조했습니다(《자연, 그 경이로움에 대하여》 중에서).

식물도감의 조각 지식보다는 나무를 직수굿이 바라보고, 한걸음 더 나아가 그들의 이야기에 귀 기울이는 일, 그것이 바로 삶을 더 평화롭게 구하는 이 시대 모든 생명에게 주어진 사명일 겁니다.

나무가 우리 곁에서 우리와 더불어 살아간다는 걸 몸소 느끼는 것은 우리 삶을 가장 아름답고 풍요롭게 여기는 첫걸음이 될 것입니다. 물론 자연의 여러 대상물 가운데, 푸른 풍요를 느낄 수 있는 대상물이 나무만 있는 것은 아니겠지요. 그러나 우리 사는 세상에서 가장 많은 개체를 가지는 자연물로 나무만 한 대상은 없을 겁니다. 게다가 동물이나 곤충, 혹은 철새들과 달리, 나무는 도시와 농촌 할 것 없이 어디에서나 찾아볼 수 있지요. 마음만 먹으면 언제 어디서라도 바라볼 수 있고, 그와 더불어 살아가고 있음을 느낄 수 있다는 이야기지요.

나무가 아름답고 풍요롭게 살 수 있는 곳은 사람도 편안하고 아름답게 살 수 있는 곳입니다. 반대로 나무가 죽어가는 곳, 그곳은 사람도 살 수 없는 곳입니다. 이 지극히 자연스러운 사실을 우리는 실제로는 잘 느끼지 못하는 듯합니다.

오늘은 가만히 나무 아래 서서, 나의 날숨에 포함된 이산화탄소가 나무의 들숨이 되고, 나무의 날숨에 있는 산소가 나의 들숨이 되는 걸 느껴보세요. 그것이야말로 사람을 원초적 풍요로 이끌어가는 가장 중요한 계기일 것입니다.

차례

프롤로그 사람을 찾아서, 나무를 찾아서 5

I. 나무를 심은 사람들

01. 선한 사람살이의 표지로 살아온 800년
　　—원주 반계리 은행나무　　　　　　　　　　　　　　　16
02. 뭇 생명과 교감하며 60년 만에 꽃을 피우다
　　—화성 전곡리 물푸레나무　　　　　　　　　　　　　32
03. 백성의 평안을 다스린 장수를 기리며 살아온 나무
　　—부여 성흥산성 느티나무　　　　　　　　　　　　　50
04. 새 생명을 위해 자신을 버리고 남은 스님의 지팡이
　　—정선 정암사 주목　　　　　　　　　　　　　　　　64
05. 스승의 삶을 따른 제자의 지극한 존경심을 담은 나무
　　—순천 송광사 천자암 쌍향수　　　　　　　　　　　78
06. 옛 선비의 애절한 사랑 이야기와 함께한 나무
　　—안동 도산서원 매화　　　　　　　　　　　　　　　92

II. 우리나라의 특별한 나무들

07. 천문학적 비용을 투자해 죽음에서 건져낸 나무
　　-안동 용계리 은행나무　　　　　　　　　　　　　　114

08. 토지를 소유하고, 재산세를 납부하는 부자 나무
　　-예천 천향리 석송령　　　　　　　　　　　　　　136

09. 식민지 시기에 마을의 공동재산을 지켜낸 나무
　　-예천 금남리 황목근, 고성 삼락리 김목신　　　　150

10. 신라 패망의 한을 담고 선 최고의 은행나무
　　-양평 용문사 은행나무　　　　　　　　　　　　　168

11. 자연과 더불어 살기 위한 놀라운 지혜가 담긴 전설
　　-상주 상현리 반송　　　　　　　　　　　　　　　188

12. 나무를 지키기 위해 이어온 전설의 숲
　　-제주 평대리 비자나무 숲　　　　　　　　　　　206

III. 한 맺힌 나무들

13. 교수대가 되었던 참혹한 기억이 스며든 나무
　　-서산 해미읍성 회화나무, 익산 여산동헌 느티나무, 평택 팽성읍 향나무　　224

14. 배고픔의 기억을 잊으려 쌀밥처럼 아름답게 피어난 꽃
　　-진안 평지리 이팝나무, 순천 평중리 이팝나무　　244

15. 사람과 함께 살아가기 위해 성(性)을 바꾼 나무들
　　-서울 문묘 은행나무, 강화 전등사 은행나무, 강릉 장덕리 은행나무　　262

16. 혁명의 뜻을 이루려는 젊은 선비들의 핏빛 절개
　　-나주 송죽리 금사정 동백나무　　　　　　　　　278

IV. 나무를 찾아서 천릿길

17. 깊은 산골의 평화를 지키는 잘생긴 소나무
　　－합천 화양리 소나무　　　　　　　　　　　　　　　294

18. 천덕꾸러기에서 천연기념물로 바뀐 운명
　　－의령 백곡리 감나무　　　　　　　　　　　　　　　310

19. 생로병사의 굴레를 따라 사라져간 나무를 찾아서
　　－제주 성읍마을 팽나무, 익산 신작리 곰솔, 보은 어암리 백송　　326

20. 죽어도 죽지 않고, 생명의 보금자리로 다시 태어나다
　　－봉화 청량사 고사목　　　　　　　　　　　　　　352

V. 오늘 우리에게 나무는

21. 빌딩 숲에서 숨 가쁘게 살아가는 큰나무
　　－서울 신림동 굴참나무, 인천 신현동 회화나무　　　　370

22. 개발의 험난함 속에서 끝까지 살아남다
　　－전주 삼천동 곰솔　　　　　　　　　　　　　　　　388

에필로그 끝나지 않는, 결코 끝날 수 없는 나무 이야기를 위하여　　406

I

나무를 심은 사람들

01.

선한 사람살이의 표지로 살아온 800년
– 원주 반계리 은행나무

'잎비'라는 말 들어보셨나요? '꽃비'가 있으면 '잎비'도 있어야 하지 않을까요? 제가 어느 가을, 원주 반계리 은행나무를 찾아가서 떠올린 단어입니다. 잘 쓰는 말은 아니지만, 은행나무가 낙엽이 질 때마다 쓰는 말입니다. 하긴 은행나무도 은행나무 나름입니다.

제가 큰 나무를 많이 찾아다니잖아요. 큰 은행나무들이 가을이 되면 노랗게 잎을 물들인 뒤에 곧바로 잎을 떨어뜨리는데, 큰 나무에서 한꺼번에 우수수 떨어지는 낙엽을 맞고 있으면 정말 비 맞는 듯한 느낌이지요. 그래서 '잎비'라는 말을 씁니다. 옆의 사진은 강원도 문막읍 반계리에 있는 은행나무를 찾아갔을 때 찍었습니다. 잎이 다 떨어졌는데, 그 잎의 색이 보시다시피 그리 노랗지 않았어요. 이태 전의 일인데, 그해에 여름 늦더위가 늦게까지 기승을 부리다가 어느 날 갑자기 추워졌거든요. 서둘러 나무를 찾아갔지만, 노란 물이 들기도 전에 잎을 다 떨어뜨려버렸습니다. 참 아쉬웠지만, 나무의 잎비를 한없이 맞았던 기억을 잊을 수 없습니다.

　은행나무는 참 흔한 나무지요? 주변에서 아주 쉽게 볼 수 있는 나무입니다. 은행나무 가로수 길도 많아서, 가을이 되면 참 예쁜 도시 풍경이 만들어집니다. 그뿐만 아니라, 우리나라의 오래된 문화재에도 은행나무는 잘 어울립니다. 옛날, 특히 조선시대에 은행나무를 많이 심은 데는 이유가 있지요.

　조선시대는 숭유억불(崇儒抑佛)이라 해서 불교를 억압하고 유교를 숭상했잖아요. 유교는 공자의 가르침을 받드는 종교 또는 학문이지요. 옛날에 공자가 제자들을 모아놓고 가르침을 베풀 때는 대개 은행나무 아래에서 했다고 합니다. 그래서 공자의 가르침을 받는 곳을 은행나무 교단, 즉 행단(杏壇)이라고 불렀습니다. 그러니까 유교를 받드는 곳에서는 어김없이 공자를 따라서 은행나무를 심었지요. 유교의 교육기관이 바로 서원이나 향교지요. 오래된 향교나 서원에 크고 오래된 은행나무가 있는 건 그런 까닭에서입니다. 유교의 대표적 교육기관인 서울의 성균관에도 오래된 은행나무가 있지요.

　3억 년 전에 이 땅에 자리 잡은 은행나무는 그렇게 우리 민족과 매우 친근한 나무가 됐습니다. 은행나무는 중국이 고향입니다. 그러다 보니 우리나라와 중국, 일본 등지에서 많이 볼 수 있는 동양의 나무인데, 지금은 세계적으로 널리 퍼졌지요. 독일의 괴테도 은행나무를 무척 좋아했던 모양입니다. 그의 시 가운데 은행나무를 소재로 한 것이 있지요. 그 시에서 괴테는 은행나무를 동양에서 온 나무라고 지칭했어요.

　지금 보여드릴 원주 반계리 은행나무는 제가 그동안 만나본 은행나무 가운데 가장 잘생긴 나무가 아닌가 싶어요. 물론 사람마다 미추(美醜)의 기준이 다르기 때문에 절대적이라 할 수는 없지만, 최소한 제 경험으로 보아 그렇다는 이야기입니다. 정말 멋진 나무예요. 이 나무는 나이가 800살 정도인데, 그 생김생김이 참 장합니다. 키도 큽니다. 32미터나 되지요. 가슴높이 둘레

는 16.27미터입니다. 안동 용계리 은행나무가 가슴높이 둘레가 가장 크다고 알려져 있지만, 그보다 2미터 이상 더 큰 거죠. 그런데 줄기가 여럿으로 갈라져 있기 때문에 딱히 안동 용계리 은행나무와 절대비교를 할 수는 없습니다.

 이 나무는 원주시 문막읍 반계리의 너른 밭 가운데에 우뚝 서 있는데, 워낙 크기가 커서 주변에서는 물론이고, 문막읍 주변의 국도변을 지나면서도 눈에 뜨일 정도입니다. 사방으로 가지를 고르게 펼쳤는데, 그 모습이 그야말로 일품입니다. 대단하지요.

   이처럼 오래된 나무에는 어김없이 전설이 따라붙어 있지요. 이 나무 안에는 오래된 흰 뱀이 살고 있다고 합니다. 나무 곁에 다가오면 안 된다는 주의를 뜻하는 전설이겠지요. 또 이 나무를 누가 심었느냐에 대한 전설이 두 가지 전합니다. 하나는 옛날에 이 마을에 살던 성주 이씨 가문의 한 사람이 심었다는 전설입니다. 다른 하나는 스님의 지팡이와 관계된 전설이지요. 어느 이름 모를 스님이 이곳을 지나다가 목이 말라 나무 옆에 있던 우물에서 물을 한 바가지 얻어 마신 뒤 자신이 짚고 다니던 지팡이를 꽂아두었는데, 그게 이만큼 크게 자랐다는 겁니다. 우리나라 스님들은 그냥 지팡이만 꽂으면 죄다 큰 나무가 되는 신통력을 가진 모양입니다. 의상 대사나 원효 대사가 심은 지팡이 나무가 얼마나 많은지요.

나무의 표정

이 나무를 제대로 소개하려면 나무에도 사람처럼 표정이 있다는 이야기부터 해야 할 듯합니다. 사람의 얼굴도 오른쪽과 왼쪽이 다르다고 하지요. 그것처럼 나무도 보는 방향에 따라 표정이 다릅니다. 이 나무가 그래요. 어느 때, 어느 곳에서 바라보느냐에 따라 전혀 다른 모습인 게 신기해요. 특히 이 나무는 표정의 차이가 매우 큰 나무에 속합니다. 옆의 사진을 보세요. 이게 앞의 사진의 나무와 같은 나무라고 상상이 되시나요? 지금 이 사진에는 주변 분위기가 포함돼 있기 때문에 짐작할 수 있을지 몰라도, 만약 주변 풍광을 다 지워버리고 오로지 나무만 떼어놓는다면, 그게 하나의 나무라고 믿기 어려우실 겁니다.

　　제가 나무를 찾아가서 보는 방법이 있습니다. 저는 처음에 멀리서 나무가 보이면 그 자리에서부터 시작합니다. 거기서부터 천천히 나선형으로 돕니다. 물론 그게 여의치 않은 곳도 많긴 합니다. 한쪽이 낭떠러지라든가, 언덕으로 막혔다든가 하면 쉽지 않지요. 그저 가능한 한 그렇게 한다는 말씀인데요, 이

원주 반계리 은행나무 줄기

나무는 너른 논밭 한가운데 있어 제 방식대로 나선형으로 돌면서 관찰하기 아주 좋은 형편입니다. 차츰차츰 나무에 가까이 가면서 빙글빙글 돌면서 바라보면 나무가 얼마나 다양한 표정을 가졌는지 알 수 있게 돼요. 그러다가 나무 중심까지 다가서서는 나무의 오래된 연륜을 확인할 수 있는 줄기 표면, 수피를 오래 관찰하고 이번에는 직선으로 한 걸음씩 뒤로 물러나면서 바라보는 거지요. 그러니까 나무를 중심으로 해서 마치 거미가 집을 짓듯 옮겨 다니며 나무를 바라보는 겁니다.

그렇다고 나무의 모든 표정을 한번에 모두 볼 수 있는 건 아닙니다. 이를테면 동녘에 해가 떠오를 때쯤 나무가 보여주는 표정과 해가 중천에 올랐을 때,

원주 반계리 은행나무 줄기

그리고 석양 노을 질 무렵의 표정은 또 다르거든요. 그뿐 아닙니다. 처음에 잎이 돋을 무렵, 잎 나고 꽃 필 때, 여름철 잎이 무성할 때, 또 가을에 단풍 들었을 때, 그리고 잎을 다 떨어뜨리고 가지만 남았을 때의 모습이 모두 다릅니다. 그래서 나무를 관찰하는 사람들이 흔히 하는 말이 한 그루의 나무를 제대로 보려면 꼭 이도 2년은 걸린다는 겁니다.

바로 앞에서 꽃 피울 때라고 했는데, 은행나무도 꽃을 피우냐고요? 그럼요. 세상의 모든 나무들은 꽃을 피웁니다. 꽃이 뭔가요? 꽃은 열매를 맺고 번식하기 위해 식물들이 거치는 자연스러운 생식 과정입니다. 그렇다면 번식 본능으로 살아가는 식물이 꽃을 피우지 않을 수 없는 거죠. 뒤의 사진이 은행나무

은행나무 수꽃

의 꽃입니다. 암꽃과 수꽃이 서로 다르게 피는데, 이 꽃은 수꽃입니다. 바로 수나무인 원주 반계리 은행나무에서 피어난 꽃입니다. 이 꽃에서 꽃가루가 흩어져나가 암꽃에 닿아야 열매를 맺습니다. 은행나무의 꽃가루는 머리와 작은 꼬리를 갖고 있어 동물처럼 정충이라고 부르기도 합니다. 암꽃은 이보다 훨씬 작습니다. 잎 사이에 작게 피어나기 때문에 관찰하기도 어렵고요. 꽃은 대개 4월에서 5월 사이에 피어나는데, 암꽃과 수꽃 정충과의 수정은 대개 초가을에 이뤄지지요. 수정이 이뤄지면 곧바로 열매를 맺습니다.

열매는 냄새가 참 고약하지요. 이건 은행나무 나름의 생존 전략 가운데 하나입니다. 마치 스컹크가 냄새를 피워 자신을 보호하는 것과 마찬가지 이치입니다. 나무에게 씨앗은 자신의 종족을 번식하는 매우 중요한 수단인데, 그걸 아무나 마구 집어가고 먹어 치운다면 자신들은 번식할 수 없지요. 그래서 자신의 씨앗인 열매를 보호하기 위해서 고약한 냄새를 갖는 과육으로 진화한 것입니다. 이 냄새 때문에 거리의 가로수는 암나무가 아닌 수나무만 골라 심었으면 좋겠는데, 그게 참 어렵습니다. 아직까지는 은행나무의 암수를 구별하는 감별법이 없습니다. 암수를 구별하려면 은행나무가 꽃 피우는 모양을 보아야만 하는데, 20년쯤 되어야 겨우 꽃을 피우거든요. 그러니 어린 나무를 심을 때는 암수 구별이 불가능합니다.

은행나무의 생명력

은행나무는 멀리서도 구별하기 쉬운 나무 가운데 하나입니다. 물론 잎이 나와 있으면 독특한 잎 모양을 보고 구별하지만, 잎이 떨어진 겨울에도 구별하는 방법이 있지요. 소지(小枝, 작은 나뭇가지)를 보면 됩니다. 은행나무는 길게 뻗은 가지 위 잎이 나야 할 자리가 볼록하게 솟아오르는데, 그게 촘촘히 나 있어 멀리서 보아도 잎 대신에 볼록 솟은 소지가 눈에 도드라지게 보이거든요. 키가 크고 잘 자란 나무 가운데 유난히 소지가 도드라져 보인다면, 대부분은 은행나무입니다.

    은행나무의 특징 가운데 유주(乳柱)라는 게 있습니다. 뒤의 사진이 유주입니다. 은행나무만의 특별한 현상인 유주는 나뭇가지에서 땅 쪽으로 발달하는 돌기를 가리킵니다. 우리나라보다는 따뜻하고 습기가 많은 일본에서 흔히 볼 수 있는데, 우리나라에는 그리 흔치 않아요. 유주는 일종의 뿌리입니다. 뿌리가 줄기나 가지 부분에서 기형적으로 돋아난 것이지요. 공기 중에 숨 쉬는 이른바 기근(氣根)의 일종입니다. 유주에 대해서는 엄청나게 큼지막한 유주를 달고 있는 서울 문묘 은행나무를 이야기할 때 좀 더 자세히 하겠습니다. 이

은행나무 소지

　기근이 독특한 모양으로 자라기에 눈에 잘 띄지요. 얄궂게도 유주는 대부분 남성의 성기를 많이 닮았어요. 충청남도 태안군의 흥주사라는 절집에는 오래된 은행나무가 있는데, 이 나무에 치성을 드리면 아들을 낳는다는 전설이 있거든요. 그 나무에 기근이 달렸는데, 정말 남근을 빼닮았어요. 그래서 사람들은 잉태를 원하는 여인들의 정성을 받아들여 남근을 가지에 단 것이라고 이야기하기도 합니다.

　원주 반계리 은행나무의 유주는 작은 편입니다. 꼼꼼히 관찰하지 않으면 눈에 띄지 않을 정도로 작습니다. 이 유주가 이제 차츰 자라겠지요. 서울 문묘 은행나무에 달린 유주는 아마도 우리나라 은행나무의 유주 가운데 크기가 가장 클 텐데, 무려 70센티미터나 됩니다. 또 매우 많은 유주가 달린 나무로

원주 반계리 은행나무 유주

는 아마도 충청남도 서산시의 서산향교 은행나무이지 싶네요. 한 그루에 무려 30개가 넘게 달렸으니까요.

아무튼 재미있는 게 많은 나무가 은행나무입니다. 꽃가루를 정충이라 부르고, 남근처럼 생긴 뿌리를 공기 중에 매단 재미있는 나무지요.

여기서 퀴즈 하나를 내겠습니다. 은행나무는 활엽수일까요, 침엽수일까요? 잎이 넓은 은행나무가 활엽수가 아니기 때문에 낸 퀴즈라는 걸 눈치채셨겠지요. 이게 참 복잡합니다. 은행나무를 침엽수로 볼 것이냐 활엽수로 볼 것이냐에 대해서는 의견이 여럿 있지만, 대개는 침엽수로 보아야 한다고 합니다.

침엽수는 우리 식으로 옮기면 바늘잎나무일 테고, 활엽수는 넓은잎나무가 되겠지요. 은행나무의 잎은 소나무, 전나무 같은 바늘잎이 아니니 당연히 활엽수로 생각하기 쉽습니다. 그러나 문제가 그리 간단치 않아요. 원래 침엽수와 활엽수를 나누는 기준은 잎의 생김새가 아니라 씨앗의 모양입니다. 이른바 '나자식물(裸子植物)'이라고 부르는 겉씨식물과 '피자식물(被子植物)'이라고 부르는 속씨식물이 원래의 기준이었습니다. 그런데 대개의 겉씨식물은 잎이 바늘잎으로 나오고, 속씨식물은 잎이 넓게 나온다는 거지요. 그런데 씨앗보다는 잎이 훨씬 먼저 눈에 띄기 때문에 편의상 속씨식물을 활엽수라 부르고, 겉씨식물을 침엽수라 부르는 겁니다. 은행나무는 씨앗이 겉으로 드러나는 겉씨식물이거든요. 그런데 잎이 넓다는 것이 특별한 겁니다.

그런데 은행나무의 잎은 다른 활엽수와 다른 면도 있어요. 가만히 들여다보면 은행나무 잎의 잎맥은 세로로만 길게 나 있습니다. 대개의 다른 나뭇잎들이 가로세로로 그물처럼 잎맥이 형성되는 것과 사뭇 다른 모습이지요. 그걸 놓고, 우리는 원래 바늘잎으로 나던 은행나무 잎이 오랜 세월을 거치면서 그 바늘잎이 여러 개 붙은 모습으로 진화했다고 보는 겁니다. 마치 갈퀴가 달린 오리발처럼 된 것이라는 말입니다. 은행나무가 침엽수라는 건 뜻밖이지요.

은행나무를 이야기하면서 빼놓을 수 없는 게 바로 왕성한 생명력입니다. 일본에 가면 신비로운 은행나무가 있습니다. 제2차 세계대전 때 원자폭탄이 투하됐던 히로시마에서 살아남은 은행나무입니다. 폭탄 투하 지점에서 불과 800미터 떨어진 곳에 있는 은행나무죠. 당시 원자폭탄이 떨어지고 나서 과학자들이 현장을 찾아 생존 가능성을 탐색했지만, 그 가능성은 0퍼센트였습니다. 사람과 동물은 물론이고 식물들도 살아남는 건 불가능했습니다. 은행나무도 이미 새카맣게 타들어 가서 살아나리라고는 아무도 기대하지 못했지요. 그런데 이듬해 봄 새카맣게 타버린 은행나무에서 새싹이 돋아나면서 차츰 살아나기 시작했다는 겁니다. 일본에서는 이 나무를 여전히 잘 보호하고 있다고 합니다. 제가 직접 가서 보지는 못했지만, 지구상에서 3억 년을 살아온 은행나무라면 충분히 그럴 가능성이 있으리라 생각합니다.

이제 끝으로 우리는 오랫동안 은행나무를 어떻게 이용했는가를 살피면서 이야기를 정리하겠습니다. 은행나무는 쓰임새가 많은 나무입니다. 은행나무 스스로는 번식이 불가능하니, 사람에게 많은 쓰임새를 주어 살아남으려 한 건지도 모릅니다. 은행나무의 쓰임새 가운데에 가장 요긴한 건 먼저 열매 아닐까요? 그게 술안주로는 최고 아니던가요? 저는 은행 열매를 참 좋아합니다. 열매는 맛도 좋지만 약으로도 많이 쓰입니다. 특히 폐 기능 개선에 유익해 천식 환자에게 좋다고 합니다. 또 어린이 야뇨증이나 피로 회복에 은행만큼 좋은 게 없다고 합니다. 그런데 은행에는 독이 있기 때문에 너무 많이 먹으면 오히려 부작용을 일으킨다고 하니, 지나치지 않도록 주의하셔야 합니다.

은행잎도 쓰임새가 많지요. 옛날에는 가을에 떨어진 은행잎을 책갈피로 많이 썼지요. 그것이 가만 따져보면 재미있습니다. 은행잎에는 구충 효과가 있습니다. 그래서 예전에는 서책을 오래 보관하기 위해 은행잎을 이용했다고 하거든요. 사실을 몰랐다 해도 우리는 그런 구충 효과를 자연스레 이용했던 겁니다. 은행잎에는 징코라이드(ginkgolide)라는 성분이 있는데, 이 성분이 말초 혈관 장애에 도움이 되고, 노인들의 치매 예방 효과도 높다고 합니다.

크게 자라는 나무이니, 당연히 목재의 쓰임새도 많지요. 옛날에 〈은행나무 침대〉라는 영화도 있었지요. 영화에서는 오래된 나무 안에 담긴 영혼을 상징하기 위해 은행나무 침대라 했지만, 실제로도 은행나무는 가구의 재료로 많이 쓰입니다. 침대로는 많이 쓰지 않지만, 침대를 만들어도 나쁠 것 없는 나무입니다. 목재가 단단해 바둑판이나 불상을 만드는 데도 많이 쓰였습니다.

아무튼 3억 년 동안 인류의 삶을 위해 아낌없이 내어준 은행나무, 거리를 지나며 새삼 다시 한번 더 바라보아야 할 것입니다.

02.

뭇 생명과 교감하며 60년 만에 꽃을 피우다
- 화성 전곡리 물푸레나무

논밭의 곡식은 농부의 발소리를 듣고 자란다고 합니다. 그게 꼭 곡식에만 해당하는 이야기는 아닐 것입니다. 말없이 아주 천천히 자라는 나무도 사람의 사랑을 받으며 자라는 게 틀림없습니다. 충청북도 보은군에 있는 오래된 고욤나무를 찾아간 적이 있어요. 그 나무 앞에 작은 암자가 있는데, 암자의 스님께서는 제게 '나무에 가지가 많은 이유를 아느냐?'고 물으시더군요. 제가 머뭇거리자 스님은 '나뭇가지의 숫자는 나무가 더불어 살아가는 다른 생명체와 소통하기 위한 욕망의 크기'라고 하셨습니다. 과학적인 근거는 둘째치고 많은 느낌을 주는 이야기였지요. 나무가 자라는 힘 가운데에 바로 사람의 관심과 애정도 들어 있음을 짚어보게 하는 훌륭한 말씀입니다

   적지 않은 시간 동안 길 위를 헤매고 다니며, 저는 나무도 분명 살아 있는 다른 생명체와 교감하면서 자란다는 걸 나름으로 또렷하게 느낄 수 있었습니다. 어쩌면 저 혼자만의 착각일 수도 있겠지요. 그러나 저는 그렇게 이야기할

수밖에 없을 만큼 나무에게서 받는 느낌이 나무마다 제가끔 다르고, 그 느낌의 근원에는 분명 나무와 얼마나 소통하고 교감하느냐의 문제가 있다고 생각합니다.

2006년 천연기념물 제470호로 지정된 화성 전곡리 물푸레나무는 그런 느낌을 증거해주는 대표적인 나무입니다. 물푸레나무 가운데 우리나라에서 가장 크고 오래된 나무이지요.

나무가 천연기념물로 지정된 건 얼마 되지 않았어요. 제가 처음 이 나무를 어렵사리 찾아가 만났을 때만 해도 그저 사람들의 기억에서 잊혀 가는 나무, 조금 심하게 이야기하자면 거의 버려진 나무와 다름없었습니다.

원래 이 나무는 6·25전쟁 전까지만 해도 마을 사람들이 동제(洞祭)와 기우제를 지내며 평화와 안녕을 기원하던 마을 수호목이었다고 합니다. 그런데 전쟁의 소용돌이 속에 나무의 운명이 백팔십도로 바뀌었어요. 이 의아한 사태는 나무를 찾아가 보면 금세 알 수 있습니다. 동제를 지내던 나무라 하지만, 나무 주변에는 마을이 없습니다. 나무 주위에 옹기종기 모여 있어야 할 마을이 전쟁의 여파로 흩어지고 만 거죠. 이제는 동제나 기우제와 같은 제사는 물론이고, 나무를 돌볼 사람조차 없는 형편이 된 겁니다. 그나마 나무 바로 아래에 겨우 한 채의 허름한 살림집이 남아 있을 뿐입니다. 외따로 떨어진 살림집 아래로 눈에 들어오는 건 역시 그다지 분주해 보이지 않는 공장들이 전부입니다. 공장 아래로는 들판이 펼쳐지고, 그 들판 끝, 이 나무에서 가까운 전곡1리 마을회관까지는 400~500미터쯤 걸어나가야 하는 정도입니다.

전쟁 통에 사람들이 떠나고 마을 뒷동산에 쓸쓸히 남은 나무는 무척 고독했을 겁니다. 해마다 당산제를 지내던 마을 사람들이 보고 싶었을 겁니다. 모진 고독의 세월을 거치는 동안 나무 주변에는 갖가지 작은 나무들과 풀이 무성하게 자라났고, 나무는 그렇게 헝클어진 덤불숲에 갇혀 살아남으려고 조금은 험악한 인상으로 스스로를 무장했습니다.

물을 푸르게 하는 나무

이 나무 이야기를 본격적으로 들려드리기 전에 먼저 물푸레나무 이야기를 짚어보기로 하지요. 예로부터 물푸레나무는 쓰임새가 많은 나무입니다. 목재의 재질이 워낙 단단하면서도 탄력이 좋아 농촌에서는 농기구의 재료로 매우 요긴했던 나무이지요. 도리깨를 비롯하여 도끼 자루, 달구지 바퀴로도 쓰였습니다. 또 서양에서는 고대 그리스 전사들이 사용한 창의 재료로 물푸레나무를 썼다고 합니다. 그뿐만 아니라 청동기시대에 이르러서는 창이나 방패를 청동으로 만들었지만, 손잡이 부분은 물푸레나무로 만들었다고까지 합니다. 이 같은 쓰임새는 요즘까지도 이어지고 있어서 야구방망이나 골프채의 머리 부분을 물푸레나무로 만듭니다.

서당의 회초리로도 더없이 좋은 재료였지요. 학교 체벌이 엄격히 금지된 요즘이야 말도 되지 않는 이야기지만, 제가 어릴 때만 해도 학교 선생님들이 반드시 들고 다니는 게 회초리였잖아요. 물푸레나무의 경도와 탄력은 종아리에 적당한 충격을 주면서도 심한 상처를 남기지 않아 최상의 재료였다고 합니다. 회초리로 가장 많이 쓰인 나무는 싸리나무였지만, 물푸레나무 회초리도 그만큼 흔했다고 하네요. 그런데 싸리나무보다는 물푸레나무 회초리의 자극이 훨씬 강했던 모양입니다. 그래서 싸리나무로 종아리를 맞으며 공부한 학동이 3년 만에 과거에 급제했다면 물푸레나무 회초리로 맞으며 공부한 학동은 1년 만에 급제한다는 이야기까지 있었다고 합니다. 물푸레나무 회초리로 종아리를 맞으며 공부해서 과거에 급제한 선비들은 금의환향하는 길에 마을 어귀의 물푸레나무 앞에서 절부터 하고 마을에 들어섰다는 이야기도 전해옵니다. 그만큼 쓰임새가 많은 까닭에 물푸레나무는 오래 살기 어려웠습니다. 적당히 자라면 베어내 썼던 거죠.

물푸레나무에 대해 조금 더 짚어보지요. 물푸레나무를 식물도감에서 찾아보면, 낙엽성의 큰키나무로 15미터까지 자라지만 대개는 3미터 정도의 작은 키로 자라는 것이 보통이라고 돼 있습니다. 그건 아마 더 자라기 전에 베어내 쓰기 때문에 큰 키의 나무를 볼 수 없다는 이야기겠지요.

물푸레나무의 가장 큰 특징은 이름에 들어 있습니다. '물푸레'라는 이름의 발음부터 예쁘지 않은가요? 그래서인지 물푸레나무를 실제 나무의 이미지와 무관하게 발음의 느낌만으로 쓰인 시가 적지 않습니다. 그중에 돌아가신 시인 오규원 선생님의 시 가운데는 물푸레나무의 느낌을 잘 살린 작품이 있습니다. 그분의 시에 '물푸레나무 한 잎 같은 여자'라는 표현이 나오는데, 물푸레나무가 어떤 나무인지, 이름에 어떤 뜻이 담겨 있는지를 제대로 몰라도 충분히 상큼함을 느낄 수 있지 싶습니다.

물푸레나무의 잔가지나 줄기 껍질을 벗겨 물속에 담가두면 푸른 물이 우러나옵니다. 물론 물에 집어넣자마자 곧바로 푸른 물이 우러나오는 것은 아니고, 한참 담가두어야 합니다. 물이 파랗게 변하는 걸 더 빠르게 관찰하려면 가지를 꺾어 수액이 나오는 부분을 조금 짓찧어 넣으면 되지요. 그렇게 물을 푸르게 하는 나무라는 뜻에서 나무 이름을 '물푸레'라고 붙인 겁니다. 중국식 한자 이름도 같은 이유로 '수청목(水青木)' '수창목(水蒼木)'이라고 합니다.

나무의 꽃 피는 방식을 놓고 흔히 암수한그루와 암수딴그루로 나누어 이야기하지만, 물푸레나무의 방식은 조금 독특합니다. 물푸레나무에는 암술이 없는 수꽃은 분명히 있는데, 수술이 없고 암술만 있는 암꽃은 없습니다. 그 대신 암술이 있는 꽃에는 수술이 같이 돋아나는 이른바 '양성화'가 피어납니다.

물푸레나무 잎

즉 한 개체에서는 수꽃만 피어나고, 다른 개체에서는 양성화만 피어나지요. 어떤 도감에는 물푸레나무를 암수딴그루라고 적어놓기도 했는데요, 엄밀하게 보면 잘못된 표현이지요. 식물학 용어로는 이런 경우를 '웅성양성이주(雄性兩性異株)'라고 합니다.

  수꽃이든 양성화든 꽃은 5월 들어 새 가지 끝에서 흰색의 작은 꽃이 모여 피어납니다. 하지만 우리가 흔히 이야기하는 예쁜 꽃하고는 달라요. 꽃이라 부르기에는 단순하고 담백하지요. 꽃이 피고 나면 9월께에 열매가 맺히는데, 열매가 꽃보다 더 노느라십니다. 열매에는 3~4센티미터 크기의 가늘고 길쭉한 날개가 달려 있는데, 이 날개의 힘으로 열매 안에 담긴 씨앗을 멀리 날려 보내는 겁니다. 오늘의 물푸레나무 이야기에는 이 나무의 꽃이 중요하게 나오기에 꽃도 짚어보았습니다.

60년 만에 핀 꽃

제가 나무에 대한 책을 처음 펴낸 게 2003년 《이 땅의 큰 나무》였어요. 이 책을 쓰기 위해 약 3년 동안 나무 답사를 했어요. 그 무렵의 공식적인 기록에 의하면 천연기념물 제286호 파주 무건리 물푸레나무가 우리나라에서 나이나 규모면에서 가장 큰 물푸레나무라고 돼 있었습니다. 파주 무건리 물푸레나무는 150살에 키 15미터의 나무로, 생김새는 꽤 아름다운데 규모는 참 작았어요. 옆의 사진을 한번 보시지요. 보시다시피 생김새가 좋잖아요. 쓰임새가 많아 크고 오래된 나무를 찾을 수 없기에 150살 된 나무가 가장 오래된 나무라고 했던 거죠.

그게 아무리 공식적인 기록이라 해도 그걸 곧이곧대로 받아들이고 싶지 않더라고요. 그동안 제가 여러 나무를 보여드리면서 강조했듯이 우리 민족이 나무를 얼마나 끔찍이 아낀 민족입니까? 심지어는 나무를 아들처럼 여기고 자기의 전 재산을 물려주기까지 하는 민족 아니었던가요? 그런데 요긴하다 해서 씨를 말릴 정도로 다 베어냈겠느냐는 겁니다. 어디엔가 파주 무건리 물푸레나무보다 크고 오래된 물푸레나무가 분명히 있으리라 생각했습니다. 그때 여러 자료를 뒤적이고 현장을 일일이 찾아다니던 중에 화성군 서신면 전곡리 웅지마을에 들어서게 됐습니다. 그리고 마을 뒷동산에서 바로 이 한 그루의 커다란 물푸레나무를 만날 수 있었습니다.

그때가 2001년 초가을이었습니다. 첫눈에도 나무의 키라든가 줄기 둘레가 파주 무건리 물푸레나무보다 훨씬 크다는 것을 알 수 있었습니다. 나이도 마찬가지로 훨씬 오래되어 보였지요. 앞에서 제가 이 나무가 덤불에 묻혀 조금

◀ 파주 무건리 물푸레나무

화성 전곡리 물푸레나무 수피

은 험악한 인상을 갖게 됐다고 썼는데요, 그건 제 느낌이지만 분명했습니다. 그래서 제가 처음 이 나무를 소개한 글에서 '파주 무건리 물푸레나무가 여성적인 인상이라면, 화성 전곡리 물푸레나무는 남성적인 강인한 인상'이라고 썼지요.

  화성 전곡리 물푸레나무는 키가 20미터이고, 가슴높이 둘레는 4.68미터나 됩니다. 나이는 300살 정도로 짐작되고요. 파주 무건리 물푸레나무가 150살에 키 15미터, 줄기 3.29미터인 데 비하면 규모나 연륜에서 압도적이지요.

  전체적인 수형도 훌륭한 나무입니다. 나무줄기 아랫부분에 굵은 가지 하나가 잘려나가 충전물로 메워준 외과수술 흔적이 남아 있긴 하지만 매우 건강

화성 전곡리 물푸레나무 뿌리 부분 동공

한 상태입니다. 큰 가지가 잘려나가고 남은 가지만으로도 매우 큰 편에 속합니다. 그동안 가장 큰 물푸레나무라고 알려진 파주 무건리 물푸레나무와는 비교하기 어려울 정도로 큰 나무입니다. 또 나뭇가지는 나무의 키보다 훨씬 더 넓게 사방으로 퍼져 거의 30미터를 넘을 정도이지요. 외과수술을 한 몇 곳의 흔적을 빼면 수세(樹勢)도 매우 건강한 나무입니다.

여기서 잠깐 멈추고 최근 이야기로 시간을 뛰어넘어 보겠습니다. 얼마 전 다시 이 나무를 찾아갔어요. 제가 좋아하는 나무여서 자주 찾아가지만 대개는 조용히 나무만 바라보고 돌아오곤 했는데, 이날은 나무 아래의 살림집에 들어가서 아주머니에게 나무 이야기를 듣고 싶었어요.

아주머니는 다짜고짜, "저 나무가 정말 대단한 나무"라고 말문을 여셨습니다. 뭐가 그리 대단하냐고 여쭙자, 천천히 말씀을 이으셨습니다. 아주머니는 저렇게 오래된 고목에서 꽃이 두 번 피었다고 하시더군요. 이 살림집으로 시집 와서 나무를 바라보며 살아온 세월이 60년쯤 되는 아주머니는 그동안 한 번도 나무에서 꽃 피는 걸 본 적이 없었다고 해요. 그런데 최근에 두 번이나 꽃을 피웠다며 놀라워하시는 거였어요. "그게 언제냐"고 여쭙자, 머뭇거리지도 않으시고 2004년에 처음 피고 그다음 해를 거른 뒤 2006년에 다시 피었다는 겁니다.

꽃이 피리라고는 생각도 않고, 어느 날 나무 바로 앞에 있는 고추밭에서 김을 매다 허리가 아파 잠시 허리를 펴고 하늘을 바라보는데 나뭇가지 끝에 하얀 꽃이 환하게 활짝 피었다는 거예요. 아주머니는 혼자 보기가 아까워 멀리 마을로 내려가 이 마을에서 오랫동안 함께 지내온 마을 노인들께 그 사실을 알렸어요. 하지만 아무도 그걸 믿지 않았다고 해요. 그래서 아주머니는 아무래도 마을에 좋은 일이 있을 조짐이라며 마을 노인들의 손을 이끌고 와서 직접 꽃을 보여줬다고 합니다. 뭐, 나무가 늙었다고 해서 꽃이 피지 말라는 법은 없지요. 그런데 60년 동안 한 번도 피지 않다가 갑자기 피었다는 건 놀라운 일이 아닐 수 없습니다. 늙어서 완전히 고갈되었던 생식 능력이 회복된 겁니다. 사람에 빗대어 이야기하면 회춘한 거죠.

조근조근 전해주시는 아주머니의 이야기가 재미도 있고 신기하기도 해서 조금은 과장된 몸짓으로 감탄사를 연발하며 한참 이야기를 듣고 돌아왔습니다. 그때까지만 해도 그저 늙은 나무에서 꽃이 피었다, 대단하다는 정도가 제 느낌이었습니다. 그리고 돌아와서 제 답사 기록들을 살펴보았습니다. 그러다가 정말 놀랄 만한 사실을 알게 됐습니다.

사람의 내음을 알아채다

제가 사람들의 기억에서 잊혀 가는 화성 전곡리 물푸레나무를 처음 만난 게 2001년 가을이었습니다. 그리고 2003년에 《이 땅의 큰 나무》라는 책을 내면서 그 책의 맨 첫 페이지에 이 나무를 우리나라에서 가장 큰 물푸레나무라고 소개했습니다. 덧붙여 이처럼 귀중한 나무를 아직 제대로 보호하지 않고 있다는 게 아쉽다는 이야기도 썼지요. 그해 여름쯤에 제가 늘 도움을 구하는 식물학 분야의 최고 권위자인 한 선생님께 이 나무 이야기를 드렸어요. 그리고 천연기념물 수준이라고 말씀 드리자, 선생님께서는 나무의 자료를 정리해 천연기념물 지정 사업을 관장하는 문화재청에 직접 지정 신청을 하라고 하셨어요.

워낙에 절차나 형식을 잘 모르는 저는 선생님의 말씀을 듣고 곧바로 그동안 조사했던 자료와 사진, 답사 기록 등을 모아 문화재청에 천연기념물 지정을 신청했어요. 역시 절차나 형식은 무시한 상태였어요. 그저 전화와 이메일 등을 이용해 신청한 거지요. 그게 2003년 겨울이었습니다. 결과는 예측할 수 없지만, 당시 저로서는 어떻게든 이 나무를 보호해야 한다는 절박함이 있었습니다.

나무도 자신을 알아주고 사랑하는 사람의 움직임을 알아챘던 것일까요? 앞에서 이 나무가 꽃을 피운 게 2004년이라고 했잖아요. 제가 2003년 겨울에 문화재청에 이 나무를 지키자고 움직이기 시작했고, 그걸 알아채기라도 했다는 듯 나무는 이듬해 봄에 하얀 꽃을 활짝 피운 겁니다. 정말 놀라운 일 아닌가요?

그로부터 문화재청의 식물 전문가 선생님들에 의한 정밀 조사가 시작됐습니다. 나무를 제대로 조사하려면 잎 돋을 때, 꽃 필 때, 단풍 들 때, 잎 떨어뜨릴 때를 모두 보아야 하기 때문에 오랜 시간이 필요합니다. 문화재청의 전문가 조사는 3년에 걸쳐 이어졌어요. 마침내 문화재청에서 이 나무가 천연기념물로 지정될 가치가 있다는 걸 인정하고 2006년 4월 천연기념물 제470호로 지정하기에 이릅니다.

그리고 며칠 뒤 다시 또 한번 경이로운 일이 벌어졌습니다. 바로 2004년에 꽃이 피었던 이 나무가 한 해를 걸러 2006년 5월, 자신이 천연기념물로 지정된 직후에 다시 환하게 꽃을 피운 겁니다. 매일 이 나무를 바라보며 살아가는 아주머니는 나무가 꽃을 피운 건 그렇게 단 두 번뿐이었다고 하십니다.

자, 이걸 어떻게 설명해야 하나요? 현재까지의 과학으로 화성 전곡리 물푸레나무의 경이로운 개화 사실을 설명할 수 있을까요? 고목에서 꽃을 피우는 것 말고, 하필이면 스스로가 보호될 가능성이 시작된 2004년과 천연기념물로 지정된 직후에 꽃을 피운 건 도대체 과학적 설명이 불가능합니다.

나무도 분명히 알았던 거 아닐까요? 자신을 바라보는 사람이 있었다는 것을요. 깊은 적막과 고독 속에 살아왔던 나무가 드디어 사람의 내음을 알아채고 모진 세월을 살아오며 비바람·눈보라에 닳아빠진 나무줄기에 남은 온 힘을 다해 화려한 꽃단장을 한 겁니다. 그게 아니라면 어떤 잣대를 들이밀어도 도무지 화성 전곡리 물푸레나무가 이뤄낸 두 차례의 개화를 해석할 도리가 없습니다.

화려한 개화와 함께 화성 전곡리 물푸레나무는 살아 있는 자연물로서 국가가 인정하는 최고의 지위를 갖게 됐습니다. 물론 나무에게 굳이 기념물이니, 문화재니 하는 특별한 지위를 부여해야만 의미가 있는 건 아닙니다. 또 한 그루의 나무를 천연기념물로 지정하게 한 공로가 대단하다고 자랑하려는 교만의 뜻으로 이 나무를 소개한 것도 절대로 아닙니다. 물론 외람된 말씀이긴 하지만, 중앙정부나 지방자치단체 같은 기관이 천연기념물 지정을 추진했던 기존의 관례와 달리, 나무를 사랑하는 한 개인이 찾아내고 천연기념물 지정을 추진했다는 점만큼은 남다른 일이라고 합니다.

그러나 정작 제가 말씀 드리고 싶은 건, 저의 공로가 아니라 나무도 분명히 다른 생명체와 느낌을 나누며 살아가고, 또 사람이 한눈에 알아채기는 어렵다 해도 스스로의 느낌을 표현하는 생명체라는 겁니다.

말없이 살아가는 나무이지만, 필경 나무도 살아 있는 생명체인 이상 사람과 주변의 다른 생명체들과 끊임없이 느낌을 나누며 살아갑니다. 다만 그의 표정이나 온몸에서 배어나오는 식물성의 언어를 인간의 언어에만 익숙한 우리가 알아보지 못할 뿐입니다.

03.

백성의 평안을 다스린 장수를 기리며 살아온 나무
― 부여 성흥산성 느티나무

그리 높은 산은 아니지만, 산꼭대기에 조금은 널찍한 벌판이 있고 그 가장자리에 한 그루의 느티나무가 있습니다. 여러 종류의 나무가 우거져야 할 곳이지만, 여기에는 오로지 한 그루의 나무만 있습니다. 나무 뒤편으로 산 아랫마을이 좁쌀처럼 자그마하게 보입니다. 그리 흔한 풍경은 아닙니다.

천연기념물도 지방기념물도 아니지만, 이 나무는 비교적 유명합니다. 사진작가들의 주요 출사(出寫) 대상이기도 하고, 영화나 드라마에 많이 출연한 나무이기 때문이지요. 아마 여러분 중에는 이 나무를 영상을 통해 보신 분이 있을 겁니다. 1980년대 학생 운동을 소재로 한 황석영의 소설을 영화로 만든 〈오래된 정원〉이나, 백제 시대를 배경으로 한 드라마 〈서동요〉가 바로 이곳에서 촬영됐습니다. 그밖에 〈일지매〉〈대왕 세종〉〈바람의 화원〉 등의 주요 장면을 촬영한 곳이기도 합니다.

이 나무에는 '사랑나무'라는 좀 어설픈 별명도 붙었지요. 드라마 〈서동요〉

에서 훗날 백제 무왕이 되는 서동과 선화 공주가 이 나무 곁에서 사랑을 나누었다 해서 '사랑나무'라는 별명이 붙었다고 하는데, 그리 썩 다가오는 별명은 아닙니다. 하지만 드라마의 영향력이 워낙 강한 시절이어서 이제 사람들은 모두 이 나무를 '사랑나무'라고 부르지요. 웹사이트에서도 굳이 '성흥산성'이나 이 나무의 다른 요소를 떠올리지 않고, 그냥 '사랑나무'라고만 검색하면 바로 이 나무가 나옵니다.

이 나무는 백제의 도읍이었던 부여시 임천면 성흥산에 있긴 하지만, 백제와는 그다지 관계가 없습니다. 오히려 백제의 후신인 후백제의 멸망 과정과 관계를 가졌지요. 그러니 백제의 무왕과 선화 공주가 사랑을 이룬 나무라고 하는 건 아무래도 드라마 속 허구일 뿐 실제와는 전혀 다른 이야기입니다. 제가 이 별명이 어설프다고 한 건 그래서입니다. 이제 이 나무를 하나하나 살펴보기로 하지요.

혹독한 조건을 이겨낸 나무

백제의 도읍이던 부여에는 오래된 성곽 터가 흔적으로 남아 있습니다. 바로 임천면 군사리에 위치한 임천면사무소에서 2킬로미터쯤 떨어진 해발 268미터의 낮은 성흥산 꼭대기에 있는 성흥산성이 그곳입니다. 이 성터는 옛 성문 자리와 돌로 쌓은 보루가 남아 있기는 하지만, 성은 상당 부분 원래의 모습을 잃은 지 오래됐습니다. 백제의 중요한 성 가운데 하나로 한창때 왁자했을 사람들의 자취는 찾아볼 수 없는 상황이지요. 지금은 마을 사람들의 가벼운 산책길로 활용될 뿐입니다.

사적 제4호인 성흥산성은 백제 때 지은 산성이라고 합니다. 총 둘레는 600미터쯤 되고, 사적으로 지정한 곳이 모두 120,916제곱미터이니 매우 넓지요.

　백제의 동성왕 23년인 501년에 백가(苩加)라는 사람이 지은 성이라고 하는데, 백제의 여러 성 중에 축조 연대가 정확히 전하는 성으로는 유일한 곳이라고 합니다. 당시 이 지역 이름이 가림군(加林郡)이어서 문화재청의 공식 명칭은 부여 가림성입니다. 백제 당시에도 매우 중요한 전략적 요충지로 활용되던 성이라고 합니다.

　그러나 지금 우리의 주제인 느티나무는 백제를 넘어 고려 초에 이 성에서 활동했던 고려 장군과 관계가 있습니다. 그는 황해도 평주 태생의 유금필(庾黔弼) 장군입니다. 그는 후백제의 견훤(甄萱)과 싸우던 중 이 성에 머무른 적이 있었다고 해요. 그때 이 마을 사람들은 후백제의 패잔병들이 수시로 나타나 노략질을 심하게 하는 바람에 살기가 힘들었습니다. 게다가 그즈음에는 몹쓸 전염병과 흉년까지 겹쳐 하루하루 먹고사는 게 힘겨웠다고 합니다.

이 같은 상황을 알게 된 유 장군은 군사들을 위해 마련해두었던 군량미를 나눠주며 백성들의 삶을 먼저 보살폈어요. 유 장군은 지략이 뛰어난 사람이 아닌가 싶어요. 이곳은 백제의 후손들이 사는 지역이고, 당시는 후백제가 어떻게든 백제의 전통을 되살리려 하던 때였지요. 유금필 장군은 후백제와 싸워 이기기 위해서는 무엇보다 성 주위에 사는 일반 백성들의 민심을 얻어야 하지 않았을까요? 장군의 전략대로, 당장 끼니를 잇지 못하던 마을 사람들은 장군의 성의가 고마워, 그가 아무리 자신들의 조상이 이어온 백제와 맞서 싸우는 적의 장수라 하더라도 무조건 협조할 수밖에 없었던 거죠.

마을 백성들은 그게 무척 고마워 유 장군이 살아 있음에도 불구하고 그분에 대한 고마움의 뜻을 표하기 위해 산성 안에 생사당(生祠堂)을 지어놓고 감사의 뜻을 표시했을 정도입니다. 대개 사당은 죽은 사람의 넋을 기리는 제사를 지내는 곳이잖아요. 산 사람을 위한 사당일 경우 생사당이라고 부르는데, 그게 바로 이 산성에 지어졌습니다. 지금도 그 생사당은 그대로 남아 있습니다.

유금필 장군의 넋이 살아 있는 성흥산성을 찾아 조금은 가파른 산길을 걸어 오르다 보면 먼저 느티나무가 보입니다. 산의 맨 꼭대기에 우뚝 서 있는 까닭에 산 아래에서도 훤히 올려다보이는 나무이지요. 산을 오르는 동안에 이어지는 우거진 숲 안에서는 산꼭대기가 잘 보이지 않지만, 정상 가까이에 다가서면 육중한 바위 위에 우뚝 서 있는 나무가 한눈에 들어옵니다. 3~4미터 높이 되는 성벽의 흔적은 덤불에 가려 잘 보이지 않는데, 느티나무는 도드라지게 눈에 들어옵니다.

산꼭대기는 나무가 살기에 좋은 자리는 아닙니다. 더구나 다른 나무들과 어울려 서 있는 것도 아니고 완전히 동떨어져 있는 탓에 모진 비바람과 눈보라에 맞서 싸우며 살아야 한다는 게 나무에게 좋을 턱이 없겠죠. 그럼에도 불구하고 성흥산성 느티나무는 혹독한 조건을 이겨내며 잘 버텨 장하게 살아왔습니다. 실제 크기보다 훨씬 더 듬직해 보이는 건 어쩌면 그런 선입관 때문인지도 모르겠어요. 물론 주변에 이 나무와 비교할 만한 다른 대상이 없으니 더 커 보이는 게 당연하겠지만, 그가 지나온 시난고난한 세월의 깊이가 더해져 장한 모습으로 다가오는 것이 아닐까 생각합니다. 한 가지 덧붙이면 나무뿌리 쪽에 아주 큰 바위가 견고하게 버티고 있는 것도 나무의 웅장함을 보태주는 요인일 겁니다.

성흥산성 느티나무는 키가 20미터이고, 가슴높이 둘레는 5미터쯤 됩니다. 작은 나무는 아니지만, 비슷한 나이의 다른 느티나무에 비해 규모가 그리 큰 건 아닙니다. 물론 이 정도의 나이를 가진 나무의 생김새로는 흠 잡을 데 없을 만큼 잘생긴 건 틀림없습니다. 그러나 생김새가 아무리 아름답다 해도 아직은 천연기념물이나 지방기념물로 지정되기에는 조금 모자란다 싶습니다. 하지만 나무에 대한 이 고장 사람들의 자랑이나 자부심은 대단합니다.

저는 이 나무도 다른 큰 나무 못지않게 여러 차례 찾아갔지요. 어느 봄날, 이 나무를 찾았을 때였는데요. 나무 그늘에 허름한 옷차림의 아저씨 한 분이 있었어요. 행색만 봐서는 거친 노동일을 하는 분으로 보였습니다. 그분은 혼잣말처럼 '세상에 이렇게 잘생긴 나무는 없어! 이 나무가 바람도 센 이 산꼭대기에서 천년도 넘게 산 나무라고!' 하며 연거푸 되뇌었어요.

나무가 천년도 넘었다는 그의 이야기가 무슨 근거를 갖고 있는 건 아닙니다. 그 아저씨의 '천년'은 '사람이 채 경험할 수 없는 오랜 세월'의 상징일 뿐입니다. 그분뿐 아니라 산성 오르는 어귀의 가게에 계신 분들도 산성보다는 늘 나무를 앞세워 이야기하실 정도거든요. 그분들이 나무를 무척 자랑스러워한다는 건 실제로 현장을 찾아가 보면 금세 알아챌 수 있지요. 그건 아마도 잘생긴 나무의 겉모습뿐 아니라, 긴 세월 동안 나무가 제 속살에 고이 담아두고 서리서리 풀어내는 사람의 이야기가 소중하기 때문이지 않을까 생각합니다.

그러면 이 나무는 도대체 누가 이 자리에 심었고, 몇 살이나 되었을까요? 여기에서 과학적인 사실과 전하는 이야기에 차이가 있습니다. 우선 마을에서 전하는 이야기를 살펴보지요.

속살 깊은 곳에

나무가 담고 있는 고맙고 소중한 사람은 바로 앞에서 이야기한 고려의 유금필 장군입니다. 고려의 개국 공신인 유금필 장군은 이곳 성흥산성에서 활약한 여러 장군 가운데 가장 오랫동안 마을 사람들의 마음에 깊이 남아 있는 사람입니다. 나무는 유금필 장군이 후백제의 패잔병과 벌이던 전투 중에 잠시 쉬며 그동안 짚고 다니던 지팡이를 꽂은 것이라고 합니다. 마을 사람들이 이 나무를 귀하게 여기는 건, 바로 그들이 생사당까지 짓고 존경의 염을 표시하던 유금필 장군의 넋이 담긴 나무라는 이유가 더 클지 모릅니다.

여기에서 전설과 실제 사실의 차이가 드러나는 부분이 나타납니다. 유금필 장군이 성흥산성에서 활동하던 때는 대략 후백제가 멸망한 936년 전후로 봐야 합니다. 그렇다면 장군이 심었다는 이 나무는 적어도 1000살은 넘어야겠지요. 그러면 실제로 나무의 크기나 상태로 보아 그 정도의 연륜을 가진 나무로 볼 수 있을까요? 나무의 나이를 정확히 측정하는 게 불가능하다 보니 단언하기는 어렵지만, 현재의 크기나 상태로는 아무리 뜯어보아도 천년 넘은 나무라고는 믿어지지 않는 게 사실입니다.

강원도 삼척의 도계리에는 1000살이 넘은 것으로 추정하는 느티나무가 있습니다. 그 나무는 키가 30미터, 줄기 둘레는 9.1미터쯤 됩니다. 성흥산성의 느티나무와 비교하면 차이가 너무 크다는 이야기입니다. 하기는 앞에서 이야기한 것처럼 바람 센 산꼭대기에서 자라다 보니 다른 지역에서 자라는 느티나무에 비해 생육이 부진할 수는 있습니다. 하지만 아무리 그런 생육 조건을 감안한다 해도 1000살로 보기는 어렵습니다. 여느 느티나무들과 비교하면 아무리 많이 잡아도 400살을 넘은 걸로 보기 어렵습니다. 결국 입에서 입으로 전해온 전설을 바탕으로 헤아려지는 나무의 나이는 믿을 수 없게 됩니다.

그럼에도 불구하고 여전히 이 나무가 장군의 지팡이라는 전설은 유효하게 전해옵니다. 전설과 실제의 차이는 정도의 차이가 있지만 이 나무뿐 아니라 대개의 오래된 나무에는 존재하게 마련입니다. 그러나 그걸 문제 삼는 건 어리석은 일이라고 저는 생각합니다. 아마 나무의 생태를 과학적으로 분석하는 생물학자들의 관점에서는 이 같은 저의 이야기가 터무니없게 들리겠지요. 하지만 오래된 나무를 둘러싸고 전해오는 전설은 사람이 나무와 더불어 살아오면서 이뤄낸 우리의 정서와 문화가 반영된 중요한 가치가 담긴 이야기라는 사실을 간과해서는 안 됩니다.

하여간 나무와 관련한 전문가들은 이 나무를 대략 400살쯤으로 봅니다. 환경 조건이 열악함에도 불구하고 현재 이 나무의 상태는 매우 건강합니다. 이 정도 나이의 나무라면 당연히 있음 직한 줄기 부분의 상처라든가 부러진 가지도 눈에 띄지 않습니다. 게다가 나뭇가지를 사방으로 고르게 펼친 수형(樹形)은 대단히 아름답습니다.

사진작가들이 단골 모델로 삼는 이유도 바로 이처럼 나무가 잘생긴 탓이겠지요. 사진을 찍을 때는 프레임 속의 프레임을 이용하라는 말이 있습니다. 사진 자체가 하나의 프레임인데, 그 안에 동굴이나 나무 등 자연물을 이용해 또 하나의 프레임을 만들어내라는 이야기거든요. 성흥산성 느티나무는 한쪽의 가지가 마치 땅에 닿을 듯 늘어져 있어 사진작가들이 프레임 속의 프레임으로 이용하기에 안성맞춤입니다. 그 가운데에 모델이 되는 사람을 배치하고 저녁놀이 붉게 물든 하늘을 배경으로 해서 우리 나무를 실루엣으로 잡아낸 사진을 많이 찍습니다. 한데 그런 유형의 사진이 하도 많이 나와서 이제는 좀 식상해졌지요.

하여간 400살이라 해도 그리 적은 나이는 아닌데, 그 나이 동안 이처럼 아름다운 자태를 유지했다는 게 고마울 따름입니다. 하물며 마을 사람들의 이

부여 성흥산성 느티나무 뿌리

야기처럼 1000살이 넘은 나무라면 오죽하겠습니까. 오래된 나무의 나이를 정확히 측정하는 게 불가능하다 보니, 과학적으로 측정한 나무의 나이와 사람들의 마음으로 가늠한 나무의 나이가 일쑤 차이를 가집니다. 여기에서 어느 측정값이 맞느냐를 따지는 건 어리석은 일입니다. 과학은 과학대로, 전설은 전설대로 제가끔의 가치를 가지고 있으니까요.

생각해보세요. 이 지역 백성들이라면 전쟁과 흉년으로 무너져 내려앉기 직전의 삶을 따뜻하게 보살펴 구제한 장군의 선한 베풂이 얼마나 고마웠겠습니까? 그런 감동은 세상의 어떤 과학적 증거보다 훨씬 귀한 가치를 가질 수밖에 없습니다. 생사당을 짓고, 그에 대한 감사를 표시할 정도이니 더 말할 것도 없지 않겠어요.

어쩌면 과학적으로 이 나무는 1000년 전에 이미 이 세상을 떠난 유금필 장군과는 전혀 무관할 수도 있습니다. 피폐해진 자신의 삶을 구제한 장군을 그리워하던 어느 누군가가 그분을 더 잘 기리기 위해 산 아래에서도 잘 바라보이는 자리에 느티나무 한 그루를 심고 애지중지 키웠던 것일지도 모르지요. 기록의 의미가 그리 중시되지 않던 옛날, 사람들은 입에서 입으로 유 장군의 이야기를 전하고 그 과정에서 장군의 지팡이가 자라난 나무라고 헛되이 이야기한 것일 수도 있지요. 그게 맞다면 분명히 누군가가 지어낸 이야기에 불과하겠지만, 그 안에 사람살이에 대한 가치, 혹은 민중의 삶을 널리 보살피는 한 시대의 지도자에 대한 그리움이 담긴 것만큼은 부정할 수 없습니다.

이 지역 백성들은 나라를 지키기 위해 몸 바쳐 싸우면서도 백성을 먼저 보살핀 장군의 큰 뜻을 오랫동안 남기고 싶었던 것이겠지요. 산 위에 서 있는 나무 한 그루를 바라보면 언제나 장군이 떠올랐고, 그 나무를 바라보며 사람들은 믿기 어려운 이야기를 만들어낸 것이라고 보아야 합니다. 심지어 그게 아닐 수도 있습니다. 장군을 먼저 생각한 것이 아니라, 거꾸로 아름다운 한 그루의 느티나무를 더 잘 지켜내기 위해 모두가 존경하는 장군의 혼이 담긴 나무라는 이야기를 만들어냈을 수도 있습니다. 진실이 어디에 놓여 있든, 어차피 전설은 늘 은유입니다. 전설을 과학적으로 입증하려 하지 말고, 그 은유에 담긴 진정한 가치를 찾는 게 더 중요하리라는 말씀입니다. 과학만으로 풀어헤치기 어려운 사람살이의 알갱이는 그렇게 나무의 속살 깊은 곳에 담겨 있습니다.

성흥산성의 느티나무는 그렇게 천년 전 한 위인의 넋으로 산꼭대기에서 비바람·눈보라에 맞서 싸우며 앞으로도 수천 년을 더 아름답게 살아남을 것입니다.

정선 정암사 적멸보궁

04.
새 생명을 위해 자신을 버리고 남은 스님의 지팡이
– 정선 정암사 주목

이번에는 나무를 찾아 절로 갑시다. 이 절은 우리나라의 5대 적멸보궁(寂滅寶宮) 가운데 하나인 강원도 정선군의 정암사입니다. 정선 하면 사북탄광이 떠오르시나요? 그러면 구세대이고요. 요즘은 카지노가 떠오르는 게 맞을 겁니다. 사실 이 카지노 때문에 정선 시내를 지나갈 때는 분위기가 그리 좋은 건 아닙니다. 공연한 선입관이 아니라 시내에 카지노와 관계되는 사람들이 오가는 듯한데, 거기에 묘한 활기가 있거든요. 저는 그게 참 싫더군요. 선입관 때문인지는 모르겠지만, 최소한 저는 그렇습니다. 분위기가 그렇기는 해도 저는 정선을 자주 가는 편입니다. 네, 나무 때문이지요. 정선에는 좋은 나무들이 적잖이 있습니다. 우리나라에서 가장 큰 뽕나무도 바로 정선에 가면 만날 수 있거든요.

지금 우리가 찾아가는 곳이 바로 정선을 대표할 만한 절집입니다. 우리나라의 절집에는 크고 좋은 나무들이 많이 있지요. 대개의 오래된 절집이 저잣

거리와 떨어진 깊은 산중에 들어 있으니 자연스러운 일이기도 합니다. 게다가 불가의 가르침 가운데 생명을 중시하는 덕목이 있으니, 풀 한 포기·흙 한 줌을 허투루 여기지 않은 덕일 겁니다.

정선을 대표할 만한 문화재이자 천년 고찰인 태백산 정암사는 우리나라 5대 적멸보궁 중 하나인 아름다운 절입니다. 적멸보궁이란 법당 안에 석가모니 부처상을 모시지 않은 절을 이야기합니다. 대신에 석가모니 부처의 진신사리(眞身舍利)를 탑의 형태로 모시지요. 실제의 부처님이 계시는 절인데, 굳이 상을 만들어둘 필요가 없다는 생각에서 지은 형태의 절이지요. 석가모니 부처의 진신사리는 대개 일정한 형태의 탑에 모셔두는데, 불상이 없어 조금은 허전해 보이는 법당에 넓은 창을 두고 그 창을 통해 멀리로 진신사리를 모신 탑이 내다보이도록 지은 절이 적멸보궁입니다. 여기 정암사에도 수마노탑(水瑪瑙塔)이라는 사리탑이 있지요.

우리나라에 적멸보궁을 처음 지은 분은 신라 중기 때 활동하신 큰스님 자장 율사입니다. 자장 율사는 당나라에서 공부하고 돌아올 때, 부처의 사리와 정골(頂骨)을 가지고 옵니다. 그걸 우리나라의 다섯 곳에 나누어 모신 절을 짓습니다. 그게 바로 지금의 5대 적멸보궁이지요. 정선 정암사와 함께 경상남도 양산시 통도사, 강원도 오대산 상원사, 설악산 봉정암, 영월군 법흥사가 그곳입니다. 모두가 아름다운 절입니다.

지금부터 1300년 전, 만년의 자장 율사는 강릉의 수다사(水多寺, 지금의 등명락가사)에 살았다고 해요. 어느 날 스님의 꿈에 당나라의 오대산에서 봤던 스님이 나타나 "내일 대송정에서 그대를 보리라"고 말했다는 겁니다. 자장 율사는 다음 날 일찌감치 꿈속의 스님이 말씀하신 대로 대송정을 찾아갔지요. 그러자 그곳에 문수보살이 나타나 "태백산 갈반지에서 다시 만나자"는 말을 던지고는 사라졌어요. 문수보살도 참 재미있어요. 수다사에서 대송정을 거쳐 갈반지로, 마치 보물찾기하는 것처럼 자장 율사를 이리저리 오라 하신 겁니다.

스님은 다시 또 문수보살이 이야기한 태백산의 갈반지(葛蟠地)가 어딘지도 모르면서 그저 태백산에 가면 찾을 수 있겠거니 하고 무작정 갔어요. 신앙의 힘이라 할 수 있겠지요. 산중에서 이리저리 거니는데, 스님이 가는 길 앞에 큰 나무가 한 그루 버티고 있었고, 그 줄기 아래에는 커다란 구렁이 한 마리가 똬리를 틀고 있었대요. 그 구렁이에게서 뭔가 신비로운 빛이 돌았는데, 그걸 보고 자장 스님은 "여기가 문수보살이 이야기한 성스러운 곳, 바로 갈반지로구나"라 생각하고, 그 자리에 머물기로 했지요. 스님은 자신이 머물 자그마한 오두막을 한 채 짓고는 '석남원'이라고 이름 붙였는데, 그 절집이 바로 지금의 정암사가 있게 된 첫걸음인 겁니다.

스님이 남긴 흔적

나무 이야기를 해야 하는데, 절집 이야기를 더 많이 하게 되네요. 그래도 기왕 나온 이야기이니, 자장 율사의 이야기를 조금 더 보태지요. 재미있거든요. 석남원(石南院)에서 용맹정진으로 기도하며 문수보살을 기다리던 자장 율사는 당나라에서 가져온 부처의 진신사리를 모실 탑을 지으려 했어요. 그런데 이상한 일이 계속 벌어졌어요. 탑을 조금 세우면 곧바로 무너지고 다시 세우면 또 무너지고, 그러기를 여러 차례 되풀이한 겁니다. 스님은 할 수 없이 탑 짓기를 중단하고 하늘을 향해 기도했습니다. 그러던 어느 날, 갑자기 땅 위로 칡 세 줄기가 뻗어나오더니 한곳에 일제히 멈추었답니다. 스님은 갑작스레 칡이 나타난 현상이 신비로워 그 자리로 탑을 옮겨 짓기로 하고 절집의 중심으로 삼았어요. 탑을 다 짓고 절집이 완성되자, 스님은 칡이 자리를 점지해준 절집이라 해서, '칡 갈(葛)'자와 '올 래(來)'자를 써서 '갈래사(葛來寺)'라는 이름을 붙였습니다.

　갈래사에서 스님은 문수보살을 만나고 싶었습니다. 그러던 어느 날, 산속의 절집 갈래사에 손님이 찾아왔어요. 남루한 가사를 걸치고 죽은 개를 싼 삼태기를 옆구리에 낀 늙은이였어요. 누가 봐도 그냥 '거지'였지요. 노인은 갈래사 문 앞에서 다짜고짜 "자장을 보러 왔다"고 소리쳤습니다. 그러나 누추한 행색의 거지 노인을 그냥 안으로 들일 사람이 누가 있겠어요. 당연히 자장 율사의 시종이 문 앞으로 달려나가 멀리 내쫓으려고 했어요. 하지만 노인은 "자장을 만나야 떠나겠다"라고만 했어요. 거지 행색을 한 노인이 법력 높은 스님에게 존칭도 쓰지 않고 그냥 '자장을 만나야겠다'라고만 하니 시종이 허락할 리 없지요.

　노인이 하도 막무가내인데다 소란스러워지기도 하여 시종은 자장 율사께 거지 노인의 이야기를 전합니다. 자장 스님은 문틈으로 거지 노인의 행색을 흘긋 내다보더니, 그냥 알아서 쫓아버리라고 했지요. 시종이 다시 노인을 내쫓으려 하자, 노인은 "행색만 보고 남을 업신여기는 교만한 자가 어찌 나를 볼 수 있으리오"라면서 들고 있던 삼태기를 뒤집으니 죽은 개가 날개 달린 푸른 사자로 변했어요. 노인은 다시 "자장이 절집을 지어 부처님을 잘 모시고 용맹정진으로 기도를 올리기에 법력이 깊어졌는가 했더니, 아직 멀었구나." 하더니 푸른 사자를 타고 하늘로 올라갔습니다. 노인은 자장 율사가 그토록 알현하기를 고대해왔던 바로 문수보살이었던 거지요.

　방 안에 있던 자장 율사는 방문 밖에서 들려오는 우렁찬 목소리를 듣고 그제야 노인의 정체를 깨달았어요. 스님은 뒤늦게나마 문수보살의 뒤를 따르려 뛰어나왔지만, 이미 자취를 감춘 뒤였습니다. 그리 오래 기다렸던 문수보살이었는데, 정작 자신을 찾아온 문수보살을 알아보지 못했으니 얼마나 원통했을까요. 자장은 스스로를 나무라며 자신의 교만을 반성했어요. 그러다가 자장은 결국 문수보살을 따라 먼 길을 떠나기로 작정을 합니다. 그러고는 얼마 뒤 절집의 시종들을 불러 모았어요. 스님은 육신을 이곳에 남겨두고 문수보살을 알현하러 멀리 떠나겠다고 말씀하신 뒤에 곧바로 하늘길로 떠났습니다. 아름다운 절집 정암사에는 스님의 말씀대로 정신과 영혼이 떠난 스님의 껍데기인 육신만 남았습니다.

그때 스님이 남긴 껍데기는 이미 흔적도 없이 다 사라졌지만, 그가 남긴 뚜렷한 흔적 가운데 하나가 정암사에 남아 있습니다. 그의 지팡이입니다. 정암사의 법당에 들어설라치면 먼저 만나게 되는 게 바로 자장 율사의 지팡이입니다. 물론 지팡이의 형태로는 아니고, 멋진 한 그루의 나무가 되어 남았습니다. 이 나무는 바로 자장 율사가 절을 다 지은 뒤 꽂아두었던 지팡이입니다. 네, 맞습니다. 갈래사라는 이름으로 처음 절을 짓고, 그 기념으로 심은 나무라고 합니다.

나무는 주목입니다. 주목은 자람이 무척 더딘 나무입니다. 그래서 천년을 살아야 겨우 다른 큰 나무와 견줄 수 있을 만큼 자란다고 하지요. 그만큼 수명도 긴 나무입니다. 게다가 죽어서도 워낙 쓰임새가 많아 오래도록 사람과 함께 살아남지요. 그래서 '살아 천년, 죽어 천년'이라는 별명이 붙은 겁니다. 주목은 줄기에서 붉은빛이 난다 하여 '붉을 주(朱)' 자를 써서 주목이라고 합니다.

정암사의 주목은 참 남다른 나무입니다. 스님의 지팡이가 살아남은 오래된 나무라는 데만 남다름이 있는 건 아닙니다. 그냥 보면 그리 큰 나무는 아닙니다. 1300년 전에 활동한 스님이 심었다고 믿기에는 지나치게 작습니다. 아무리 살아 천년, 죽어 천년이라고 하지만, 그렇다 해도 이건 너무 작아요. 대략 나무의 키가 5미터입니다. 수관 폭이라고 이야기하는 가지의 펼친 너비도 그리 넓은 게 아닙니다. 고작해야 4미터 정도 될까 말까 합니다. 전체적으로 작은 주목이죠. 그러나 나무의 꼭대기 쪽을 잘 관찰하면 조금 이상한 걸 발견할

수 있어요.

 앞의 사진에서 보시는 것처럼 고깔 모양으로 예쁘게 자란 나무 꼭대기 위쪽으로 허옇게 말라죽은 나무줄기가 꼬챙이처럼 1미터가 훨씬 넘게 솟아 있는 걸 볼 수 있습니다. 분명히 이 주목에서 뻗어나온 줄기임은 분명한데, 옆으로 펼쳐 나온 가지가 전혀 없고 그 아랫부분과는 별개의 나무로 여겨질 만큼 부조화를 보여줍니다. 여기에 바로 이 나무의 신비로움이 담겨 있습니다. 사진만으로는 온전히 표현하기 어렵습니다.

나무의 비밀

이 나무는 한 그루가 아닙니다. 두 그루예요. 한 그루는 이미 오래전에 죽었죠. 나무의 줄기 껍질을 봐도 그렇고, 부조화를 이룬 나무 꼭대기 부분의 허연 줄기는 바로 죽은 옛날 나무입니다. 줄기에서 붉은빛이 나는 게 주목의 특징이라고 했잖아요. 하지만 이 줄기에는 붉은빛이 조금도 없습니다. 물기도 전혀 없어 보입니다. 오래전에 죽은 게 확실하다는 이야기입니다. 하지만 신비로운 건 그 아래쪽입니다. 고깔 모양으로 펼친 가지는 무척 싱그럽거든요. 어떻게 저럴 수 있을까요?

 이번에는 옆으로 펼친 나뭇가지 아래쪽의 줄기를 살펴보지요. 그늘이 짙어 색깔이나 상태가 선명하지는 않지만, 역시 죽은 나무인 게 틀림없어 보입니다. 아래쪽의 줄기 껍질에도 붉은빛은 전혀 없고 검게 죽은 상태입니다. 검은 줄기 껍질 위에는 간간이 이끼도 푸르게 올라왔을 뿐 아니라 껍질이 너덜거립니다. 안쪽이 텅 비어 보인다는 이야기입니다. 나무 위쪽과 아래쪽의 줄기는 죽은 게 분명합니다. 그런데 놀랍게도 나무의 중간 부분은 살아 있거든요. 푸르고 싱싱하게 잎이 돋아나 있잖아요.

조금 더 천천히 살펴보면 이 나무의 비밀을 알 수 있습니다. 원래 이 자리에서 자라던 주목, 그러니까 자장 율사가 1300년 전에 꽂아둔 지팡이에서 자랐다는 나무는 정확히 알 수 없는 오래전에 죽었습니다. 나무는 죽었지만, 절집에서는 자장 율사의 혼이 담긴 나무라는 생각에서 죽은 상태 그대로 보존했습니다.

그런 나무가 전라남도 순천시 송광사에도 있어요. 송광사 일주문 바로 안쪽의 '고향수(枯香樹)'라는 이름의 나무입니다. 고향수는 말라 죽은 향나무라는 뜻이겠지요. 그 나무는 옛날에 송광사를 부흥시킨 보조국사 지눌이 짚고 다니던 지팡이가 자란 나무라고 하거든요. 그 나무 역시 오래전에 죽었고, 세월이 흐르면서 옆으로 펼쳤던 가지를 다 덜어내고 오로지 가운데 줄기만 허옇게 말라서 지금은 가느다란 꼬챙이처럼 남았지요. 하지만 그 나무를 절집에서는 그대로 잘 보존합니다. 두고두고 기억해야 할 지눌 스님의 지팡이를 어찌 함부로 치우겠어요.

그렇게 나무를 잘 보존했지만, 살아 있던 생명체인 나무도 죽으면 변화가 생깁니다. 먼저 살아 있던 조직들이 서서히 썩어가겠지요. 나무는 줄기 안쪽이 먼저 썩어 들어갑니다. 죽은 나무가 아니라 살아 있는 나무도 줄기 안쪽이 썩어 텅 비는 경우가 많은 것도 그래서입니다.

나무줄기는 심재(心材)와 변재(邊材)로 나누어 이야기합니다. 이 중에 나무의 생명에 직접 관계하는 부분은 변재예요. 변재에는 뿌리에서 나무 꼭대기의 이파리까지 물을 끌어올리는 수관(水管)이 있어요. 그리고 심재는 나이가 들면서 한 켜씩 나이테를 쌓아가기는 하지만 살아 있는 조직은 아니에요. 심재는 커다란 덩치의 나무를 지탱하는 기능을 할 뿐, 특별히 나무의 생명을 쥐락펴락하는 건 아닙니다. 물론 심재가 썩어 텅 비었다거나 약해지면 큰 바람에 쓰러질 수 있지요. 그런 요인이 아니라면 심재 자체가 생명에 영향을 주는

순천 송광사 고향수

건 아니라고 봐도 무방합니다. 실제적인 생명줄은 나무줄기의 껍질 부분인 변재가 맡고 있습니다. 줄기 속이 썩어 텅 빈 늙은 나무들을 종종 볼 수 있잖아요. 그런 나무들이 싱싱하게 살아 있는 것도 그런 이유에서입니다.

변재 이야기를 하다 보니 생각나는 게 있네요. 분재(盆栽), 아시죠? 나무를 좋아하는 사람들이 집안이나 정원 같은 작은 공간에서 나무의 기기묘묘한 모습을 보고 싶어 나무의 생장을 조절하면서 작은 나무에 오래된 나무의 기품을 만들어내는 거죠. 저는 분재의 형태로나마 나무를 가까이에서 보려는 분들의 나무 사랑을 모르는 바 아니지만, 솔직히 분재된 나무를 보면 가슴이 아픕니다. 하늘을 향해 높이 솟아오르면서 넓게 가지를 펼쳐야 할 나무가 저리 작은 화분 안에 갇혀 죽지도 못하고 생명을 유지하느라 얼마나 힘들까 하는 생각이 먼저 드는 거예요. 저는 분재를 잘 모르지만, 언뜻 들은 이야기에 의하면 생장 억제제 같은 약을 이용해 나무의 생장을 막으면서 키운다고 하더군요. 그게 나무에게는 얼마나 힘든 일인지 생각하면 참 마음이 아파요.

이야기가 또 빠져나갔네요. 다시 정암사 자장 율사의 주목으로 돌아가지요. 그러니까 자장 율사가 꽂아두었던 주장자(拄杖子)가 자라난 주목은 어느 순간 죽은 겁니다. 죽은 채 심재는 썩어 텅 비고, 변재만 남아 형체를 유지하고 있었던 거죠. 그런데 어느 순간 변재 안쪽에서 아무도 모르게 한 그루의 주목이 자라기 시작했어요. 신기한 일이지요.

사실 따지고 보면 그리 불가능한 일은 아닙니다. 그 나무에 매달려 있던 씨앗이 썩은 안쪽에 떨어졌다가 오랜 세월을 거친 뒤, 싹을 틔우고 뿌리를 내리는 게 그리 대단한 일은 아닐 겁니다. 기록이 없으니 정확히 알 수는 없지만, 그게 아니라 해도 바람에 주변의 주목 씨앗이 날려 그 안쪽에서 뿌리를 내릴 수도 있었겠죠. 혹은 누군가 일부러 주목의 씨앗을 그 안에 던져놓았을 수도 있겠지요. 어찌 됐든 그 씨앗은 참 기특하게 잘 자랐어요.

이 어두운 공간에서 한 톨의 주목 씨앗이 뿌리를 내리고 싹을 틔우는 건 어땠을까요? 결코 쉬운 일은 아니었겠지요. 무엇보다 해도 들지 않는 공간에서 씨앗은 그야말로 가늣하게 스며드는 한 가닥의 햇살을 움켜쥐느라 안간힘을 다했을 겁니다. 썩은 심재의 부스러기가 양분이 됐을 수는 있겠지만, 어두운 공간은 씨앗에게 결코 좋은 서식처가 아닙니다. 지나친 습기도 괴로웠을 겁니다. 그래서 아주 가만가만 뿌리를 내리고 싹을 틔웠습니다.

텅 빈 줄기 안쪽에서 싹을 틔운 나무는 천천히 자랐습니다. 그리고 껍질만 남은 주목의 구멍 난 부분, 그러니까 빛이 새어 들어오는 곳을 찾아 조금씩 키를 키운 뒤에 바로 그 구멍이 있는 자리로 가지 하나를 뻗었습니다. 그렇게 나무는 죽은 나무의 가지가 있던 자리를 찾아 하나둘 가지를 뻗어 지금처럼 싱그럽고 아름다운 수형을 이뤘습니다.

사진에서 보이는 싱그러운 이파리의 주목은 죽은 주목의 자손이라고 보면 되겠지요. 아무 생각 없이 바라보면 그냥 오래된 한 그루의 나무로 보입니다. 죽기 전 자장 율사 주목이 어떻게 생겼는지는 알 방법이 없지만, 아마도 지금 새로 자라난 나무는 분명히 옛 주목의 모습을 빼닮았을 것이 틀림없습니다. 옛날에 가지가 있던 자리마다 새 가지가 뻗어나왔으니까요.

다시 이 나무를 자세히 관찰하면, 죽은 나무의 변재 안쪽에 싱그러운 붉은 빛을 가진 한 그루의 새로운 주목이 있는 걸 확인할 수 있습니다. 스쳐 지나면서는 보기 힘듭니다. 제가 이 나무를 살펴보는 동안에도 적지 않은 분들이 나무를 스쳐 지났지만, 나무줄기의 안쪽을 유심히 살펴보는 분은 없었거든요. 그렇게 흘긋 봐서는 이 나무의 신비로움을 전혀 느낄 수 없답니다.

정암사의 스님이나 불자들은 이 나무를 놓고, 죽은 자장 율사의 부활을 상징하는 현상이라고 하십니다. 그럴 법도 하죠. 신성하게 여기는 때문인지, 나무 주변에는 절집 불자들이 오가며 미니어처 불상을 올려놓기도 하고, 작은 돌무지 탑을 쌓기도 했습니다. 오가는 불자들이 나무를 보고 두 손을 합장해 기도 올리는 모습도 흔히 볼 수 있습니다. 사람과 더불어 살면서 사람이 채 보일 수 없는 생명의 신비를 보여주는 매우 신비로운 나무, 정암사 주목입니다.

05.

스승의 삶을 따른 제자의 지극한 존경심을 담은 나무
– 순천 송광사 천자암 쌍향수

'아름답다'는 건 뭘까요? 나무를 찾을 때도 아름다운 걸 찾게 되기 때문에 드는 의문이에요. 나무는 우리 주변에 많이 있음에도 불구하고 그의 존재감은 그리 크지 않거든요. 그래서 곁에 있는 나무들을 놔두고 멀리 있는 나무들을 찾아다니게 됩니다. 가까이에 있는 나무들을 먼저 느껴보자고 늘 이야기하지만, 이 땅의 큰 나무들을 찾아 사시사철 길 위를 떠도는 제가 특히 그런 셈이지요. 그냥 큰 나무라고 했지만, 사실은 크고 아름다운 나무를 찾아다닌다는 말이 맞을 겁니다.

그러면 도대체 '아름답다'는 건 뭘까요? 저는 공부가 부족해 그걸 한마디로 정의할 생각은 아예 엄두도 내지 못합니다. 그냥 일반적으로 흔히 이야기하는 정도만 한번 짚어보고 오늘의 나무 이야기를 시작할까 합니다.

아름답다는 생각과 기준은 시대에 따라, 문화에 따라 제가끔 다릅니다. 예전에 미인의 기준이라고 생각했던 것이 시대가 바뀌면 미인이 아닌 것으로

판명 나는 일은 흔하지요. 또 서양에서 이론의 여지가 없는 미인이라고 해서 동양에서까지 반드시 미인일 수는 없는 게 바로 그런 이야기입니다. 결국 아름다움을 판가름하는 기준, 즉 심미적 기준은 매우 주관적일 수밖에 없지 싶습니다.

그럼에도 불구하고 아름다움에 대한 부동의 진리는 있지 않을까요? 진리까지는 아니라 해도 모두가 동의할 수 있는 요소는 있지 않을까 합니다. 일테면 아름다움을 이루기 위해 갖추어야 할 가장 기본적인 조건은 이야기할 수 있지 않을까요? 흔히 수학자들이 이야기하는 대칭성도 그런 요소 가운데 하나일 겁니다. 특히 자연계에서 우리가 아름답다고 반응하는 대상의 기본 요소에는 반드시 대칭성이 들어 있다는 겁니다.

다른 어떤 자연물에 비해 나무를 아름답다고 이야기할 때 가장 먼저 떠오르는 게 바로 대칭성입니다. 어린 아이에게 나무를 그려보라고 해보세요. 아주 특별한 경우가 아니라면 대개는 좌우 대칭형으로 그립니다. 우리의 마음속에 나무는 그처럼 대칭성을 잘 갖춘 대상이라는 겁니다. 물론 모든 나무가 그런 건 아니겠지요. 큰 바람에 줄기와 가지가 찢겨나간다든가, 바람에 휘어지는 경우도 없지는 않겠지요. 그러나 기본적으로 나무의 속성은 대칭성을 갖기에 우리가 아름답다고 느낄 수 있다고 생각합니다.

대개는 한 그루의 나무가 대칭형으로 자라나지만, 경우에 따라서는 한 그루만으로 이루기 어려운 대칭성을 두 그루가 서로 마주 보며 이루기도 합니다. 이런 사례는 흔치 않기 때문에 희귀성이 덧붙여지겠지요. 전체적으로는 대칭을 이루면서도 디테일한 부분에서 약간의 불균형을 보여준다면, 그걸 하나하나 찾아내는 재미 또한 대단할 겁니다.

지금 우리가 찾아볼 나무가 그렇습니다. 나무에 얽힌 이야기를 들먹이지 않는다 해도 일단 바라보기만 해도 행복해지는 아름다운 나무입니다. 앞의 사진을 보세요. 두 그루의 나무가 바짝 붙어 서 있는데, 두 그루의 자람이 매우 닮았습니다. 특히 그들의 줄기 부분은 마치 쌍둥이처럼 닮았어요. 이제 이 나무를 하나하나 짚어보기로 하겠습니다.

세 가지 보물

이 한 쌍의 아름다운 나무는 전라남도 순천시 조계산 자락의 명찰 송광사에 딸린 작은 암자, 천자암(天子庵) 경내의 곱향나무입니다. 천연기념물 제88호인 이 나무의 이름을 지금은 '순천 송광사 천자암 쌍향수(곱향나무)'로 고쳤지만, 얼마 전까지만 해도 천연기념물의 고유 명칭으로 '송광사의 곱향나무 쌍향수'로 돼 있었습니다. 이름만 봐서는 송광사 경내에 있는 나무로 생각할 수밖에 없습니다. 송광사에서 이 나무를 찾아보려고 헤매다가 헛걸음한 사람도 적지 않았을 겁니다. 이 나무가 있는 천자암은 송광사에서 남쪽으로 8킬로미터쯤 떨어진 곳에 있어요.

그러니 송광사 경내에서 이 나무를 찾아볼 수 없는 건 당연한 일이지요. 우리나라의 불교를 대표하는 큰 절, 송광사에는 예로부터 3대 보물이 있다고 합니다. 그중 하나가 바로 이 나무예요. 그러다 보니 나무 이름에 천자암을 빼놓고 송광사를 앞세운 겁니다.

먼저 송광사의 3대 보물도 잠깐 짚어볼까요? 첫째는 '비사리구시'라고 하는 나무확입니다. 송광사 승보전 곁에 있는 이 나무확은 1724년 남원의 한 마을에서 매우 큰 싸리나무가 쓰러지자 이 나무를 베어 만든 일종의 밥통입니다. 이 나무가 정말 싸리나무라면 이건 놀라운 일입니다. 우리가 흔히 아는 싸리나무는 이처럼 크게 자라지 못하니까요. 무려 쌀 일곱 가마니로 지은 밥을 한꺼번에 담을 수 있다고 하니, 얼마나 큰 밥통인지 짐작하실 수 있을 겁니다. 둘째로는 '능견난사(能見難思)'입니다. 이건 절집 음식을 담는 그릇입니다. '능견난사'라는 이름은 조선 숙종이 직접 지었다는데, '볼 수는 있지만 그 원리는 생각하기 어렵다'는 뜻입니다. 그 이름을 붙인 데는 이유가 있지요. 송광사의 6대 주지인 원감 국사가 원나라에서 가져온 밥그릇인데, 처음엔 500여 점이 있었다고 합니다. 이 밥그릇들은 교묘한 원리로 만들어져서 위로 포개든 아래로 포개든 딱 들어맞는다고 합니다. 하도 신기해 숙종이 그릇 장인에게 똑같이 만들어보라고 지시했지만, 결코 똑같이 만들어내지 못했다고 합니다. 이를 놓고, 숙종이 직접 붙인 이름이 바로 '능견난사'였습니다. 지금은 30점이 남아 있다고 합니다. 끝으로 셋째 보물이 바로 오늘 주제인 '순천 송광사 천자암 쌍향수'입니다.

이제 이 나무를 찾아가 보지요. 물론 송광사를 통해 천자암을 찾아가는 게 불가능한 건 아닙니다. 그러려면 조계산 깊은 골을 굽이굽이 넘어야 하기 때문에 꽤 고된 길을 거쳐야 하지요. 저는 이 나무를 여러 차례 찾아보았지만 조계산을 넘어 찾아가 본 적은 아직 없습니다. 그 길보다 쉽고 편하게 가려면 송광면사무소가 있는 이읍리에서 좁다랗게 난 산길을 따라 올라야 합니다. 쉽고 편하다고 했지만, 사실 이 길 역시 그리 편안하기만 한 길은 아닙니다. 물론 자동차가 오를 수 있는 찻길은 있지만, 비탈이 급하고 좁아 조심스러운 길입니다. 오르는 길에서 내려오는 차를 만나기라도 하면 당황할 수밖에 없는 험한 길입니다. 그게 끝이 아닙니다. 찻길이 끝나는 곳에 마련된 작은 공간에서부터 천자암까지는 500미터 정도를 걸어 올라야 합니다. 그런데 이 짧은 길이 마치 곤두박질치듯 급한 비탈인 탓에 이 역시 그리 만만치 않죠. 이 길을 걸어 오를 때마다 왜 이리 험한 곳에 절을 지었을까 하는 의문이 들 정도랍니다.

산중의 아늑한 암자, 천자암은 지눌 스님을 비롯해 16명의 국사(國師)를 낸 유서 깊은 암자입니다. 보조 국사와 함께 담당 국사가 처음 지었으며 인조 11년(1633)에 조금 고쳐 지은 암자입니다. 최근에 다시 요사채를 지어 예전보다는 큰 암자가 됐지요. 이 암자는 찾아오는 사람도 그리 많지 않고 절집 건축물도 화려하지 않습니다. 암자 마당에서 바라보는 인근 풍경이 아름답기는 하지만 절집 그 자체에는 별다른 구경거리가 없다고 해도 틀리지 않습니다. 그러나 곱향나무 두 그루만큼은 여느 절집이나 유명 관광지의 볼거리를 훨씬 뛰어넘을 만큼 훌륭합니다.

마주 보고 서로를 닮아가다

이 나무를 곱향나무라고 이야기했잖아요. 이게 조금 까다롭습니다. 곱향나무는 향나무와 달리 우리에게는 그리 익숙하지 않은 나무입니다. 곱향나무는 측백나뭇과에 속하는 향나무, 노간주나무 등과 가까운 친척 관계의 나무로 백두산 부근에서 자생하는 나무입니다. 우리나라 외에는 시베리아 지역이나 사할린 섬 등 추운 지방에서 자라는 향나무 종류이지요. 함경북도 명천군 사리(沙里)에는 곱향나무가 군락을 이뤄 자라고 있는데, 북한에서는 이 지역을 천연기념물 제319호로 지정해 보호한다고 합니다.

   향나무와 어떻게 다른지 궁금하시죠? 그게 참 애매합니다. 곱향나무는 잎의 길이가 향나무에 비해 짧다는 특징이 있지만, 그 밖의 점에서는 향나무와 별다른 차이가 없다고 식물도감에 나옵니다. 그렇지 않아도 향나무의 잎이 뭐 그리 길기나 하나요? 향나무 잎은 워낙 짧게 돋아나는데, 그보다 조금 짧다고 해서 그게 우리 같은 일반인의 눈에 들어오겠습니까? 우리의 눈으로 곱향나무와 향나무를 구별하는 건 사실상 불가능하다고 해야 할 겁니다. 그저 향나무로 볼 수밖에 없습니다. 곱향나무 가운데 남한 지역에서 발견할 수 있는 것은 바로 이 천자암 곱향나무가 유일합니다.

이 나무의 이름이 쌍향수인데, 두 그루의 향나무가 쌍둥이처럼 붙어 있다 해서 붙은 별명입니다. '쌍둥이 쌍(雙)'에 '향나무 향(香)'과 '나무 수(樹)'로 지은 별명이지요. 그러니까 식물학에서 굳이 곱향나무라고 이야기하기는 하지만, 그냥 쌍둥이 향나무라고 해도 뭐 그리 나쁠 건 없다는 이야기입니다.

쌍둥이 향나무, 어떠세요. 옆의 사진이 근사해 보이시나요? '아름답다'는 느낌이 드세요? 물론 아니라고 하실 분도 계시겠지만, 저한테는 볼수록 아름답다는 느낌이 드는 나무입니다. 혹시라도 이 사진을 보고 별로 아름답지 않다고 생각되신다면, 그건 제 사진이 나무의 아름다움을 제대로 표현하지 못해서입니다. 그렇게 생각하시는 분들이라면 한번 꼭 현장에 가서 실제 모습을 보시고 말씀해주시기 바랍니다. 옛날에 한참 유행하던 코미디 프로그램에서 하던 대사대로 '천자암 곱향나무, 보신 적 있으세요? 아니면 말씀하지 마세요'라고 이야기 드리고 싶네요.

두 그루가 마주 보고 서로를 닮아가는 모습으로 서 있는 게 여간 아름답지 않습니다. 어디 이만큼 아름다운 나무가 있을까요? 세상의 여느 향나무 못지않아 보여요. 향나무뿐 아니라, 우리나라의 오래된 나무를 통틀어도 이만큼 아름답고 신비로운 모습을 갖춘 나무는 찾기 어렵습니다.

이 두 그루의 향나무는 70센티미터쯤 떨어진 채 닮은꼴로 자랐습니다. 얼핏 보아 한 그루처럼 보일 수도 있을 만큼 바짝 붙어 서 있는 쌍둥이 나무입니다. 한눈에 키도 생김새도 완벽하게 닮은 쌍둥이로 보이지만, 꼼꼼히 관찰하면 약간의 차이가 있기는 합니다. 키는 둘 다 12미터쯤으로 비슷하지만, 가슴높이 둘레는 사진의 왼쪽에 서 있는 나무가 4.1미터이고, 오른쪽의 나무는 그보다 조금 작은 3.3미터입니다.

무엇보다 눈에 먼저 들어오는 것은 이 향나무의 독특한 줄기 모습입니다.

엿가락을 비꼬듯, 혹은 두 마리 용이 하늘로 오르기 위해 똬리를 풀며 서서히 용틀임하는 모습으로 솟아오른 게 멋있습니다. 그런 신비로운 모습 탓에 사람들은 줄기에 손을 대고 나무를 살살 흔들면 극락에 든다는 전설을 입에서 입으로 전하기도 했습니다. 그러자 나무를 보는 사람들은 너나 할 것 없이 모두가 줄기에 손을 대고 흔들었던 모양입니다. 나무가 사람의 손길을 견디기 어려워 쇠약해지는 건 당연한 순서였지요. 800년이라는 세월만으로도 나무가 버티고 살아남기 쉽지 않은데, 사람의 지나친 손길이 나무를 고통스럽게 한 겁니다. 현재는 나무줄기의 상당 부분이 썩어 들었지만, 큰 수술로 빈자리를 정성껏 옛 모습에 가깝도록 충전재로 메워 어렴풋이나마 예전 자태를 떠올릴 수 있습니다.

그러고는 나무에 손을 대지 못하도록 나무 주위에 울타리를 쳤어요. 아예 가까이 다가서지 못하도록 한 거죠. 이제 손으로 만지지 않고, 눈으로 오래 바라보기만 해도 극락에 든다는 새로운 전설을 만들어야 할까 봐요.

사실 이처럼 굵고 큰 나무가 1미터도 떨어지지 않은 상태에서 이토록 오랫동안 잘 자라는 건 흔치 않은 일입니다. 나무도 서로의 자람을 방해하지 않을 만큼의 일정한 거리가 필요하거든요. 생존을 위해 일정한 공간과 거리가 필요한 건 사람이나 동물, 식물이 모두 매한가지입니다.

그런 까닭에 이 나무들이 더 신비롭게 보입니다. 두 그루의 나무가 마치 서로를 보듬어 안 듯 편안하게 서 있을 뿐 아니라, 어찌 보면 비교적 작은 그루가 더 큰 그루의 나무에게 공손하게 인사를 올리는 것처럼 보이기도 합니다. 바라보는 사람의 마음까지 편안하고 공손하게 하는 생김새가 볼수록 정겹고 평화롭습니다.

이 같은 생김새에 맞춤한 전설도 있어요. 천자암 곱향나무를 심은 사람은 고려시대 때 이 자리에 천자암을 지은 담당 국사와 그의 스승인 보조 국사 지

순천 송광사 천자암 쌍향수 수피

눌입니다. 당시 지눌 스님은 중국 금나라에 유학한 적이 있었습니다. 그때 금나라의 왕비가 알 수 없는 병에 걸려 고생하고 있었다고 해요. 전설에 의하면 이런 병에 걸리면 언제나 뒤따르는 이야기가 바로 '백약이 무효했다'는 겁니다. 금나라 왕비의 병 역시 백약이 무효했답니다. 마침 금나라를 찾은 지눌 스님이 신통력을 발휘해서 왕비의 병을 낫게 했다고 합니다. 그러자 스님의 놀라운 법력에 감동한 금나라 왕이 자신의 셋째 아들인 담당을 지눌 스님에게 보내며 잘 지도해달라고 부탁했고, 스님은 귀국할 때 그를 데리고 와서 불가의 스님으로 키웠다는 거지요.

담당 국사와 그의 스승인 보조 국사는 고려에 돌아와 암자를 지을 자리를

찾아다녔다고 합니다. 그러던 중에 바로 이 조계산 자락에 들게 됐고, 지금의 천자암 자리에 이르러 그 자리에 흐르는 땅의 좋은 기운을 알아채고 암자를 짓기로 했답니다. 두 스님은 절집 자리를 찾아내자, 그동안 산을 넘으며 짚고 다니던 지팡이를 땅에 꽂았다고 합니다. 그 지팡이가 자라난 게 바로 지금의 곱향나무 쌍향수입니다.

그래서 사람들은 지금의 쌍향수 모습을 보고, 두 그루 중 작은 나무는 제자인 담당 국사의 지팡이였을 것이고, 조금 큰 나무는 스승인 지눌 스님의 지팡이였을 것이라고 이야기합니다. 두 그루가 이처럼 사이좋게 붙어서 자라는 것은 두 분 스님이 얼마나 친밀했는지를 가리키는 상징이라는 거죠. 덧붙여 담당 스님의 나무가 지눌 스님의 나무를 향해 예를 갖추고 정중하게 인사를 올리는 듯한 모습이라는 이야기까지 합니다. 인사를 올린다는 건 조금 지나친 표현인 듯하지만, 전설대로라면 그럴듯해 보이는 것도 사실입니다.

앞에서 저는 아름다움의 기준을 들면서 대칭성을 이야기했습니다. 이 곱향나무 쌍향수가 제가끔 대칭형으로 자란 건 아닙니다. 서로 빼닮은 두 그루의 나무는 서로를 바라보며 거울을 보듯 자랐습니다. 완벽한 대칭이라고까지는 말할 수 없지만, 두 그루가 서로에게 기대어 혹은 서로를 바라보며 닮아가는 모습은 더불어 살아가는 사람살이와 똑같지 않나 싶습니다. 존경한다는 것은 상대를 닮고 싶어하는 마음이고, 사랑한다는 것은 상대가 나를 닮았으면 하는 마음이라고 하잖아요. 담당은 스승인 지눌을 존경하고, 지눌은 제자인 담당을 사랑하는 마음이 바로 그들의 지팡이였다는 나무에 그대로 드러났다고 보면 안 되겠느냐는 말씀입니다.

오늘 이야기의 끝으로 한 그루의 고사목 이야기를 보태겠습니다. 지눌 스님의 지팡이를 이야기하면서 빼놓을 수 없는 나무입니다. 바로 앞에서 자장 스님의 지팡이인 정암사 주목을 이야기하면서 살짝 소개했던 송광사 경내의 고향수입니다. 이미 말씀 드렸듯이 오래전에 죽어 줄기만 가느다란 꼬챙이처럼 남은 나무이지만, 천자암 곱향나무 쌍향수만큼 귀하게 여기는 나무이죠. 천자암 곱향나무처럼 지눌 스님이 짚고 다니던 지팡이라고 말씀 드렸잖아요. 혹시 송광사 쪽으로 발길을 하시게 되면, 천자암 곱향나무뿐 아니라 송광사 일주문 바로 안쪽에 서 있는 고향수도 놓치지 말고 보시기 바랍니다.

800년 세월을 놓고 아름다운 모습을 간직한 쌍향수, 그리고 말라죽어 앙상한 줄기만 남은 고향수 모두 이 땅의 영원한 평화를 갈망했던 옛 고승 대덕의 소망이 담긴 나무입니다. 우리가 더 오래도록 지켜야 할 나무임이 틀림없습니다.

06.

옛 선비의 애절한 사랑 이야기와 함께한 나무
- 안동 도산서원 매화

1년의 시작은 1월인가요? 숫자로 보면 그게 맞긴 합니다. 그런데 1월에는 그다지 새로 시작하는 게 없지 않나요? 기껏해야 기업이나 관공서의 시무식이 있는 정도 아니던가요? 실제로 한 해의 시작은 봄 아닌가 싶어요. 마치 하루의 시작이 0시나 1시가 아니라 해 뜨는 때인 것과 마찬가지 이치 아닌가 하는 이야기지요.

저는 개인적으로 한 해의 시작을 '매화 피는 때'라고 생각하고 지냅니다. 그래서 제 책상 위의 달력에는 '3월'을 알리는 표시 앞에 '매화 피는 달'이라고 적어두곤 합니다. 아메리카 원주민들이 하는 방식을 이용하는 겁니다. 어때요? 괜찮지 않나요?

매화는 원래 중국의 나무입니다. 하지만 기원전부터 우리나라에 들어와 자리 잡았고, 또 오랫동안 우리 선비들의 사랑을 받았기에 이제는 우리의 나무라 해도 틀리지 않습니다.

우리는 그냥 매화나무라 부르지만, 식물 분류학에서 말하는 올바른 이름은 '매실나무'입니다. 대개 나무 이름을 붙일 때는 꽃의 이름보다는 열매 위주로 이름을 붙이기 때문입니다. 이를테면 잣이 열리는 나무는 잣나무, 석류가 열리는 나무는 석류나무, 감이 열리는 나무는 감나무 식이지요. 매화꽃이 피고 나면 그 자리에 맺히는 열매가 바로 매실이니, 다른 나무들처럼 매실나무라고 부르는 게 맞습니다. 그런데 다른 나무와 달리 이 나무만큼은 꽃을 기준으로 해서 '매화나무'라고 부르고 싶어집니다.

우리나라에는 그리 큰 매실나무가 많지 않습니다. 그러나 사람살이의 내력이 함께 담긴 의미 있는 매실나무는 적지 않습니다. 그래서 오래된 매실나무에는 대개 고유명사를 붙여주고 있지요. 이를테면 순천 선암사의 매실나무는 '선암매', 화엄사의 매실나무는 '화엄매', 남명 조식 선생의 서재인 산천재 앞마당의 매실나무는 '남명매', 우리나라에서 가장 오래된 매실나무인 단속사 터 매실나무는 '정당매' 같은 방식입니다.

그런 매실나무 가운데 '도산매'가 있습니다. 바로 안동 도산서원에 있는 매화입니다. 도산서원은 잘 아시다시피 퇴계 이황(李滉)이 지은 조선시대 최고의 사설 교육기관이지요. 도산서원에는 매실나무가 많이 있습니다. 1000원짜리 화폐의 디자인이 바뀌기 전의 구권에도 도산서원이 나옵니다. 그 그림에도 지금 이야기하려는 매실나무가 나옵니다. 바로 옆의 사진의 나무입니다. 물론 도산서원에는 이 나무 외에도 매실나무가 여럿 있습니다. 그 가운데 도산서원 경내에 들어서면 가장 먼저 보이는 매실나무가 바로 이 나무입니다.

거절하지 못한 선물

도산서원의 매실나무에는 전해오는 이야기가 있습니다. 퇴계 이황과 얽힌 이

야기지요. 퇴계 선생이 마흔여덟 살 때의 일입니다. 당시 그는 충청북도 단양 군수로 있었습니다. 그때 미모와 기품을 갖춘 열여덟 꽃다운 나이의 두향(杜香)이라는 관기(官妓)가 있었다고 합니다. 두향은 실존 인물이에요. 그의 묘가 아직 충주호 근방에 남아 있거든요. 두향은 퇴계 선생의 용모와 인품에 감동해 그의 마음을 사로잡고 싶었습니다. 그래서 퇴계 선생께 선물을 보내기 시작했습니다. 온갖 선물을 다했다고 합니다. 그러나 늘 꼿꼿하기만 한 퇴계 선생이 그녀의 꼬임에 넘어갈 리 없지요. 당시 퇴계 선생은 두 번째 부인과 사별한 뒤여서 적잖이 외로움이 깊었을 텐데 전혀 흔들림이 없었습니다. 그러자 두향은 퇴계 선생이 거절하지 못하고 반드시 받아들고 좋아할 만한 선물이 무언지를 이리저리 알아보았습니다. 주변 사람들은 퇴계 선생이 거절하지 못할 유일한 선물이 바로 매화라고 가르쳐주었습니다.

두향은 동네방네 돌아다니며 기품을 갖춘 매실나무를 찾았습니다. 어렵사리 찾아낸 매실나무 한 그루를 선생께 선물로 보냈습니다. 예상대로 퇴계 선생은 그 선물만큼은 거절하지 못했습니다. 그다음에 퇴계와 두향의 사랑이 어떻게 진행됐는지는 알 수 없습니다. 다만 퇴계 선생이 단양군수로 아홉 달 동안의 짧은 소임을 마치고 다음 부임지인 풍기군수로 떠나게 됐을 때의 상황을 놓고 미루어 짐작할 수밖에 없습니다. 그때 두향은 저고리 옷고름을 풀어헤치고 '차라리 젖가슴 하나를 베어내 당신을 향한 미망에서 벗어나게 해달라'고 했다는 이야기가 전하는 걸 보면, 그 둘의 관계가 심상치 않았다고 보아야 하지 않을까 싶네요.

두향과 퇴계 선생에 관한 기록은 별로 없습니다. 그러나 몇 가지 기록에 의해 두향이 선생을 사모하는 마음이 깊었음은 확인할 수 있어요. 두향은 퇴계 선생이 풍기로 떠난 뒤 신임 사또에게 관기 생활을 접게 해달라는 청을 넣었다고 합니다. 오로지 퇴계 선생만을 그리며 살겠다는 생각이었지요. 하지만 두 사람은 끝내 이승에서는 단 한 번도 만나지 못했다고 합니다. 두향은 단양의 남한강 변에 초막을 짓고 20년 동안 정절을 지키며 살았고, 퇴계 선생은 도산서원에서 69세의 나이로 삶을 마쳤습니다. 선생이 이승을 떠났다는 소식을 들은 두향은 단양에서 도산서원까지 흰 소복 차림으로 걸어서 문상을 하러 왔다고 합니다. 그리고 다시 자신의 초막으로 돌아가서 강물에 몸을 던져 퇴계 선생의 뒤를 따랐지요. 그를 기억하는 사람들이 두향의 시신을 거둬 양지바른 곳에 묘를 만들어주었어요. 그 묘는 충주호가 완공되면서 수몰 위기에 처하게 돼 원래 위치보다 조금 위쪽으로 옮겨졌지요. 지금도 충주호를 오가는 유람선을 타고 지나다 보면 두향의 묘를 볼 수 있고, 단양에서는 두향을 기리는 제사를 지낸다고 합니다.

하여튼 퇴계 선생은 단양을 떠날 때 두향의 선물인 매화나무를 그대로 옮겨갔어요. 그 뒤 자리를 옮겨 다닐 때마다 두향의 매화는 반드시 가지고 다녔다고 합니다. 나중에 도산서원을 짓고서는 그곳에 옮겨 심고 애지중지했다고 전합니다. 선생이 이승에서의 생을 마치면서 마지막에 했던 말이 뭔지 아시나요? "저 나무에 물 주거라"였다고 합니다. 여기서의 '저 나무'가 바로 두향의 매화인 거죠. 그 말 한마디에서 선생이 한평생 다시 만나지는 못했지만, 고작 아홉 달의 짧은 시간 동안 나눈 관기 두향과의 애절한 사랑의 기운을 느낄 수 있습니다.

지금 우리가 도산서원에서 볼 수 있는 매실나무는 안타깝게도 두향이 퇴계 선생에게 선물했던 그 나무가 아닙니다. 그때의 나무는 오래전에 고사(枯死)했어요. 그러나 워낙 매화를 아꼈던 이황 선생을 기억하며 도산서원을 지키는 후학들이 여러 그루의 매실나무를 새로 심어 키웠습니다. 비록 지금 도산서원에 남아 있는 매실나무들이 퇴계 선생이 아끼던 바로 그 나무는 아니라 하더라도 선생을 기억하면서 함께 기억해야 할 나무라는 이야기입니다.

안동 도산서원은 비교적 북쪽에 위치하고 있어 도산매의 개화 시기는 조금 늦습니다. 그래서 처음 남도에서 봄소식이 들려오면 먼저 남도를 찾아가서 이러저러한 매화들을 보고, 아쉬움이 남을 즈음 찾아가면 예쁘게 피어난 도산서원 매화꽃을 볼 수 있습니다.

40년 동안의 거짓말

도산서원처럼 오래된 유적지에는 당연히 크고 아름다운 나무들이 많이 있습니다. 도산서원에는 무엇보다 매실나무가 가장 볼 만해서 봄에 찾아가는 게 가장 좋지만, 다른 계절이라 해도 볼거리는 충분히 있습니다. 여름에는 특히 말라 죽은 회화나무 줄기를 타고 무성하게 솟아오른 능소화가 주황색 꽃을 활짝 피웁니다.

그뿐이 아닙니다. 신경 쓰고 찾아보지 않는다면 그냥 지나치기 쉬운 자리에서 멋진 나무 두 그루를 볼 수 있습니다. 물속에서도 잘 자라는 나무인 '왕버들'입니다. 이 나무는 약간의 거리를 두고 서 있는데, 나무 앞에 편안하게 앉아 쉴 수 있는 긴 의자도 두었습니다. 이 자리에 앉으면 도산서원을 휘돌아 드는 강줄기를 그대로 내다볼 수 있습니다.

도산서원을 다녀와서도 이 왕버들을 꼼꼼히 관찰하신 분들은 그리 많지 않더군요. 다음 페이지의 사진에 보이는 뒤쪽의 문이 서원 경내로 들어가는 문이니, 그쪽으로만 가시는 거지요. 이 나무는 저 대문 앞의 우물가 혹은 수돗가 옆으로 난 산책로에 있으니, 다음에 가시면 꼭 한번 돌아보시기 바랍니다. 하나는 여느 왕버들처럼 그냥 높지거니 자라 올랐는데, 다른 한 그루는 생김새가 참 독특합니다. 땅에서 올라온 줄기는 곧바로 둘로 갈라지며 옆으로 넓게 퍼졌는데, 그 펼친 품이 굉장합니다. 아무 생각 없이 이 산책로에 들어섰다가 나무를 보게 되면 모두가 깜짝 놀란답니다. 문화재를 답사하실 때는 그렇게 정해진 코스 외의 자리에서 뜻밖의 보물처럼 아름다운 성과를 얻을 수 있다는 걸 생각해두시면 좋습니다.

그런가 하면 도산서원에는 눈살을 찌푸리게 하는 나무도 한 그루 있습니다. 한 그루의 금송이 그 나무입니다. 도산서원의 금송 이야기를 하기 전에

회화나무 고사목을 타고 오른 능소화

안동 도산서원 왕버들

먼저 금송에 대해 말씀 드려야겠네요. 가끔씩 뉴스로 보도해서 아시는 분도 있을 겁니다. 도산서원 어귀에 서 있는 나무인데요, 이 나무 앞에는 예전에 '이 나무는 박정희 대통령 각하께서 청와대 집무실 앞에 심어 아끼시던 금송으로서 도산서원의 경내를 더욱 빛내기 위해 1970년 12월 8일 손수 옮겨 심으신 것입니다'라는 표지석이 있었어요.

그런데 그게 가짜라는 게 바로 지난 2011년 12월에 밝혀졌습니다. 박정희 씨가 1970년 12월에 도산서원을 찾아 금송을 심은 건 사실입니다. 그러나 그 나무는 1972년에 죽었습니다. 그러자 이듬해 4월 도산서원에서는 일본에서 금송 한 그루를 구해와 새로 심었다고 합니다. 당시 안동군수는 박정희 씨가 심은 나무가 죽었다는 사실로 자신이 처벌을 받을까 두려워 도산서원 관계자들과 몰래 짜고 이 같은 일을 벌였지요. 그것이 문화재찾기운동 사무총장 혜문 스님에 의해 밝혀졌습니다. 이 같은 사실이 확인된 뒤 도산서원관리사무소는 예전의 표지석을 철거하고, '이곳은 1970년 12월 8일 박정희 전 대통령이 도산서원 성역화 사업의 준공을 기념하기 위해 청와대의 금송을 옮겨 심었던 곳이나 1972년 고사함에 따라 1973년 4월 동 위치에 같은 수종으로 다시 식재하였다'는 내용으로 고쳐 세웠습니다.

40년 동안 거짓 표지석이 서 있었다는 사실도 기분을 잡치게 합니다만, 거기에서 끝이 아닙니다. 바로 금송이라는 나무에 대한 생각 때문입니다. 금송은 저도 개인적으로 좋아하는 멋진 나무입니다. '금송'이라고 하니 소나무 종류 중 하나로 생각하기 쉽지만, 금송은 소나무와는 아무런 친척 관계가 없는 나무입니다. 한자로는 '쇠 금(金)'에 '소나무 송(松)'을 쓰는 게 맞지만, 이 나무는 낙우송과의 늘푸른나무입니다. 이파리가 길쭉하다는 것 외에는 우리의 소나무와는 많이 다른 나무이지요. 실제로 앞에 말씀 드린 표지석 교체 관련 기사를 쓴 기자들도 같은 기사의 앞부분에서는 이 나무를 금송이라고 썼다가 뒤에서는 아예 소나무로 쓰기도 했더군요. 하지만 두 나무는 전혀 관계가 없는 다른 나무입니다.

금송은 고깔모자처럼 곧고 뾰족하게 자라기 때문에 전체적인 수형이 참 아름다운 나무입니다. 세계 3대 조경수 가운데 하나로 꼽히는 좋은 나무입니다. 그런데 얄궂은 것은 이 나무가 일본 사무라이의 충정을 상징하는 나무라는 사실입니다. 물론 그렇다 하더라도 나무가 어떤 정치색을 가진 것은 아니니 눈살을 찌푸릴 까닭은 없습니다. 그러나 한국 유학을 대표하는 선비를 기리는 서원 앞에 일본 사무라이의 정신을 상징하는 나무가 서 있다는 건 아무래도 어울리지 않습니다.

박정희 씨는 일본 군관학교에서 사무라이의 정신을 계승하는 일본군의 교육을 받은 사람이지요. 그가 도산서원에 자신의 방문을 기념할 나무를 심겠다며 사무라이의 상징인 금송을 고른 것은 자연스러운 일이겠지요. 젊은 시절, 일본 군사 교육을 받으면서 인상 깊었던 나무였을 테니까요.

박정희 씨는 금송을 광적으로 좋아했던 모양입니다. 그래서인지 그가 충효 정신을 강조하며 조성한 충청남도 아산시의 현충사에도 금송을 심었어요. 바로 이순신 장군 사당 앞에 금송 두 그루를 심었지요. 저도 금송을 좋아하지만, 이순신 장군 사당 앞이나 도산서원 경내에서만큼은 사무라이를 떠올릴 수밖에 없는 금송을 보고 싶지 않네요.

분명히 말씀 드리지만, 저는 나무에 대해 쇼비니스트가 아닙니다. 나무는 있는 그대로를 즐길 수 있어야 한다는 게 제 평소 생각입니다. 하지만 이처럼 기념식수를 하기 위해서는 나무의 역사와 의미를 생각해볼 필요가 있다 싶은 겁니다.

이야기가 나온 김에 한 가지 더 할까요? 벚꽃이 그렇습니다. 벚꽃 역시 일본의 대표적인 나무 가운데 하나입니다. 그런 벚꽃을 저는 싫어하지 않습니

안동 도산서원 금송

다. 그러나 일본군과 싸우다 숨져간 이순신 장군을 추모하기 위한 축제인 진해 군항제를 벚꽃 축제로 삼는 건 싫습니다.

예전에 문화재청장을 지낸 사람이 어느 대학교의 박물관에 가서 주변의 히말라야시다(개잎갈나무)가 박정희 시대에 많이 심었던 나무라서 베는 게 좋겠다고 말했고, 이를 따라 그 큰 나무를 베어냈다는 뉴스도 있었지요. 그건 정말 잘못된 겁니다. 게다가 몰라도 한참 모르는 이야기입니다. 히말라야시다를 박정희 씨만 좋아했겠어요? 나무를 좋아하고 조경을 좋아하는 사람이라면, 금송과 함께 세계의 대표적 조경수인 히말랴야시다를 누가 싫어하겠어요. 또 박정희 씨가 좋아했다고 해서 싫어해야 한다는 식의 단세포적인 발상으로 가자는 이야기도 아닙니다. 그게 아니라, 일본의 사무라이를 상징하는 나무인 금송을 이순신 장군 사당이나 도산서원에 심는 걸 반대하는 거지요.

매화를 찾아서

이제 흥분을 가라앉히고 다시 매실나무 이야기로 돌아오지요. 매실나무 이야기를 하자면, 우리 옛사람들이 매실나무를 어떻게 아꼈는지를 살펴보아야 합니다. 그분들이 매화를 이야기할 때마다 하는 말이 있습니다. 매화는 "번거로운 것보다 희귀한 것을, 젊음보다 늙음을, 비만보다 수척을, 활짝 피어난 것보다 꽃봉오리를 귀하게 여기는 꽃"이라는 말입니다.

  매화는 한 송이 한 송이 참 예쁘게 피어나지만, 그 생김생김이 번거롭거나 풍성하기보다는 은둔한 선비의 모습을 지니지 않았나 생각하게 되는 나무입니다. 그래서 매화를 제대로 감상하려면 온 산을 매화로 뒤덮은 매실농원을 찾기보다는 선비들의 옛 서재나 정원, 혹은 오래된 절집의 뒷마당을 찾는 게 제격입니다.

  우리 옛 시가(詩歌)에도 매화만큼 자주 나오는 나무가 없지 싶네요. 그뿐만 아니라 매화와 얽힌 우리 선비들의 이야기도 무척 많습니다. 그 가운데 하나가 매화음(梅花飮)입니다. 조선시대의 화가 단원 김홍도(金弘道)에 얽힌 이야기지요.

  당시 단원은 아침저녁 끼니 걱정을 해야 할 정도로 살림이 어려웠다고 합니다. 그가 어느 날 아름다운 매실나무 한 그루를 가지고 싶었지요. 그러던 차에 어떤 부유한 사람에게 3000냥을 받고 자신의 그림을 팔게 됐다고 합니다. 신이 난 단원은 그중 2000냥으로 매실나무를 사고, 남은 돈 가운데 200냥은 양식거리를 샀습니다. 그리고 나머지 800냥은 친구들을 불러 매실나무 그늘 아래서 술잔치를 벌였습니다. 매화의 그윽한 향기를 맡으며 벌이는 이 술잔치를 '매화음'이라고 부릅니다. 단원뿐 아니라, 옛 선비들은 매화의 은은한 향기를 홀로 즐기지 않고 좋은 벗을 불러 매화음을 즐겼다고 합니다.

도산서원의 매화 이야기를 마무리하기 전에 여행 떠나시기에 도움이 될 만한 매화 명소 몇 곳을 소개해드리겠습니다.

우선 현재 우리나라에서 가장 큰 매화가 있는 곳입니다. 바로 순천시 선암사입니다. 참 아름다운 산사인데요. 특히 봄 풍경이 아름답습니다. 얼마 전에 천연기념물 제488호로 지정된 매화가 바로 선암사 매화입니다. 흔히 '선암매'라고 부르는 나무이지요. 선암사 원통전 뒷마당에 홀로 서 있는 매우 큰 나무입니다. 절에서 이야기하는 나무의 나이는 약 600살입니다. 나이로도 우리나라에서 최고로 오래된 매실나무입니다.

그뿐 아닙니다. 선암매를 돌아들면 선암사 뒤뜰의 차밭으로 이어지는 길이 나오는데, 그 길 가장자리 양쪽으로 늘어선 고매(古梅)들이 연출해내는 풍경은 더없이 아름답습니다. 기와 돌담이 예쁘게 이어지는 곁에 활짝 피어난 봄꽃 매화의 향연은 이 나라 최고의 풍광이라 이야기하고 싶습니다.

매화를 찾아가는 여행을 특별히 '탐매행(探梅行)'이라고 합니다. 또 하나의 빼놓을 수 없는 탐매행 명소는 경상남도 산청입니다. 산청에는 이른바 '산청삼매'라고 이름 붙은 세 그루의 명매(明梅)가 있습니다. 첫 번째는 우리나라에서 가장 오래된 매실나무인 '정당매'입니다. 단속사 터에 홀로 남은 나무입니다. 단속사 터는 옛 절의 모습은 모두 사라지고 지금은 석탑만 남아 있는 곳

순천 선암사 선암매

산청 정당매

산청 산천재 남명매

산청 남사마을 원정공매

강릉 오죽헌 율곡매

선암사 뒷뜰의 매화길

이지요. 정당매는 650년 전, 단속사에서 공부하던 강회백(姜淮伯) 선생이 어린 시절에 심은 나무입니다. 이 나무에 '정당'이라는 칭호가 붙은 것은 강회백 선생이 나중에 정당문학(政堂文學)이라는 벼슬에 올랐기 때문입니다. 정당매는 오래되기도 했지만 생김새도 늠름하여 우리나라 대표 매화라 할 나무였는데, 최근 들어 건강이 급격히 악화하면서 옛 영화를 잃었습니다. 그나마 아직은 살아 있는 가지에서 꽃을 피우고 있으니, 한번쯤 찾아보시는 것도 괜찮지 싶습니다.

두 번째는 '남명매'입니다. 남명(南冥)은 조선시대 대표적 학자인 조식 선생의 호이지요. 조식 선생은 평생 벼슬에 나서지 않고 은둔한 선비의 상징으로 알려져 있습니다. 그가 은둔생활을 한 근거지가 바로 산청이고, 이곳에 그는 자신의 서재를 지었습니다. 그 서재의 이름이 산천재(山天齋)로, 아직도 옛 모습을 그대로 간직한 곳입니다. 조식 선생은 서재를 지은 뒤 앞마당에 손수 자신이 좋아하는 매실나무를 심었습니다. 그 매화 역시 400살을 넘겼는데, 건강은 한창때만큼은 안 돼도 여전히 꽃을 피우는 좋은 나무입니다.

다음은 남사마을에서 볼 수 있는 '원정공매'입니다. 원정공(元正公) 역시 이 나무를 심은 진양 하씨 하즙(河楫) 선생의 호입니다. 이 매화는 하즙 선생의 후손이 아직 살고 있는 분양고가(汾陽古家) 앞마당에 서 있습니다. 아쉬운 것은 몇 해 전부터 꽃을 피우지 않는다는 겁니다. 사실상 수명을 다한 것으로 보는 수밖에 없지요. 나무 앞에 원정공 선생이 지은 시를 새긴 비석까지 근사하게 서 있었는데, 이제는 수명을 다해 아쉽습니다.

이 세 그루의 산청삼매는 이미 화려한 시절을 지냈습니다. 그러나 앞에서도 이야기했듯이 매화는 젊은 것보다 늙은 것을, 화려한 것보다는 은은한 것을 즐겨야 한다는 옛사람들의 생각에 맞춰보면 가장 매화다운 매화라 하지 않을 수 없습니다.

그밖에도 우리나라에는 좋은 매화들이 많이 있습니다. 강릉시 오죽헌에는 율곡 이이 선생이 심었다는 율곡매가 있고, 구례군 화엄사에도 최근 천연기념물로 지정된 화엄매가 있습니다. 모두 우리 옛 선비들의 멋을 살펴볼 수 있는 아름다운 매화입니다. 봄이 오는 소리를 매화의 은은한 향기로 들어보심은 어떨지요. 우리 옛 선비들처럼 말입니다.

매화 이야기가 비교적 길었습니다. 그만큼 매화는 우리 옛 선비들이 매우 좋아했던 나무이기 때문에 어쩔 수 없었습니다. 아직도 매화에 대해서는 할 이야기가 많이 있습니다.

II

우리나라의 특별한 나무들

07.
천문학적 비용을 투자해 죽음에서 건져낸 나무
- 안동 용계리 은행나무

저는 지난 14년 동안 우리나라의 곳곳을 돌아다니며 나무를 찾아봤습니다. 물론 제가 식물을 전공한 사람이 아니어서, 나무 그 자체의 식생(植生)을 살펴보고 그를 연구할 깜냥은 못 됩니다. 제가 나무를 볼 때, 초점을 맞춘 것은 사람과 나무의 살림살이입니다.

그런 관점으로 나무를 찾아다니면서 제가 새삼스럽게 알게 된 것은 무엇보다 우리 민족이 나무를 유난히 아끼고 사랑했다는 사실입니다. 제가 이렇게 이야기를 시작하면, 제 이야기의 타당성을 과장하기 위해 끄집어내는 국수주의풍의 이야기이거나, 저 사람 이상한 쇼비니스트 아닌가 하고 의심하시는 분이 있을지도 모르겠습니다. 하기야 나무를 아끼지 않은 민족이 있겠습니까? 굳이 이런 문제에 우리가 최고라는 식으로 이야기하는 건 옳지 않을 수 있습니다. 하긴 제가 '이 분야에서 다른 민족들과 절대적으로 비교해서 우리가 최고'라고 강조하려는 의도가 있는 건 아닙니다. 우리도 여느 민족 못지않게 나무를 다양한 방식으로 아끼고 지켜왔음에도, 지금 우리의 살림살이에서는 그 같은 자연주의 전통이 사라지고 있는 건 아닌가 싶어 강조한 것입니다. 그래서 이 강의를 통해 우리 조상들은 어떤 방식으로 나무를 아껴왔고, 오늘날까지 지켜왔는지를 살펴보려 합니다.

700년이라는 시간

그럼 먼저 우리나라의 나무 가운데 아주 특별한 나무들을 이야기하겠습니다. 우리와 아주 친근하게 지내온 은행나무 가운데에 특별하다고 해야 할 나무가 있습니다. 이 나무는 경상북도 안동시 길안면 용계리라는 산골짜기에 홀로 우뚝 서 있는 큰 나무입니다. 우리나라에 현재까지 살아 있는 은행나무 가운데는 가슴높이 둘레가 가장 큰 나무입니다. 무려 14미터나 되는 굵은 줄기를 가진 나무인데, 이 규모는 유명한 경기도 양평 용문사 은행나무와 같은 크기입니다.

나무의 규모를 이야기할 때는 두 가지 중요한 요소가 있습니다. 나무의 키와 가슴높이 둘레입니다. 나무의 키를 식물학에서는 수고(樹高), 가슴높이 둘레는 흉고(胸高) 둘레라고 이야기합니다. 때에 따라서는 흉고 직경(胸高直徑)이라고 해서, 둘레가 아니라 지름을 측정하기도 합니다. 이 두 요소를 그냥 편안하게 이야기하면 키가 얼마나 크고, 몸은 얼마나 우람하느냐는 게 되겠지요. 여기에 한 가지 보태자면, 수관(樹冠) 폭이라는 게 추가됩니다. 그건 나뭇가지를 펼친 폭이 얼마나 되느냐 하는 거지요. 수관에 쓰인 한자를 한글로 그대로 옮겨 '나무갓'이라고도 쓰는 분들이 있기는 한데, 한자를 한글로 옮긴 게 맞긴 하지만 아직은 익숙지 않은 표현입니다.

이 가운데 키나 가지 펼침은 비교적 정확히 측정할 수 있겠지만, 가슴높이

안동 용계리 은행나무 줄기

둘레라는 건 그리 정확한 것이 못 됩니다. 가슴높이라는 게 어느 부분이냐는 거지요. 사람 가슴높이라고는 하지만 사람 가운데 키가 큰 사람도 있고, 작은 사람도 있잖아요. 물론 워낙 큰 나무들의 경우는 가슴높이 부분에서 아래위로 약간의 차이가 있다 해도 둘레의 측정 결과에는 그리 큰 차이가 없겠지요. 하지만 그렇지 않은 경우가 전혀 없는 것도 아닙니다. 대개의 경우, 가슴높이 둘레를 이야기할 때는 대략 땅에서 1.2미터쯤 된 부분에서 측정한 값을 말합니다.

우리나라에서 가슴높이 둘레 값이 가장 큰 나무가 바로 안동 용계리 은행나무입니다. 14미터라고 했으니, 8명 정도가 둘러싸야 겨우 안을 수 있습니다. 그런데 8명도 그리 만만치는 않습니다. 나무를 빙 둘러싸 안으려면 줄기에 바짝 붙어 서야 하는데, 줄기 아래쪽이 더 넓기 때문이지요. 게다가 앞의 사진에서 보시다시피 둘레를 측정해야 할 지점에서 줄기가 여럿으로 갈라져 있기 때문에 14미터라는 측정값을 그리 중요하게 말할 수 없습니다. 그런데 이 나무의 예전 모습을 보면 줄기가 지금처럼 갈라지지 않았습니다. 그러니까 14미터라고 하는 측정값은 지금 상태가 아니라, 줄기가 지금처럼 변형되기 전에 측정한 값입니다. 그 변형 과정은 나중에 다시 설명하겠습니다.

키도 결코 작지 않은 나무입니다. 무려 31미터나 됩니다. 쉽게 짐작되지 않는 높이입니다. 도시의 빌딩으로 비교해보면 어떻게 될까요? 도시 빌딩의 층간 높이는 3미터가 조금 안 되지만, 대략 3미터라고 하면 나무 한 그루의 높이가 무려 10층이 넘습니다. 대단한 거 맞죠? 나무 한 그루만 따로 떨어져 있을 때는 그 높이가 실감나지 않지만, 바로 곁에 10층짜리 빌딩이 있고, 나무가 그보다 더 높이 솟아올랐다고 생각하면 얼마나 큰 나무인지 짐작하실 수 있을 겁니다.

이만큼 큰 나무로 자라는 데에 용계리 은행나무는 700년이 걸렸습니다. 그러니까 700살 된 나무라는 거죠. 나이로 보나 규모로 보나, 모두 특별해 보일 나무인 게 분명합니다. 여기서 잠깐만요. 도대체 700살이라는 이 나무의 나이는 어떻게 가늠했을까요? 궁금하시죠.

나무의 나이를 세는 일은 사실 쉽지 않습니다. 물론 어린 나무들의 경우는 어렵지 않게 정확히 맞힐 수 있습니다. 나무들이 한 해에 하나의 가지를 뻗어나간다는 걸 기준으로 하면 나뭇가지가 어떻게 뻗어나갔는지 잘 살펴보면서 거의 정확한 나이를 짚어볼 수 있습니다.

그러나 나무의 나이가 100살을 넘어가면, 그것도 쉽지 않습니다. 아무래도 나이테를 보는 방식이 가장 효과적이겠지요. 그런데 나이테를 보려면 나무를 잘라내야 하잖아요. 그래서 나무에 가느다란 구멍을 뚫어서 줄기 안쪽의 조직을 파낸 뒤 그 안의 결을 통해서 나이테를 세곤 합니다. 살아 있는 나무의 나이테를 세기 위해 구멍을 뚫는 기구를 '생장추'라고 하지요. 그러나 그것도 그리 정확한 방법이 못 됩니다. 나무가 오래 되면 나무의 안쪽, 즉 심재(心材)가 썩어들어가게 마련입니다. 그래서 생장추로 줄기 안쪽의 조직을 끄집어내고 보면, 맨 가운데는 텅 비어 있기 십상입니다. 그러니, 나무의 안쪽 부분에서는 나이테를 셀 수 없게 됩니다.

그렇다면, 떠오르는 방법이 탄소연대측정법입니다. 그러나 그것도 그리 정확한 방식은 못 됩니다. 가장 오래된 부분은 아무래도 나무의 가장 속에 있을 텐데, 그 부분이 썩어 없어진 지 오래이기 때문이지요. 결국 오래된 나무가 처음으로 생명을 얻은 때의 최초 세포 조직을 찾아내는 일은 실패하게 됩니다.

그래서 대략 400~500살을 넘은 나무의 정확한 나이를 측정하는 일은 불가능하다고 할 수 있습니다. 무엇보다 정확한 것은 관련 기록을 찾는 일이지요. 구전(口傳)하는 전설과 신화도 좋은 자료가 됩니다. 그러나 때로는 터무니없는 전설도 있지요. 이를테면, 식물학적으로는 아무리 보아도 400년 이상 된 나무로 보기 어려운데, 신라시대 때 최치원이 심었다는 전설이 전하는 경우가 그렇습니다.

이제 다시 우리의 특별한 나무인 '용계리 은행나무'로 돌아오지요. 이 나무를 특별하다고 말하는 건 크기나 나이 때문만이 아닙니다. 그가 살아온 구구절절한 사연들을 하나하나 짚어보면, 정말 우리가 자랑스럽게 여겨야 할 나무임을 알게 됩니다.

똑같은 꿈을 꾼 마을 사람들

안동 용계리 은행나무는 원래 이 마을에 있던 용계초등학교라는 작은 학교 운동장 가장자리에 있었지요. 옆의 사진은 그 당시의 모습을 담은 문화재청의 자료 사진입니다. 사진에 교정이 보이지는 않지만, 한적한 시골 학교 운동장 분위기는 느껴집니다. 지금 이 나무를 둘러싼 환경과는 전혀 다릅니다. 결론부터 이야기하자면 이 나무는 원래 자라던 곳에서 지금의 자리로 옮겨왔습니다.

옛날이야기부터 시작하지요. 안동 용계리 은행나무는 초등학교 운동장에서 이 마을 어린 아이들과 함께 평화로운 나날을 보내고 있었습니다. 아마 모르긴 몰라도 그때 이 학교 아이들은 나무 위에 꽤나 많이 기어올랐을 겁니다. 나무가 꽤 크다 보니, 그냥 바라보기만 해도 오르고 싶지 않은가요? 오르기만 했을까요? 가을에 잎사귀가 노랗게 물들어 소복이 땅 위에 떨어지면 그걸 주워 별 생각, 별 이야기 다 했겠지요. 그러니 저 나무에는 숱하게 많은 아이들의 어린 시절 추억이 담겨 있습니다.

또 이 나무는 마을의 당산나무이기도 했습니다. 당산제 날이면, 마을 사람들이 학교 운동장에 모두 모여 당산제를 지냈다고 합니다. 이곳 용계리는 그리 큰 건축물이 있는 곳이 아니어서, 마을에서 가장 높이 솟아오른 게 이 은행나무였습니다. 그러니 나무는 마을의 모든 살림살이를 속속들이 다 살펴보면서 살았던 거죠. 나무는 결국 마을 모든 사람들의 살림살이를 고스란히 담고 살아온 셈이지요.

상식 공사 이전의
안동 용계리 은행나무
(ⓒ문화재청)

 나무에는 적지 않은 전설이 남아 있어요. 처음 이 나무가 이 자리에 심어질 때 이야기에서부터 심상찮은 전설이 전합니다. 최근에 길을 닦아서 나무를 찾아가는 길이 비교적 편해졌지만, 얼마 전까지만 해도 이 마을은 비포장 산길을 5킬로미터 정도 깊숙이 들어가야 하는 산골이었어요. 이 깊은 산골에 마을이 정착한 전설과 나무 이야기가 함께 전합니다.

 용계리는 조선 숙종 때 마을 뒷산이 용이 누운 형상인 와룡산 앞 개울가 마을이라 하여 용계(龍溪)라는 이름이 붙은 곳입니다. 이 마을에는 처음에 탁씨 성을 가진 사람들이 들어와 살았다고 합니다. 용계초등학교 자리의 은행나무가 있던 바로 그 자리에 탁씨 성의 한 가족이 살았다고 해요. 그 집에는 딸이 하나 있었지요. 어느 날 그 처녀가 빨래하러 시냇가에 나갔는데, 물 위에 작은 은행나무 하나가 둥둥 떠내려오더라는 겁니다. 처녀는 나무를 주워 집으로 가져와 부뚜막 옆에 심었지요. 한참 동안 물을 주고 정성을 들이니, 죽은 줄 알았던 나무가 조금씩 기운을 얻어 살아나기 시작했다는 겁니다. 처녀는 서서히 살아나는 나무가 기특하고 고마워 더 정성을 들여 나무를 보살폈지요.

그런 와중에 이 깊은 골짜기에 사람들이 하나둘 찾아들었습니다. 워낙 산 좋고 물 좋은, 살기 좋은 곳이니 당연한 일이겠지요. 사람들은 보금자리를 틀고 마을을 이루어 살았어요. 세월이 흘러 탁씨네 부모와 탁씨 처녀까지 모두 세상을 떠났습니다. 그 뒤 어느 날 마을에 사는 한 노인의 꿈에 은행나무를 부뚜막에 심고 키웠던 탁씨 처녀가 나타났습니다. 처녀는 노인에게 "내가 물에 떠내려가던 나무를 건져내 심어 살렸는데, 나를 이 동네 성황으로 세워주면 동네를 오래도록 편안하게 해주겠다"는 묘한 이야기를 건넸습니다. 흥미로운 건, 똑같은 꿈이 마을에 사는 다른 사람들에게도 여러 번 나타났다는 겁니다.

그러자 마을 사람들은 탁씨 처녀의 말대로 처녀를 성황으로 모시기로 했습니다. 마을 사람들은 탁씨네가 살던 그 집을 성황당으로 꾸몄지요. 그리고 처녀가 이야기한 은행나무가 잘 자랄 수 있도록 부뚜막이 있는 정지간은 잘 헐어냈습니다. 그러고부터 마을 사람들은 해마다 열하룻날부터 3일 기도를 시작해, 정월대보름에 이르러서는 성황이 된 탁씨 처녀에게 마을의 평안을 비는 성황제를 올렸습니다. 그게 700년 전의 일인데, 이 성황제가 계속 이어진 겁니다.

안동 용계리 은행나무

조선시대 때도 이 마을과 은행나무에 관한 기록이 나옵니다. 1590년 기록이니, 지금부터 약 400년 전 나무 나이가 300살쯤 됐을 때지요. 당시 임금은 선조였습니다. 그때 훈련대장을 지낸 탁순창 공이 임진왜란이 끝난 뒤 낙향해 은행나무계인 행계(杏契)를 조직했다고 합니다. 그냥 평범한 마을 계였지만, 마을의 상징이랄 수 있는 은행나무에 기대어 계의 이름을 '행계'라 한 거겠지요. 이미 오래전부터 이 은행나무를 마을 사람들이 얼마나 소중히 여겼는지를 알아볼 수 있는 기록입니다.

나무는 마을 사람들의 보호로 훌륭한 모습으로 잘 자랐습니다. 그리고 마침내 1966년 문화재청에서는 천연기념물 제175호로 지정했습니다. 이제는 용계리라는 작은 마을뿐 아니라, 국가적으로 보호하는 나무가 된 거죠. 기념물 지정 당시 기록에 따르면 안동 용계리 은행나무는 정성을 모아 기도를 바치면 사람들의 소망을 이루어주는 나무라고 돼 있습니다. 나무에 깃든 탁씨 처녀의 정령이 용계리뿐 아니라, 이 땅에 사는 우리 민족 전체의 평안을 지켜주는 셈입니다. 그래서인지, 6·25전쟁과 같은 국가의 변란이 있으면 이상한 소리를 내서 예고하여 사람들에게 대비하게 하는 영험함도 보여주는 신비로운 나무라고도 돼 있지요.

나무 한 그루를 살리기 위해

안동 용계리 은행나무 이야기는 할 게 참 많아요. 이제 겨우 서막이었어요. 본격적인 이야기는 이제부터입니다. 사진으로 보나, 이야기로 들으나 어떻든 참 잘생긴 평화의 상징인 좋은 나무임이 틀림없지요. 그런 나무에 위기가 찾아왔어요. 1987년입니다. 이 평화로운 산골짜기에 댐을 건설하겠다는 계획이 나온 겁니다. 지금의 임하댐입니다. 댐이 건설되면, 이 평화로운 마을이 모두 물속에 영원히 잠기게 될 터였습니다. 초등학교는 물론이고, 학교 운동장에 버티고 서 있던 나무도 물속에 잠기는 건 뻔한 노릇이었습니다. 마을 사람들은 수백 년 동안 살아오던 집을 내놓고, 댐 양옆으로 이어진 동산 위로 보금자리를 옮겨서 사라지게 될 마을을 바라보며 살아야 했어요.

임하댐 건설은 당시 한국수자원공사에서 주관했어요. 당시 공사 사장은 이상희 선생이었습니다. 그분은 나무를 참 좋아했습니다. 제가 직접 찾아뵌 적은 없지만, 몇 권의 책으로 알게 된 분입니다. 우리의 옛 선비들이 아낀 나무인 매화를 집중적으로 살펴본 《매화》를 비롯해, 세 권짜리 역작 《꽃으로 보는 한국문화》 등으로 널리 알려진 분이죠.

그분이 임하댐 건설 현장인 용계리를 찾아가서 수몰과 함께 자연히 사라지게 될 은행나무를 보았습니다. 나무가 어찌나 아름답고 웅웅한지, 어떻게든 살려보고 싶었습니다. 게다가 마을을 오래 지켜온 나무만큼은 살릴 수 없느냐는 마을 사람들의 간곡한 청원도 있었지요. 그게 아니라 해도 이 나무가 물속에 잠긴다는 걸 보고 그냥 지나칠 사람은 없었을 겁니다. 워낙 훌륭한 나무니까요. 그러나 이 큰 나무를 살리려는 생각은 아무나 못했을 겁니다. 그러나 이상희 선생은 그냥 포기하지 않고 나무를 살릴 수 있는 방법을 찾아보았습니다. 나무를 살리려면 옮겨 심는 수밖에 없었는데, 그게 과연 가능할지부터 톺아보았겠죠. 아주 불가능한 일은 아니라는 게 전문가들의 의견이었습니다. 물론 그 공사에는 엄청난 예산과 기술이 필요했지요. 수자원공사의 예산과 기술만으로는 도저히 해결할 수 없는 일이었어요. 나무 이식 관련 전문가들을 통해 과연 이 나무를 온전히 옮겨 심으려면 예산이 얼마나 들지, 옮겨 심은 뒤에도 나무가 잘 살아남을 수 있을지에 대한 가능성을 타진해보았습니다. 그 결과 예산만 충분히 지원된다면, 어렵더라도 시도해볼 만한 가치가 충분하다고 생각하셨던 모양입니다.

홀로 해결하지 못하던 그이는 청와대에 협조를 요청했습니다. 당시 대통령은 전두환 씨였습니다. 이 나무 이야기를 할 때마다 이 사람 이야기가 나오는 게 조금 떨떠름하기는 합니다. 그런데 어찌 보면 안동 용계리 은행나무 이식 공사는 이 사람처럼 '안 되면 되게 하라'는 식의 군인 정신을 가진 군인이었기 때문에 가능한 일이었을지도 모릅니다. 하여간 청와대는 이상희 선생의 제안을 선선히 받아들였습니다. 전두환 씨는 1987년 경상북도 연두순시에서 '천연기념물인 안동 용계리 은행나무의 보존 대책을 강구하라'는 지시를 내렸고, 그해 8월에는 은행나무 보존을 위한 조례를 제정 공포했으며, 경상북도청에 안동 용계리 은행나무 보존추진위원회를 구성했습니다. 서슬 퍼렇던 전두환 씨의 이야기는 그렇게 급물살을 타고 진행됐습니다.

이때 나타난 분이 당시 '나무 박사'로 유명했던 고(故) 이철호 님입니다. 1998년에 세상을 떠난 이철호 님은 나무 이식 공사에서만큼은 최고 전문가로 대지개발이라는 회사를 운영하던 분입니다.

시공자로 이철호 님의 대지개발이 결정되고, 공사가 시작된 때는 1990년 11월입니다. 이 공사에는 무시무시한 조건이 붙었어요. 군사정권 시절을 상징할 만한 조건이지요. '실패 시 공사비 전액을 변상한다'는 겁니다. 대단하죠. 이철호 회장은 곧바로 각서를 제출하고 공사에 들어갔습니다. 마무리 공사까지는 이후로 꼬박 4년이 걸렸습니다. 공사에 소요된 비용은 무려 23억 원이나 됐습니다. 그야말로 세계적인 대공사라고 할 수 있습니다.

나무 한 그루를 살리기 위해 든 돈이 무려 23억 원이라는 이야기입니다. 20년 전의 23억 원이면 지금의 돈으로 환산하면 얼마나 되는지가 명쾌하게 들어오지 않습니다. 그래서 돈의 가치를 가늠해보느라 이런저런 기준을 찾아보았어요. 여러 기준이 있겠지만, 일반인이 체감할 수 있는 생필품 가운데 라면 값이 가장 적당하지 싶었습니다. 그래서 당시 라면 값을 찾아봤지요. 마침

1989년은 '공업용 우지 파동'이 있던 해여서, 라면 값에 대한 자료를 찾는 게 어렵지 않더군요. 또 당시 팔리던 제품이 상표도 바뀌지 않고 지금까지 팔리고 있었어요. 바로 '삼양라면'입니다. 1989년에 그 삼양라면이 100원이었더군요. 지금 같은 제품의 값이 750원이고, 고급 라면은 950원입니다. 그러면 당시 23억 원은 그 7~9배인 200억 원쯤 됩니다. 200억 원을 들여 한 그루의 나무를 살린 겁니다.

이철호 회장은 당시 생명토 공법이라는 신공법을 안동 용계리 은행나무 상식(上植) 공사에 적용해 직접 지휘했습니다. 생명토 공법은 이철호 회장이 처음 개발한 것인데, 요즘도 많이 쓰이고 있지요. 간단히 설명하면, 우리가 집에서 화분에 식물을 키울 때도 쓰는 방법입니다. 왜 그 화원에 가시면 분갈이 할 때 쓰라고 파는 노란색 알갱이로 된 것 있잖아요. 그게 이름은 여러 가지입니다만, 원리는 모두 생명토와 같은 이치라고 생각하시면 됩니다. 물론 생명토는 이철호 회장의 대지개발이 특허를 갖고 있는 제품입니다.

여기서 잠깐, 궁금하신 게 있을 듯하네요. 나무를 옮겨 심는다고 하니까 생기는 의문이겠습니다. 나무가 저만큼 크면, 땅속의 뿌리 부분은 얼마만큼의 크기이겠는가 하는 궁금증입니다. 저만큼 큰 나무를 옮기려면 얼마나 크게 분을 떠야 할까요?

식물의 땅 아래쪽 부분을 우리는 뿌리라고 이야기합니다. 모든 식물이 그런 것은 아니지만 대개의 식물은 뿌리의 표면적과 땅 위로 드러난 부분의 표면적이 거의 비슷하다고 합니다. 뿌리 부분에 잔뿌리가 많은 나무가 땅속으로 깊이 들어가기 어려운 상황에서 표면적을 넓히기 위한 식물의 전략입니다. 그러니까 전체적인 크기로 따지면 땅 위 부분에 비해 뿌리가 조금 작은 편이겠지요. 그러니까 나무를 옮겨 심기 위해서 분을 뜨려면 땅 위쪽에 나온 부분과 거의 비슷한 부피를 떠내야 한다는 결론이 나옵니다. 게다가 뿌리만

안동 용계리 은행나무와 임하댐 풍경

따로 분리해낼 수 없으니, 뿌리가 지탱하고 있는 흙까지 함께 떠내야 합니다. 그 규모가 얼마나 크겠습니까?

  큰 나무를 들어 올린다는 게 얼마나 엄청난 일인지 짐작하실 수 있겠지요. 안동 용계리 은행나무의 이식 공사는 나무를 들어 올리는 데서부터 시작됐지요. 이철호 회장은 나무를 들어 올리기 위해 H빔 공법을 이용했습니다. 나무를 들어 올리고 보니, 그 무게는 무려 680톤이나 됐다고 합니다. 이 숫자도 전문가가 아니고서야 대관절 얼마나 무거운 건지 감이 잘 잡히지 않습니다만, 그저 어마어마한 규모라고 보면 될 듯합니다.

  땅에서 잘 분리해낸 나무를 좋은 자리를 찾아 다른 곳으로 옮겨가면 되겠지요. 쉽지는 않아도 더 좋은 자리로 옮겨가는 게 불가능한 건 아닙니다. 그러나 나무가 살던 곳에서 멀리 떨어진 곳으로 옮겨가는 것보다는 원래 있던 자리에서 그대로 살려내는 게 훨씬 더 좋은 방법이 될 겁니다. 오래도록 수몰된 용계리의 역사를 상징하는 게 될 테니까요. 그래서 나무를 조금씩 들어 올리면서 생기는 빈틈에 흙을 단단히 메우는 방식으로 공사를 천천히 진행했어요. 이 공사를 정확히는 '이식공사'가 아니라 '상식공사'라고 부르는 이유가 바로 그런 때문입니다. 결국 나무는 원래 있던 자리에서 15미터 높이로 올라가게 된 겁니다. 임하댐이 완공된 뒤 물이 가득 찰 때의 수위(水位)보다 높은 높이입니다. 680톤이나 되는 무게의 나무를 죽지 않게 잘 유지하면서, 천천히 그 자리에 인공산이 쌓아지는 공사를 진행한 겁니다. 그 공사는 4년이나 걸렸습니다. 지금의 모습이 바로 그렇게 이루어졌습니다.

그러나 여기가 끝이 아니지요. 이제 나무가 잘 살았느냐를 확인하는 마지막 절차가 남았습니다. 이 과정에서 만일 나무가 제대로 살아나지 않는다면 4년의 공사는 허사로 돌아가고, 이철호 회장은 그동안의 공사비 23억 원이라는 거액을 내놓아야 하는 상황에 처했습니다. 얼마나 조마조마했을까요? 나무가 잘 살아나는지를 확인하는 데는 적어도 1년이 넘는 관찰이 필요합니다. 그래서 1년 뒤에 당시 경북대 공성천 교수가 나무의 생리적 상태 전반을 꼼꼼히 점검한 결과 잘 살아남은 것으로 확인했습니다. 하마터면 이철호 회장이 23억 원을 다 물어내고 쫄딱 망할 뻔했지만, 다행히 나무가 잘 살아난 겁니다.

이 공사는 이후 수도권 신도시 건설에도 적잖은 영향을 미쳤습니다. 아파트나 도로 건설로 뽑혀 나갈 운명에 처한 큰 나무들을 적당한 자리로 이식, 보존하는 작업이 여러 곳에서 이루어지는 계기가 됐지요. 아무리 큰 나무도 옮겨 심어 살릴 수 있다는 상징적 사례가 된 것입니다.

결국 많은 사람들의 열과 성을 바친 상식 공사로 마을의 신목(神木)이자 우리 민족의 신목이랄 수 있는 안동 용계리 은행나무는 수몰(水沒)을 면하고 오늘날까지 그 아름다운 자태를 자랑하게 됐습니다. 이는 세계사에서도 유례를 찾아보기 힘든 큰 공사였고, 나무 하나를 살리기 위해 들인 예산으로도 세계적인 사례라 할 수 있습니다.

나무와 마음 맞추기 8년

제가 이 나무를 처음 만난 건 1999년 다니던 직장을 때려치우고, 나무를 찾아다니겠다는 생각을 가지던 즈음이었어요. 우리나라의 특별한 나무들에 대한 별다른 정보도 없었지만, 안동 용계리 은행나무의 사연을 듣고는 직접 현장을 찾아가 확인하고 싶었어요. 그때 마침 경상북도 영주시가 고향인 선배 한 분이 고향에 가실 일이 있다기에 떼를 써 동행하며 나무를 찾아보자고 졸라 찾아간 게 첫 만남이었습니다. 저는 물론이고 동행했던 선배 역시 나무의 위용에 오래 감탄했지요. 그 뒤로 이 땅의 큰 나무를 찾아다니면서도 이 나무는 아주 자주 찾아가는 나무의 목록에 들게 됐습니다.

  700년 동안 세상의 평화를 지켜온 이 거대한 은행나무는 그러나 제게 오랫동안 곁을 주지 않았어요. 나무가 무슨 곁을 주냐고 하겠지만, 나무는 분명히 사람과 정을 나누는 생명체입니다. 토머스 후버라는 사진가가 있습니다. 나무를 전문으로 촬영하는 사진가인 그는 나무를 촬영할 때, 무작정 셔터를 누르지 않는다고 합니다. 그는 나무 곁에 오래 머물면서 나무가 촬영을 허락하는 순간을 기다린다고 합니다. 나무와 진정한 교감을 이루어 나무가 그에게 셔터를 누르라는 신호를 보내는 순간에야 비로소 촬영을 시작한다는 겁니다. 저는 그런 표현을 쓴 적은 없지만, 친구들과 농을 할 때는 '나무와 마음을 맞춘다'거나 '나무와 궁합을 맞춘다'는 표현을 쓰곤 하는데, 그게 다 같은 이야

기이지 싶습니다.

한두 번이 아니라, 짬만 나면 이 나무를 찾아갔어요. 아마 적어도 한 해에 두 번은 되지 싶습니다. 더 찾아간 적도 있고요. 기상청 예보도 살펴보면서 날 맑을 때에 맞추어 찾아가곤 했지요. 그런데 이곳이 깊은 산골이어서 그런지, 이상하게도 이 나무를 찾아가는 날이면 날이 흐리거나 심지어 비가 오기까지 했어요. 참 얄궂었습니다. 나무가 크고 멋진 것은 알겠시만, 내게 마음을 주는 나무라는 생각이 들지는 않았어요. 그저 '엄청난 나무'라고만 생각하고 말았지요.

그래도 맑으나 흐리나 안동 쪽으로 가는 길이면 이 나무를 찾아가 말을 걸었지요. 그러나 나무는 그냥 무뚝뚝하니 제자리만 지켰습니다. 때로는 나무 앞에서 애원도 하고 투덜거리기도 했지요. 먼 길을 돌고 돌아 그리 자주 찾아갔으련만 나무는 마음을 열지 않더군요. 마음을 열기는커녕 촬영도 허락하지 않았습니다. 대화는 언감생심이었지요.

그렇게 7년이 지나갔습니다. 그러던 어느 여름의 무덥던 날이었어요. 그날은 용계리 골짜기에 들 생각이 없었어요. 강릉과 속초를 거쳐 포항까지 내려가야 하는 답사 길이었을 겁니다. 엄청나게 무더운 날씨에 안동을 지나다가 더위에 지쳐 휴게소에 들어가서 쉬었어요. 포항까지 길머리를 잡고 나선 길이지만, 도저히 발길이 떨어지지 않았어요. 찌는 듯한 더위가 발걸음을 잡은 거였어요. 그때 문득 안동 용계리 은행나무가 생각났습니다. 그래서 아무 생각 없이 나무에게 갔지요. 그날 저는 보고야 말았습니다. 내처 공들인 나무가 드디어 자기의 위용을 제 앞에 드러냈습니다. 어찌나 아름답고 훌륭하던지요. 그동안 그리 자주 보았던 나무이지만, 그가 그렇게 아름답고 장한 모습으로 제 마음에 들어오기는 처음이었어요. 나무는 마치 제게 촬영을 허락하는 듯, 푸른빛으로 온몸을 단장하고 저를 맞이했어요. 하늘로 치솟은 나무 주위의 푸른 하늘, 둥둥 흐르는 흰 구름, 모두가 짧지 않은 시간 동안 바쳐온 저의 정성이 나무에 통했다는 느낌이었습니다. 그리 무뚝뚝하기만 하던 나무가 이제는 제게 당장이라도 말을 거는 것처럼 편안한 마을 할아버지처럼 다가왔어요.

바람 한 점 없는 안동 용계리 산골짜기 은행나무 앞에 서서 저는 정말 행복했습니다. 나무를 찾아다니는 행복감이 바로 이런 것이지 싶습니다. 말 없는 생명체와 말로 되지 않는 느낌을 진하게 나누는 것 말입니다. 말이 없는 생명체라고 했지만, 여기서의 '말'은 사람의 말일 뿐이지요. 나무는 나무 방식으로 말을 합니다. 그걸 우리가 알아듣지 못하는 것이지요.

저는 나무 앞에 서서 가만가만 말을 걸었습니다. 바람 한 점도 없는데, 그는 보일 듯 말 듯 가만히 몸을 흔들었어요. 가느다란 그의 흔들림이 제게는 그의 따뜻한 대답이었습니다. 그렇게 나무와 저는 오래오래 많은 이야기를 나누었습니다.

오랫동안 마을 사람들의 살림살이를 담고, 또 초등학교 운동장 한 귀퉁이에서 동네 조무래기들의 온갖 수런거림을 모두 담고 서 있던 한 그루의 평화로운 은행나무가 사람들의 도움으로 수몰 위기를 이겨내고 지금 저리 훌륭하게 제자리를 지키며 우리에게 살며시 이야기를 걸어오고 있습니다.

08.

토지를 소유하고, 재산세를 납부하는 부자 나무
- 예천 천향리 석송령

예천 천향리 석송령(石松靈)은 멋진 나무지요. 저는 나무를 찾아가 사진을 열심히 찍고 그 사진을 포함해 나무 이야기를 하나의 콘텐츠로 만들며 살지만, 참 사진이라는 게 한계가 뚜렷합니다. 이 나무만 해도 그래요. 사진만으로는 그 신비로운 위용을 다 드러내지 못합니다. 제 사진 실력이나 장비가 그리 훌륭하지 못한 탓도 있지만, 꼭 그렇지만은 않을 겁니다. 큰 나무들에서 뿜어나오는 생명의 기운을 실제 그 앞에 선 것처럼 표현한다는 게 과연 가능할까, 하는 의문을 늘 가질 수밖에 없습니다.

이 나무는 소나무입니다. 소나무 가운데 반송(盤松)이라 불리는 나무지요. 소나무에는 종류가 여럿 있어요. 우선 우리가 흔히 소나무라 부르는 육지에서 자라는 육송(陸松)이라는 나무가 있지요. 육송은 줄기 껍질에서 붉은빛이 돈다 해서 적송(赤松)이라고도 부릅니다. 그런데 적송이라는 말은 그냥 일반적인 명칭임이 틀림없지만, 이 명칭을 일본 사람들이 특히 우리나라를 폄하

예천 천향리 석송령

하기 위해 많이 썼다는 점에서 조금 꺼려집니다. 그냥 소나무라 부르면 바로 육송, 즉 적송을 말하는 것이니 순우리말인 소나무라 부르는 게 좋겠습니다.

　육송과 달리 바닷가에서 자라는 소나무도 있어요. 그래서 그 나무는 '바다 해(海)' 자를 붙여 해송(海松)이라고 부릅니다. 또 해송은 줄기 껍질에서 검은색이 돈다 해서 흑송(黑松)이라고도 부릅니다. 이걸 순우리말로 곰솔이라고 합니다. 곰솔은 처음에 '검은솔'이라고 부르던 것인데, 오래 지나면서 부르기 편하게 변성(變聲)하여 곰솔이 된 겁니다.

　그리고 반송이 있습니다. 바로 지금 보시는 나무가 반송입니다. 반송은 소나무나 곰솔과 달리, 줄기가 뿌리 부분에서부터 여럿으로 나뉘지며 자라는 특징이 있어요. 사람 키보다 낮은 곳에서부터 줄기가 갈라지면 대개 반송으

예천 사부리 소나무

로 분류합니다. 반송은 그래서 높이 자라지 않고 옆으로 넓게 가지를 펼치며 자라는 특징을 갖고 있습니다. 대개는 부채꼴처럼 예쁘게 자라서 조경수나 정원수로 환영받는 나무입니다. 우리나라에서는 예로부터 반송을 무덤가에 많이 심어 가꾸었지요. 위의 사진을 보면 아시겠지요? 줄기가 뿌리 바로 위에서 갈라져 자랐잖아요. 이게 바로 반송의 특징이랍니다.

 그 기준을 적용하기에 좀 애매한 나무도 있긴 합니다. 줄기가 어디쯤에서 갈라졌는가를 보는 거지요. 경상북도 예천군 용문면 사부리라는 산골짜기의 소나무에서 그 애매한 경우를 볼 수 있습니다. 예천 사부리 소나무는 경상북도 기념물 제111호로 지정된 나무인데, 뿌리 부분에서는 줄기가 하나로 자라다가, 사람 키 높이쯤에서 다른 반송들처럼 여러 갈래의 줄기로 나뉘어져 자라거든요. 이 경우는 반송으로 보아야 할지, 그냥 소나무라 해야 할지 애매하지요.

잡신을 막아내는 수호목

예천 천향리 석송령은 명백한 반송으로 키가 10미터쯤 됩니다. 소나무는 물론이고, 반송 중에서도 그리 큰 나무는 아닙니다. 20미터가 넘는 반송도 있으니까요. 그런데 옆으로 퍼진 품이 남달라요. 뒤의 사진에서 보시는 것처럼 무려 30미터까지 퍼져나갔습니다. 자기 키의 세 배에 해당할 만큼 넓게 펼쳐나간 것입니다. 실제 측정치로는 나무갓 너비가 남북 30미터, 동서 24미터입니다. 동서 방향으로 조금 작고 한쪽이 좀 짧은 불균형한 상태인데, 원래는 동서 방향으로도 30미터나 됐지만, 오래전 눈이 많이 왔을 때 가지 위에 쌓인 눈의 무게를 이기지 못하고 큰 가지 하나가 부러지는 바람에 조금 작아진 것입니다. 불균형하지만, 그 위용만큼은 조금도 손색이 없습니다. 오히려 불균형한 모습이 그의 다양한 표정을 지어내는 듯해 더 좋아 보일 수도 있습니다. 이만큼 가지를 넓게 펼쳤으니, 그가 지어내는 그늘도 엄청나지요. 석송령이 만들어내는 그늘은 무려 1000여 제곱미터, 옛 단위로는 324평이나 될 정도이니, 그 규모를 짐작하실 수 있을 겁니다. 나무가 자라는 예천군 감천면 천향리 석평마을에 사시는 분들 모두가 이 나무 그늘 안에 들어가도 충분하지 싶을 정도로 넓습니다. 처음 보는 분이라면 그야말로 입이 떡 벌어질 정도입니다.

  이 나무를 특별하다 하는 까닭은 멋진 생김새 때문만은 아닙니다. 물론 생김새만으로도 대단한 건 맞아요. 세계적으로 내놓아도 이만큼 잘생긴 반송이 어디 흔하겠습니까? 그러나 지금 우리가 이 나무를 특별한 나무로 다시 새겨

보아야 하는 이유는 따로 있습니다. 우선 이 나무가 어떻게 이곳에 뿌리를 내렸는지의 내력부터 이야기하지요.

예천 천향리 석송령은 600년 전 근방의 풍기 지방에서 큰물이 났을 때 냇물에 떠내려와 이곳에 당도했습니다. 뿌리째 뽑혀 냇물에 휩쓸려 떠내려오던 어린 나무를 마침 옆을 지나던 나그네가 불쌍히 여겨 건져내 냇가 옆인 이 자리에 고이 심어주었다고 합니다. 지금도 이 나무 옆으로는 석간천이라는 작은 개천이 흐릅니다.

사람에 의해 생명을 보전하게 된 나무는 그 자리에서 무럭무럭 자라나 자신을 살려준 사람들을 지켜주기 시작했습니다. 마을 어귀인 이 자리에서 마을로 들어오는 잡귀 잡신을 막아내는 수호목이 된 것입니다. 처음에는 나무의 생김새가 좋아 나무를 보호했고, 이제는 나무가 마을의 평화를 지켜주는 수호목이라는 이유로 나무를 보호하게 된 거죠. 마을 사람들은 나무에 당산제를 지내면서 나무를 잘 보호하지요. 아직까지도 정월대보름 새벽이면 석송령 당산제를 지내는데, 이때에는 간혹 예천군수까지 참여하곤 합니다. 석송령이 단지 이 조그만 마을의 나무일 뿐 아니라, 예천군 전체가 자랑스러워하는 매우 귀한 나무라는 뜻입니다.

여기서 당산제 이야기도 한마디 해야겠네요. 곳곳의 당산제가 죄다 없어지는 추세지요. 당산제를 미신이라 해서 무조건 몰아내던 때가 있었지요. 새마을운동이라는 이름으로 우리네 농촌의 옛 풍습을 무조건 없애던 시절이죠. 그때 당산제가 상당 부분 없어진 게 사실입니다. 그러나 당산제는 우리 마을의 축제이자 평화와 안녕을 기원하는 대동제로 꼭 지켜져야 하는 문화입니다. 그런데 갈수록 당산제가 점점 더 없어지고 있습니다.

당산제가 없어지는 까닭으로는 앞에서 이야기한 '미신' 운운하며 강제로 없애려던 때의 영향이 없는 건 아니지만, 그보다는 시골에 사람이 없다는 이

유가 더 큽니다. 당산제를 하려 해도 길굿을 할 수 있는 인원이 안 된다는 게 시골 어른들의 한결같은 말씀입니다. 하기야 길굿뿐이겠습니까. 점점 농촌 인구가 줄어드는 상황이잖아요. 나무를 찾아 시골 마을을 찾아가면, 정말 젊은 사람들을 볼 수가 없어요. 기껏 어른들이 젊은이라고 부르는 사람이라고 해봐야 저보다 나이가 많아 예순을 내다보는 분들이거든요. 지금 농촌에 남아 있는 노인들이 돌아가시면, 앞으로 어찌 될지 참 걱정스럽습니다.

당산제가 차츰 사라지는 추세인데도 불구하고 석송령 당산제는 여전히 끊이지 않는다는 건 매우 좋은 일입니다. 물론 지금 제를 올리시는 분들이 주로 노인들이라는 걸 봐서는 그리 안심할 게 아니지만요.

재산과 호적을 가진 나무

석송령이 특별한 것은 나무가 사람과 똑같은 대접을 받고 있다는 데 있습니다. 사람처럼 주민등록번호도 갖고 있고, 엄연히 등록된 이름까지 갖고 있지요. 물론 엄밀히 이야기하면 주민등록법이 시행되기 전의 일이니, 지금 우리가 가진 주민등록번호와는 체계가 조금 다릅니다. 옛 호적번호라고 봐야겠지요. 석송령의 호적번호는 3750-00248입니다. 여섯 자리, 일곱 자리로 연결된 주민번호와는 다르지요. 게다가 석송령은 자기 이름으로 등기한 재산도 있고, 재산을 관리하기 위한 예금통장까지 갖고 있습니다. 또한 토지세도 꼬박꼬박 내고 있습니다. 단 한 번도 연체한 적 없는 성실 납세자랍니다.

석송령이 가진 재산은 땅 6600제곱미터입니다. 옛날 단위로 하면 2000평이지요. 땅 한 평 가지지 못한 우리로서는 여간 부러운 게 아닙니다. 이 나무가 땅을 가지게 된 건 일제 식민지 시대인 1927년 8월의 일입니다.

그때 마을에는 이수목이라는 이름의 노인이 살았습니다. 넉넉한 살림살이의 노인은 세상살이에 부러운 게 없던 분이었어요. 그런데 단 하나, 후사를 보지 못했다는 게 노인에게 매우 큰 걱정거리였습니다. 요즘이야 좀 달라졌지만, 우리나라에서는 후사가 얼마나 중요한 일이었습니까. 아들을 낳으려고 안간힘 쓰는 일이 죄다 후사를 마련해 세상을 뜬 뒤에 제삿밥이라도 넉넉히 먹어야겠다는 생각에서 비롯된 것 아니던가 말입니다.

시름에 잠겨 지내던 어느 날, 노인이 이 나무의 너른 그늘 아래 들어서 낮잠을 주무셨다고 해요. 한참 지났는데, 노인의 걱정을 누가 알기나 했다는 듯이 '걱정하지 말아라'는 소리가 들려왔다는 겁니다. 노인이 벌떡 일어나 주위를 살펴봤지만 아무도 없었어요. 꿈속에서 들은 그 소리를 이수목 노인은 오래된 석송령에서 흘러나오는 소리라고 생각했던 겁니다.

정신을 차린 노인이 그때 깨달았습니다. "아, 그래. 내가 가진 재산을 마을의 평화와 안녕을 지켜온 이 소나무에게 모두 물려주면 되겠다. 그게 지금으로서는 가장 훌륭한 후사다." 어때요? 멋지지 않은가요?

그래서 노인은 자신의 전 재산인 땅 2000평을 나무에게 물려주기로 했지요. 이수목 노인은 곧바로 군청에 찾아가 토지 소유를 이전하고 토지 대장에 '석송령(石松靈)'이라는 이름을 등재했다는 겁니다. 영혼이 있는 소나무라는 뜻에서 '소나무 송(松)'자와 '영혼 영(靈)'자를 쓴 거지요. 성씨인 '석(石)'자는 큰물에 휩쓸려 죽을 뻔했던 나무가 다시 생명을 얻게 된 마을 이름이 석평 마을이었고, 떠내려온 물길이 석간천이니 그 앞 글자를 딴 거지요. 성씨는 자신에게 생명을 준 조상의 것을 그대로 물려받는 것과 같은 방식입니다. 그렇게 나무는 '석씨 성의 송령'이라는 상서로운 이름을 갖고 넓은 땅의 주인이 됐습니다. 땅 2000평이면, '부자 나무'라는 별명에 손색이 없지요.

대한민국 국민이 땅을 가졌으면 당연히 치러야 하는 납세 의무가 있지요. 당연히 석송령도 납세 의무를 당당하게 수행합니다. 해마다 재산세를 납부하는데, 2012년에는 42,530원을 냈습니다. 재산세를 내기 위해서는 평소에 자신의 재산을 따로 관리해야겠지요. 그래서 석송령은 자신의 이름으로 예금통장도 가지고 있습니다. 2012년 현재 석송령의 예금통장에는 약 3000만 원의 예금이 잘 갈무리돼 있는 상황입니다.

석송령은 자신의 재산을 조금씩 늘려나가는 이재(理財)도 꾸준히 해왔습니다. 물론 나무를 찾아온 국내외 명사들이 나무에게 건네주는 금일봉도 있어요. 덧붙여 석송령은 자신의 땅을 마을 사람들이 편하게 이용하게 한 뒤에 그 이용료를 받기도 합니다. 요즘에는 세 가구에서 60킬로그램(100근)의 쌀을 이용료로 거두지요. 받은 쌀은 곧바로 현금화하여 자신의 예금통장에 넣었다가 재산세로 납부하는 겁니다. 재산세 외에 별다른 돈 쓸 데가 없는 석송령은 마을 아이들에게 장학금을 주기까지 해요. 그동안 해마다 대학에 들어간 마을 아이들에게 학자금을 지원했는데, 최근 들어서는 마을에서 장학금을 수여할 대상자를 찾지 못해 그냥 넘어가기도 한답니다. 시골에 노인들이 줄어들어 당산제를 지내기 어렵다는 이야기와 마찬가지로 참 아쉬운 일입니다.

석송령은 자주 찾아가는 나무 가운데 하나입니다. 볼 때마다 '사람이나 나무나 부자가 대접받는구나' 하는 생각부터 먼저 듭니다. 무엇보다 이 나무를 보호하기 위해 주변에 둘러친 펜스도 훌륭하고, 나무를 잘 볼 수 있도록 꾸며놓은 주변 공원도 그렇습니다. 아주 호사스러운 대접을 받고 있거든요.

게다가 나무를 극진히 보호하는 마을 사람들의 정성 또한 감동 수준입니다. 나무 바로 옆에는 작은 가게가 하나 있고, 맞은편에는 마을회관이 있는데 찾아가서 나무 그늘 안에 한번 들어가려고 슬슬 울타리 안쪽으로 들어서려면 어디선가 호통치는 소리가 들리지요. "거긴 왜 들어가느냐, 바깥에서 그냥 보라"는 겁니다. 조금 전까지만 해도 사람의 흔적을 찾을 수 없이 고요했지만, 어디선가 나무 주변을 살펴보고 계셨다는 이야기지요. 물론 때로는 울타리 한쪽에 마련한 출입문의 자물쇠를 열고 편하게 출입하도록 하기도 하지만, 아마 함부로 울타리 안쪽으로 들어섰다가는 혼이 나실지도 모릅니다.

제가 석송령을 자주 찾아간다고는 했지만, 그래봐야 1년에 한 번 정도입니다. 그러니 노인들께서 제 얼굴까지 기억하지는 못하시거든요. 그래서 갈 때마다 호통을 듣곤 합니다. 노인들은 누구나 나무 앞에 서면 꼭 하시는 말씀이 있어요. 제일 먼저 꺼내시는 말씀이 대개는 "세상에 장학금 주는 나무 본 적 있어?"입니다. 하긴 세상에 나무가 장학금을 준다니 대단한 이야기일 수밖에요.

나무가 사람보다 낫죠? 땅도 있고 통장도 있고, 게다가 자신의 수입으로 세상에 베풀기까지 하니요. 저처럼 별다른 수입 없이 늘 길 위를 떠도는 운수납자(雲水衲子)로서는 부럽기 그지없을 따름입니다.

석송령은 우리 조상들이 나무를 어떻게 생각해왔는지를 살펴볼 수 있는 좋은 예가 되기에 충분합니다. 나무를 마치 사람처럼 생각했다는 증거가 아니겠어요? 물론 석송령의 경우는 나무에 재산을 물려준 이수목이라는 노인 한 분이 그처럼 나무를 사람처럼 생각한 것 아니냐고 반문하실 수도 있습니다. 그러나 이수목 노인이 그런 생각을 하게끔 된 배경은 분명코 마을 사람들이 나무를 사람처럼 여겼기 때문인 게 틀림없습니다. 그게 아니었다면 그저 잠깐의 해프닝으로 그쳤겠지요. 하지만 앞에서 이야기했듯이, 나무에 재산을 물려준 것은 한 노인의 결정이었지만, 이를 지키고 이어온 것은 마을 모든 사람들이었지요.

참 고맙고 고마운 일입니다. 우리나라에는 이처럼 나무를 사람처럼 여기고 재산을 물려준 나무가 석송령 말고 또 있습니다. 그 멋진 나무는 다음 이야기에서 이어가겠습니다.

09.

식민지 시기에 마을의 공동재산을 지켜낸 나무
– 예천 금남리 황목근, 고성 삼락리 김목신

앞에서 석송령이라는 부자 나무를 이야기했지요. 석송령처럼 자신의 이름으로 호적을 가지고 있을 뿐 아니라, 재산까지 가지고 있는 나무가 또 있습니다. 공교롭게 이 나무도 석송령과 같은 경상북도 예천군에 있습니다. 석송령과는 좀 거리가 있는 곳이지만, 같은 예천이라는 게 재미있습니다. 예천군 금남리의 아름답고 풍요로운 농촌 마을입니다. 이 마을 옆으로 경상북도 김천시와 영주시를 잇는 경북선 철도가 지나는데, 이곳에 용궁역이 있어요. 역 앞에는 여느 기차역과 마찬가지로 시장이 있습니다. 비교적 번화한 곳이지만 시골 시장으로서의 번화함이니까, 도시의 번화함과는 전혀 다른 한적한 곳입니다. 이 시장에서는 방앗간이라든가 기름 짜는 집과 같은 옛 시장 풍경을 볼 수 있어 텔레비전의 여행 프로그램에서 옛 추억이 살아 있는 곳으로 자주 소개되기도 했습니다. 용궁역 뒤편으로 너른 논이 펼쳐지는데, 이 논의 한가운데 홀로 서 있는 나무가 이번에 이야기할 나무입니다.

거두절미하고 이 나무는 일단 예쁩니다. 사진가들이 자주 찾는 나무들이 있어요. 들판이든 산이든 주변에 다른 조형물이 없고, 홀로 서 있는 나무들이지요. 그걸 사진 찍는 친구들은 '왕따나무'라고도 부릅니다. 지금 이야기할 나무가 바로 그런 왕따나무입니다. 마을 앞으로 넓게 펼쳐진 논 한가운데 서 있는 나무는 그리 대단한 크기라 하기 어렵지만, 그 주변 풍광과 어우러진 모습만큼은 단연 나라 안에서 최고의 아름다움을 갖추었다고 해도 손색이 없습니다.

이 나무는 팽나무입니다. 팽나무는 가지를 넓게 펼치는 모양이나, 그 때문에 정자나무로 쓰이는 상황 등이 모두 느티나무를 빼닮았지요. 중부 지역보다는 남부 지역에서 더 많이 자라기 때문에 서울이나 수도권에서는 쉽게 볼 수 없어 조금 생경하게 여기는 분들도 있을 겁니다. 그러나 느티나무만큼 흔하고 우리 살림살이와 매우 친밀한 나무이죠. 제주도에서부터 북한의 함경북도까지 전국 각지에서 잘 자라고 있으나, 특히 영남과 호남 지역에서 잘 자라는 나무예요.

2012년 10월 현재 보호수로 지정된 나무가 느티나무는 5340그루인데, 팽나무 보호수는 874그루로 두 번째로 많습니다. 보호수로 지정된 팽나무는 전남에 342그루, 경남에 106그루로 집중돼 있습니다. 팽나무가 주로 남부 지방에서 잘 자란다는 증거입니다.

팽나무 가운데는 천연기념물로 지정된 나무도 적지 않았어요. 전라남도 광양시 옥룡면(제34호), 완도군 대문리(제46호), 무안군 현경면(제310호), 경상남도 고성군 하이면(제308호)에서 자라는 팽나무들이 있었으나 대부분 고사했지요. 나무도 살아 있는 생명체이니, 어쩔 수 없는 일이지요. 지금 여기에서 보여드리는 황목근과 제161호인 제주 성읍마을 팽나무, 그리고 최근에 제494호로 지정된 고창 수동리 팽나무가 대표적인 천연기념물입니다. 그리고 팽나무를 중심으로 한 숲을 천연기념물로 지정한 곳도 있는데, 원래는 팽나무 한 그루만 천연기념물로 지정했다가 최근에 주변 숲으로 지정 구역을 넓힌 제309호인 부산 구포동 당숲과 제480호인 보성 전일리 팽나무 숲입니다.

지금까지 살아남은 팽나무 가운데에 천연기념물 제309호인 부산 구포동 당숲 안에 있는 팽나무가 가장 큽니다. 500살이 넘은 이 나무는 키 17미터, 가슴높이 둘레가 5.5미터나 됩니다. 특히 사방으로 고르게 펼쳐진 가지 퍼짐이 마치 넓은 달걀과 같은 형상을 하고 있어 매우 아름답지요. 이 나무에는 줄기 곳곳에서 불거져나온 혹들이 여럿 있어 그가 지내온 세월의 무게를 보여주는 듯합니다.

팽나무는 줄기가 흑갈색을 띠는데, 어린 가지에는 잔털이 촘촘하게 납니다. 하지만 우리 같은 비전문가들로서는 이 잔털이 눈에 확 들어오지 않습니다. 꽃은 5월쯤에 노란색으로 피고 열매는 1센티미터도 되지 않는 작은 동그라미 모양으로 가을에 적갈색으로 익습니다. 이 열매를 갖고 옛날 아이들은 놀이를 많이 했던 모양이에요. 대나무 대롱에 열매를 넣고 손바닥에 처서 '팽 팽' 날아가게 하는 놀이를 많이 했다고 합니다. 그래서인지 이 열매를 '팽'이라고 불렀고, 열매 이름이 팽이라는 데 착안해 나무 이름이 '팽나무'가 된 겁니다. 팽나무를 생경하게 느끼시는 분들이 있을 듯해 나무 설명부터 했습니다. 다시 우리의 주인공 나무로 돌아가지요.

이 나무도 앞의 석송령처럼 자기 이름을 가지고 있어요. '황목근(黃木根)'입니다. 아까는 '영혼이 있는 소나무'라 해서 '송령'이라는 이름을 붙였는데, 이 나무는 '근본이 있는 나무'라고 해서 '뿌리 근(根)' 자를 써 목근이라는 이름을 붙였습니다. 성씨 황은 앞에서 이야기했듯이 봄에 노란색 꽃을 피우는 나무라 해서 붙여준 성입니다.

재산을 갖게 된 사연

천연기념물 제400호인 예천 금남리 황목근은 나이가 500살쯤 된 팽나무입니다. 키 18미터, 가슴높이 둘레는 5.7미터까지 자랐는데, 이 나이쯤의 다른 팽나무에 비하면 그리 크다고 하기 어렵습니다. 물론 나무들은 생육 조건에 따라 자람이 다르기 때문에 이 나무의 나이를 예단하기는 어렵습니다. 식물 분류학의 전문가가 아닌 제가 보기에는 아무래도 500살은 좀 못 되지 싶은데, 그걸 함부로 말하기는 어렵습니다.

이 나무가 있는 마을이 '금원마을'입니다. 마을에서 아주 오래전부터 공동재산을 마련했다는 기록이 있는데, 1903년에 나온 '금원계안 회의록'과 1925년 '저축구조계안 임원록'이 그것입니다.

기록에 따르면 금원마을에서는 오래전부터 성미(誠米)를 모았다고 합니다. 어머니들이 밥 지으실 때, 한 공기씩 따로 모아두는 걸 '성미'라고 하지요. 성미를 모아 마을 공동재산으로 확보한 겁니다. 성미는 먹고사는 게 풍요로워 모은 재산이 아닐 겁니다. 지금 사는 것이 빠듯하지만, 넉넉할 때 조금이라도 아껴두어야 나중에 어려운 일이 생길 때 요긴하게 쓸 수 있다는 생각에서 허리띠를 졸라매면서 모은 재산인 겁니다. 성미는 분명 평화로운 공동체의 상징이지 싶네요. 마을 들판 한가운데 서 있는 팽나무가 재산을 가지게 된 것이 바로 이 공동재산과 관계 있는 일이지요.

황목근이 이름을 얻고, 재산을 가지게 된 때는 1939년 2월입니다. 이때 왜 황목근이 재산을 가지게 됐을까요? 그때의 상황을 잘 생각해보면 답이 나오지 싶어요. 물론 정확히 기록을 남긴 건 아니고, 또 현재 마을에 살아 계시는 분들의 말씀에도 약간씩 차이가 있어 정확한 건 아니지만, 추측할 수 있는 시대 상황이 있다는 겁니다. 그때는 일제 식민지 시대 말기입니다. 일제가 우리나라 민중을 극도로 수탈하던 때였잖아요. 무기를 만들겠다고 집안의 숟가락과 젓가락까지 빼앗아가던 때였지요. 그때 마을 어르신들이 가장 불안했던 것이 바로 임자 없는 마을 공동재산이었을 겁니다. 임자가 확실한 숟가락까지 빼앗아가는 일본 놈들이었으니 임자 없는 재산이라면 얼마나 손쉽게 빼앗아가겠어요. 그런데 마을 사람들에게 오랫동안 모아온 마을 공동재산은 자기 재산만큼 귀중했을 겁니다. 더구나 이 공동재산은 넉넉하게 먹고 남은 걸 모은 재산이 아니라, 어려울 때를 대비해 허리띠를 졸라매며 모은 정말 귀한 재산이었잖아요.

그래서 마을 어른들이 모여서 회의를 했을 거예요. 여기서부터는 완전히 소설입니다. 그냥 우리끼리 이런 추측이 가능하지 않을까 생각해보자는 이야기입니다. 회의에서 어른들은 "어찌해야 마을 재산을 지킬 수 있을까?"에 대한 이야기를 나누었습니다. 그때 마을의 한 어른이 이웃의 감천면 석평마을 소식을 들었던 모양입니다. 그 어른이 "아, 저 윗마을에 가보니, 나무에 자기 재산을 물려준 사람이 있다더라"고 한마디 하시면서, 우리도 마을 공동재산을 나무에게 물려주면 어떻겠느냐고 제안하셨을 겁니다. 처음에는 무슨 생뚱맞은 소리인가 시큰둥하셨던 마을 어른들도 차츰 좋은 방법이라 생각하셨을 테고, 문득 들판 한가운데에 홀로 멋지게 서 있는 팽나무가 떠올랐을 겁니다. 마침내 마을 분들은 모두 좋아하시면서, 그러면 우리도 나무에게 사람처럼 이름을 만들어 호적을 갖게 해주고, 마을 공동재산을 물려주자고 합의하신 겁니다. 그렇게 하면 일단은 임자 없는 재산으로 돼 있는 마을 공동재산이 명확히 임자를 가지게 된 것이니, 약탈 대상의 순위에서 조금은 뒤로 밀릴 수 있다고 안도하셨지 않을까 합니다.

지금 금원마을에 살고 계시는 어른 가운데에 여든 안팎의 분들이 꽤 계십니다. 황목근이 재산을 얻은 게 70여 년 전이니, 그분들이 어릴 때 나무가 재산을 가지게 된 과정을 잘 보셨을 겁니다. 그분들은 마을 땅을 아무한테나 함부로 팔아넘기지 못하게 하느라고 나무에게 재산을 물려줬다고 이야기하십니다. 그러나 아무한테나 땅을 팔아넘긴다는 게 어쩌면 일본인들에게 땅을 빼앗기는 것에 대한 다른 표현이 아닌가라는 생각을 떨칠 수가 없습니다.

마을 정자나무인 황목근 팽나무는 그렇게 마을 공동재산을 지키기 위해 이름을 갖게 된 겁니다. 이웃 석평마을의 석송령이 토지를 갖고 재산권을 행사하게 된 것으로부터 12년 뒤의 일이지요. 토지대장에 황목근은 어엿이 지금의 주민등록번호와 같은 고유번호 3750-00735로 기록돼 있으며, 토지 소유자의 이름이 '황목근(黃木根)'으로 된 겁니다.

처음 호적을 갖게 됐을 때 황목근 명의로 등기한 재산은 13,620제곱미터(4120평)의 토지였습니다. 석송령이 약 2000평을 가지고 있으니, 거의 두 배에 가까운 규모입니다. 황목근의 재산은 그 뒤로 조금씩 늘었습니다. 이를테면 마을 분들이 자신의 땅 일부를 기증하는 방식이었지요. 그런데 이렇게 추가로 얻게 된 토지는 아직 미등기 상태입니다. 땅 소유주 분들이 돌아가셨거나 그 후손들이 멀리 살고 계셔서 연락이 닿지 않기 때문이라고 합니다. 그러나 땅의 소유권을 황목근에 넘긴다는 것만큼은 확실히 약속된 사실이라는 겁니다. 그래서 2012년 현재 미등기 상태로 황목근이 소유한 땅으로 1389제곱미터(420평)가 더 있습니다.

황목근이 소유한 재산은 마을회관이 들어선 땅을 비롯해 주변 임야와 마을 논으로 구성됩니다. 그 가운데 황목근의 논에서는 마을 사람이 농사를 짓고 해마다 쌀 80킬로그램들이 여섯 가마를 이용료로 낸다고 합니다. 여러 방식으로 조금씩 늘어나는 황목근의 재산은 꼬박꼬박 예금통장에 들어갑니다. 석송령과 마찬가지로 황목근도 자기 명의의 예금통장을 갖고 있지요. 2012년 현재 황목근은 두 개의 통장을 갖고 있습니다. 1000만 원이 든 정기예금 통장

예천 금남리 황목근 후계목

예천 금남리 황목근 제단

과 600만 원쯤 들어 있는 일반 통장입니다. 이 통장의 돈을 바탕으로 황목근은 석송령처럼 마을 출신의 중학생에게 한 해 30만 원씩 장학금을 줍니다. 재산세를 꼬박꼬박 내는 건 물론이지요. 2011년에 황목근은 26,000원의 재산세를 납부했습니다.

석송령이 황목근보다 먼저 재산을 가졌기 때문인지, 석송령이 더 많이 알려졌지만, 저는 개인적으로 황목근이 더 좋습니다. 석송령은 개인의 결정에 의해 이름과 재산을 갖게 되었지만, 황목근은 마을 공동체의 결정에 따라 이름과 재산을 갖게 되었다는 게 무엇보다 좋습니다. 사실 따지고 보면, 재산을 가졌다는 사실보다 일제 식민지 시대에 약해질 수밖에 없던 민중을 대신해 우리의 재산을 지켜냈다는 게 얼마나 기특한 일입니까? 그런 까닭에 저는 황목근이 더 기특하고 장해 보입니다. 게다가 들판에 홀로 서 있는 모습이 멋지기도 하잖아요.

이 생김새가 예뻐 제가 2003년에 낸 책 《이 땅의 큰 나무》에서는 나무의 사계절을 같은 앵글로 잡아 싣기도 했지요. 논에 물을 댔을 봄에는 물 위에 비친 나무의 모습이 멋지고, 여름에 벼이삭이 무럭무럭 자랄 때 모습은 또 다르게 훌륭하지요. 곡식이 누렇게 익어가는 가을에는 어떻겠어요? 황금 들판에 푸른 잎 달고 서 있는 나무, 무척 멋집니다. 그리고 곡식 갈무리를 끝낸 뒤 텅 빈 들판에 홀로 서 있는 나무의 모습 또한 잊지 못할 풍경입니다.

황목근은 자신의 재산을 당연히 자기를 위해서도 쓰고 있습니다. 자기를 위한다니까 좀 이상하게 들리실 텐데, 나무에 필요한 거름이나 주변 단장 등에 쓰는 거지요. 이를테면 마을 논길을 따라 자신에게까지 이르는 농로를 넓히기도 했고, 그 앞에 몇 대의 자동차를 주차할 수 있는 공간도 확보했습니다. 제가 황목근을 처음 찾아갔던 2002년 즈음만 해도 나무 옆으로는 비좁은 농로밖에 없었어요. 나무를 보고 돌아 나오려면 반대편으로 한참 돌아야 했

어요. 길이 좁아서 자동차를 돌려서 오던 길로 되돌아나갈 수가 없었던 거죠. 또 그때에는 나무줄기에 닿을 정도로 가까운 곳에 정자가 한 채 놓여 있었는데, 이제 주변 논의 일부 땅을 북돋워 정자는 옆으로 멀리 떨어뜨려 새로 세우고, 또 마을 어른들의 건강을 위한 운동 기구도 몇 개 놓기까지 했습니다.

나무 앞쪽에는 비석과 제단이 놓여 있습니다. 비석에는 '신령우림광제초목(神靈于臨廣濟草木)'이라는 글씨가 새겨져 있는데, 이는 '신령이 내려와 온갖 풀과 나무를 널리 구제한다'는 뜻이지요. 비석 바로 옆에는 '마을의 신을 모시는 제단'이라는 뜻의 '이사지신단(里社之神壇)' 푯말의 제단이 있지요. 오래전부터 마을 당산나무였던 이 나무를 마을 사람들이 얼마나 신중하게 모시는지를 알아볼 수 있는 증거입니다. 제단 앞에는 1미터 높이의 작은 화단이 있어 황목근에서 채취한 씨앗으로 발아한 후계목을 키우고 있죠. 아직 작은 나무인데, 참 앙증맞게 잘 자랐습니다.

황목근 당산제는 해마다 정월대보름에 올립니다. 당산제를 지낸 뒤 다음날 하루 동안은 마을 주민의 잔칫날입니다. 그리고 황목근 잔치는 한 번 더 합니다. 해마다 7월 백중날에 하지요. 한창 농사일로 힘들 때 금원마을 사람들은 농사일로 지친 몸을 황목근 앞에 모여 풀어헤치고 흥겨운 잔치를 벌이면서 가을 갈무리에 나서기 위한 힘을 충전하는 겁니다. 황목근은 그야말로 금원마을에 없어서는 안 될 마을의 상징목이자, 마을의 안녕을 지켜주는 수호목인 셈입니다.

이야기를 하다 보니, 지금 당장 달려가 보고 싶어지네요. 용궁역을 지나는 철도를 지나 마을 안으로 들어서면서 낮은 언덕을 넘으면 멀리로 내다보이는 황목근이 눈에 선합니다. 황목근을 찾아갈 때마다 가장 먼저 드는 느낌은 '평화'입니다. 너른 벌판에 홀로 서서 마을을 평화롭게 지켜주는 나무, 얼마나 고마운지요.

드물게는 이 나무를 찾아온 외지의 답사객을 만나기도 합니다. 한번은 제가 도착하기 직전에 20대의 젊은 남녀가 나무를 찾아와 있더라고요. 대개 나무는 젊어서보다는 나이 들어 좋아하는 편인데, 젊은 사람들이 나무를 찾아와 이리저리 살펴보는 게 참 기특하고 고맙더군요. 사실 젊은 사람들이 늙은 나무를 오래 바라보는 모습은 그리 흔한 풍경이 아닙니다. 아무래도 가장 활동적인 젊은 시기에 가장 정적인 나무를 바라본다는 게 그리 마음에 내키는 일이 아니기도 할 겁니다.

나무들마다 다 표정이 있는데, 황목근은 참 다양한 표정을 보여주는 나무입니다. 특히 마을 안에서 마을 사람들과 함께 살아가는 나무들의 표정에는 그 마을 표정이 그대로 담겨 있게 마련입니다. 제가 이 나무에서 느끼는 평화는 어쩌면 바로 금원마을의 분위기가 아닌가 싶은 생각을 하게 됩니다. 언제나 조용하고 차분한 이 마을이 그래서 저는 참 좋습니다.

어떤 때는 논 그득히 새벽 물안개가 차오르는 환상적인 풍광 속에서 만나기도 했고, 잎을 다 떨어뜨리고 앙상한 가지만 드러낸 채 겨울 햇살을 따갑게 맞고 있는 모습을 만나기도 했어요. 농번기 때는 경운기를 몰고 주위의 논을 돌보던 금원마을 아낙들이 편안히 쉬는 풍경도 만날 수 있었지요. 그 어느 풍경도 포근히 감싸 안아줄 수 있는 황목근은 언제 봐도 모든 사람살이를 그대로 포용하는 우리의 나무, 우리의 땅을 다 가져도 모자라지 않은 '믿음직한 우리네 나무'랍니다.

고성군 삼락리 김복신

석송령에 이어서 사람처럼 이름과 재산을 가진 나무로 황목근을 이야기했습니다. 우리에게는 이렇게 세상 어디에서도 찾아볼 수 없는 특별한 나무가 있

고성 삼락리 김목신

습니다.

그런 나무가 한 그루 더 있었습니다. 아쉬운 건, '있다'가 아니라, '있었다'라는 과거형으로 이야기해야 해서입니다. 이 나무는 안타깝게도 지금 죽었어요. 그래서 간단히만 알려드리겠습니다.

이 나무는 경상북도 예천군과는 많이 떨어진 경상남도 고성군 마암면 삼락리라는 곳에 있었습니다. 황목근이 가까운 이웃의 본을 딴 나무라고 했지만, 우리 옛 조상들은 나무를 정말 사람처럼 여겼다는 증거가 바로 이 고성의 나무입니다. 많이 떨어져 있지만, 나무를 아끼는 방식은 똑같습니다.

이 나무는 황목근처럼 팽나무예요. 남부의 해안 지방에서 잘 자라는 나무이니, 고성군이라면 이 나무가 자라기에 알맞춤한 곳입니다. 이 나무는 한때 보호수였고, 마을 사람들이 신목(神木)으로 받들어 모시던 나무였습니다. 나무는 성이 김씨이고, 이름은 '목신(木神)'입니다. 역시 땅을 재산으로 가졌는데, 그 규모는 400평입니다. 석송령이나 황목근에 비하면 작은 규모지요.

김목신은 고성에서 마산으로 이어지는 지방도 14호선 변에 서 있었습니다. 한창때의 키는 25미터, 가슴높이 둘레가 6.3미터에 이르렀을 정도로 웅장한 모습이었다고 해요. 바닷가에서 가까운 이곳까지 예전에는 물이 들어왔는데, 해일이 닥쳐올 때 배를 이 나무에 매어둘 정도로 튼튼했지요.

그런데 아쉽게도 이 나무는 지금 거의 죽었어요. 줄기는 이미 썩어서 텅 비었고, 나무껍질 부분이 도로 쪽으로 비스듬히 누워 있습니다. 줄기는 껍질만 남았는데, 그 가운데에서 작은 느티나무 한 그루가 자라서 멀리서 보면 마치 하나의 나무처럼 보이지요.

저도 처음에 갔을 때는 이 나무가 있는 도로 건너편에서 보았는데, 그때에는 나무가 살아 있는 것 아닌가 착각할 뻔했지요. 하지만 느티나무와 팽나무는 생김새가 다르기 때문에 가만히 바라보면 같은 나무가 아니라는 걸 금세 알 수 있습니다.

하여간 석송령, 황목근, 김목신 모두가 우리 조상들이 얼마나 나무를 아꼈는지를 살펴볼 수 있는 아주 좋은 예입니다. 이런 나무들이 우리 땅에 여전히 살고 있다는 건 우리에게 행운이 아닌가 싶어요. 나무가 잘살 수 있는 곳은 바로 사람이 잘살 수 있는 곳입니다. 그래서 나무를 자식처럼 사람처럼 여겨온 우리 조상들의 지혜가 돋보이는 겁니다.

다음 강의에서는 우리 선조들이 나무를 어떻게 지켜왔는지를 이야기하겠습니다. 저도 처음에는 터무니없는 전설이다 싶었다가 나중에 속내를 알게 되면서 무릎을 팍팍 치게 됐던 나무들 이야기입니다.

10.
신라 패망의 한을 담고 선 최고의 은행나무
- 양평 용문사 은행나무

이 나무는 여러분들도 잘 아시는 나무입니다. 바로 경기도 양평군의 용문사 은행나무이지요. 이 나무가 한때 세계에서 가장 키가 큰 나무로 여겨졌던 적이 있었지요. 그래서 이 나무는 먼저 키에 얽힌 이야기부터 시작하겠습니다. 그의 키에 대해 오래전부터 여러 의문이 있었습니다.

　이 나무가 처음 천연기념물로 지정된 1962년 기록에 의하면 나무의 키는 60미터였습니다. 일제 식민지 시대인 1919년 일본인들이 측정한 바에 의하면 63.6미터로 돼 있지요. 이 기록을 바탕으로 이 나무는 전 세계의 은행나무 가운데 가장 키가 큰 나무로 돼 있었습니다. 또 2002년 12월에 발표한 문화재청이 보고서에 따르면, 이 나무의 키가 67미터로 조사됐습니다.

　대단하죠? 나무 한 그루의 높이가 67미터라는 게 얼마나 높은 건지 짐작하실 수 있으세요? 1억 원이나 천억 원이나 그저 많다는 건 알겠지만, 그 차이가 얼마나 큰 건지 감이 잘 안 잡히는 것과 마찬가지 아닐까요? 그냥 크다는 생각만 할 수 있지 실감하기 어렵지요. 고층 건물과 비교해보면 좀 이해하기 쉬울까요? 대강 한 층의 높이를 3미터쯤으로 잡고 보면 이 나무는 빌딩 20층을 훨씬 넘는 키가 되는 셈이지요. 좀 감이 잡히시나요? 어마어마한 겁니다.

이게 너무 높다 보니 정밀 장비가 아니고서는 정확히 키를 측정할 수 없습니다. 나무 높이를 측정하는 방법으로 제가 자주 활용하는 것은 카메라와 관련된 프로그램입니다. 어떤 카메라에 몇 밀리미터짜리 렌즈를 끼운 상태에서 피사체와 얼마 떨어진 자리에서 사진을 찍었는데, 사진에 찍힌 피사체의 높이가 얼마이면 실제 크기는 얼마다고 값을 자동으로 계산해주는 프로그램입니다. 이게 아주 요긴하고 대부분은 실제 크기에 근접하기 때문에 저는 잘 활용하지요. 그런데 제가 이 프로그램으로 나무의 키를 재면 67미터가 나오지 않아요. 제 측정에 따르면 45미터 정도 나옵니다. 하지만 제 측정은 그리 정확하지 않습니다. 특히 촬영 당시 피사체와의 거리를 어림짐작으로 측정하기 때문에 제 측정치가 맞다고 주장할 수는 없습니다.

그런데 이 나무의 키에 대해서는 참 말이 많습니다. 문화재청 조사가 발표되고 3년 뒤인 2005년 KBS 텔레비전에서 이 나무의 키를 조사한 적이 있어요. 특집으로 방영한 〈대한민국 가치 대발견〉이라는 프로그램이었지요. 이때에 서울대학교 산림환경학과 이경준 교수가 나무의 정밀 측정에 나서셨어요. 이경준 교수는 먼저 나무의 줄기 둘레를 쟀는데, 결과는 11.19미터로 나왔습니다. 다음으로는 키를 쟀습니다. 여기에는 또 다른 전문가가 필요했습니다. 그래서 나온 분이 건물의 높이를 측정하는 기술자인 토목환경공학 전공의 손홍규 박사였어요. 손홍규 님은 레이저 측정법을 이용했어요. 우선 이삿짐을 나를 때 쓰는 사다리차를 이용해 나무의 꼭대기까지 올라간 뒤, 나무의 뿌리 부분에서 레이저를 쏘았다가 다시 돌아오는 거리를 계산하는 방식이었어요. 이 방식으로 조사한 바에 의하면 나무의 키는 39.21미터로 나왔습니다. 문화재청의 조사와는 엄청나게 큰 차이를 보이는 수치였습니다. 문화재청도 매우 과학적인 정밀 측정법을 쓰는데, 이런 차이를 보이는 게 참 이상하네요.

저는 이 같은 고가의 전문 장비가 없기 때문에 다른 자료들의 조사 결과를 믿는 수밖에 없는데, 이처럼 다른 값이 나와 당황스러웠습니다. 사다리차를 올리고 측정한 값이니 2005년 KBS의 측정값을 믿고 싶은데, 이 나무의 관리 책임을 맡고 있는 문화재청에서는 이 같은 조사와 무관하게 나무의 키를 67미터라고 했습니다. 헷갈리지 않을 수 없는 일이었습니다. 일단 최종 값에 대한 판단은 뒤로 미루기로 하는 수밖에 없었죠. KBS의 프로그램에서 나무의 측정을 주관한 이경준 교수의 말씀에 따르면, 나무뿌리 부분에 석축을 쌓고 복토를 하는 과정에서 나무의 키가 줄어들었다고 하셨습니다. 하지만 그것도 믿기 어려운 일이지요. 3년 사이에 무려 27미터나 되는 높이로 복토를 하고 석축을 쌓을 수는 없잖아요. 27미터면 건물 9층 높이인데, 그건 불가능한 일이지요. 만일 그만큼의 높이로 복토를 했다면 나무가 지금까지 살아남을 수 없었을 겁니다.

사실 67미터가 아니라, 39미터라 해도 매우 큰 나무임이 틀림없습니다. 그러나 67미터면 세상에서 가장 큰 은행나무가 되는 것이고, 39미터라면 그 '최고'의 지위는 상실하게 됩니다. 일본의 미야자키 현에 살아 있는 은행나무가 용문사 은행나무보다 큰 48미터이기 때문이지요. 굳이 꼭 '최고'여야 한다는 강박증까지는 아니라 해도 어떻게든 정확한 판단 결과가 나와야 하겠다고 생각했을 뿐입니다.

그렇게 문화재청의 조사치에 의문을 품고 재조사를 했으면 하는 아쉬움을 갖고 한동안의 시간이 흘렀습니다. 그러던 어느 날, 우연히 문화재청 홈페이지에서 이 나무의 정보를 찾아볼 일이 있었습니다. 그런데 어느 틈엔지, 나무의 키를 42미터로 바꾸었더군요. 무슨 근거로 언제 어떻게 바꾸었는지는 어디에도 밝힌 바가 없어요. 세계에서 가장 큰 은행나무로 칭송하던 은행나무의 키를 갑자기 3분의 2밖에 안 되는 키로 고쳐 놓았다면, 누구나 납득할 수 있는 조사 과정과 근거를 명백히 밝혀주어야 한다고 생각합니다. 하지만 그런 과정은 전혀 없었습니다. 또 42미터라는 높이가 어떻게 측정된 건지도 전혀 알 수 없게 돼 있습니다. 우리의 관심이 모자란 탓도 있겠지만, 이 과정은 분명 문화재청의 실수라고 지적하지 않을 수 없습니다.

하여간 지금은 KBS의 정밀 측정 결과와도 다른 42미터를 믿어야 하는 상황이지만, 애초의 실수 때문인지 그리 믿어지지 않는 것도 어쩔 수 없습니다. 아무런 해명 없이 갑자기 숫자를 고친 문화재청의 발표보다는 그 측정 과정을 낱낱이 공중파 텔레비전을 통해 공개한 KBS의 측정값을 훨씬 더 신뢰할 수밖에 없습니다.

이 큰 은행나무는 도대체 얼마나 오래 살았을까요? 실제로 이 나무의 나이를 정확히 측정한다는 건 사실상 불가능합니다. 하지만 이 나무와 비슷한 생육 환경에서 살아온 나무들의 생장 속도를 참고해 이 정도의 줄기 둘레와 키, 즉 이만큼의 몸피를 가지려면 얼마나 시간이 걸렸을까를 측정하는 게 아주 불가능한 일은 아닙니다. 그렇게 추정해보면, 이 나무는 이미 1000년 이상을 살았다고 짐작됩니다. 또 이렇게 오래된 나무들의 나이를 측정할 때는 어쩔 수 없이 나무에 얽혀 내려오는 전설을 바탕으로 하는 수밖에 없습니다.

신비로운 생명력

양평 용문사 은행나무에는 두 가지 전설이 전합니다. 하나는 의상 대사가 짚고 다니던 지팡이를 꽂아둔 것이 이리 크게 자랐다는 전설인데, 이 전설은 신

양평 용문사 은행나무 줄기

빙성이 없습니다. 만일 의상 대사가 심은 게 맞다면, 나무의 나이는 1300살이 되어야 하겠지요. 또 다른 하나는 신라의 마지막 임금인 경순왕의 아들 마의 태자에 얽힌 전설이지요. 마의태자는 나라를 잃게 되자, 나라 잃은 왕국의 왕자로서 어찌 하늘을 바라보고 살 수 있겠느냐며 산속으로 들어갑니다. 그가 선택한 산이 금강산이었어요. 그래서 경주에서부터 금강산까지 걸어가던 중에 용문사에 들르게 됐답니다. 며칠 쉬었을 수도 있겠지요. 그때 바로 이 자리에 은행나무 한 그루를 심었다는 전설입니다. 이 전설을 바탕으로 하면 나무의 나이가 1100살 정도 되어야 합니다. 이 정도 나이라면 나무 전문가들이 측정하는 생육적인 나이와 거의 맞아 들어갑니다.

　1100살의 나이, 대단하죠? 그래서 이 나무는 우리나라의 은행나무 가운데 매우 오래된 축에 속합니다. 나무의 생명력은 정말 대단하지요? 제가 출연했던 라디오 프로그램이 있어요. 배우 오지혜 씨가 진행하는 프로그램이었는데, 그 프로그램에서 양평 용문사 은행나무 이야기를 한 적이 있어요. 그때 양평에 사는 오지혜 씨가 이 나무의 나이를 1300살로 알고 있었다면서 참 의미 있는 이야기를 하더군요. "1300살짜리 나무 앞에 서면 이런 생각이 들어요. 이 나무가 300살쯤 됐을 때도 누군가가 이 자리에 나처럼 서서 '이 나무가 300살이나 됐구나' 했을 거 아니에요. 그런데 그로부터 다시 또 천년을 더 살았다고 생각하니, 이 나무가 정말 신령스럽게 느껴지더라고요." 그렇죠? 흥미로운 생각입니다. 천년 전에 누군가가 나처럼 이 자리에 서서 나무의 위용을 보고 감탄했고, 그로부터 나무 앞에서 내놓는 감탄사는 사람만 바뀌었을 뿐 여전히 이어진다는 겁니다.

　양평 용문사 은행나무가 우리나라의 은행나무 가운데서 가장 오래됐냐고요? 그건 아닙니다. 은행나무 가운데 더 오래된 나무가 하나 있습니다. 용문사 은행나무보다 400살 정도 더 오래된 나무인데요. 간단히 소개하고 넘어가지요. 이 나무는 강원도 삼척시 도계읍 늑구리라는 작은 마을에 있습니다. 삼척 늑구리 은행나무는 그 위치에서부터 흥미를 돋웁니다. 마을에서 사람들과 함께 사는 게 아니라, 작은 산꼭대기에 홀로 서 있거든요. 국도를 지나다 보면 산 위로 바라다보이기도 합니다.

은행나무는 우리 주변에서 흔히 볼 수 있는 대표적인 나무잖아요. 그런데 혹시 깊은 산에서처럼 사람의 발길이 뜸한 곳에서 홀로 자라는 은행나무를 보신 적 있으신가요? 아마 없으실 겁니다. 그래서 삼척 늑구리 은행나무가 귀하고 재미있는 겁니다. 이건 은행나무의 특성이지요.

은행나무가 지구에 처음 나타난 게 3억 년 전입니다. 그때는 공룡이 이 땅을 지배하던 때죠. 그래서 공룡 상상도 같은 그림에 은행나무가 등장합니다. 이리 오랫동안 살아오면서 은행나무는 멸종 위기를 여러 차례 겪었을 겁니다. 그 3억 년 동안 지구상에 얼마나 많은 일이 있었겠습니까. 그걸 다 견뎌낸 거지요. 참 용하죠?

모든 생명체가 이처럼 생명의 위기를 겪게 되면, 자신이 가진 본성 중 하나씩을 덜어낸다고 합니다. 은행나무도 빙하기 같은 위기에 부닥칠 때마다 자신의 본성을 하나씩 덜어냈을 겁니다. 그러면서 살아남은 거죠. 얄궂게도 은행나무가 덜어낸 본성 가운데 하나가 스스로 번식하는 특징이었어요. 땅에 떨어지든 아니면 새의 먹이가 되든, 씨앗이 멀리 퍼져 저절로 번식하지 못하게 됐다는 겁니다. 결국 은행나무는 사람이 직접 심어 가꿔주지 않으면 제대로 성장하기 어렵게 된 겁니다. 그걸 조금 더 생각해보면, 은행나무가 있는 곳은 반드시 사람이 사는 마을이라는 이야기가 됩니다

그런데 삼척 늑구리 은행나무는 뒤의 사진에서 보시다시피 산꼭대기에 홀로 있잖아요. 그래서 이상하다는 겁니다. 지금은 이 나무 옆에 집 한 채가 있고 그 집에 노부부가 농사를 지으며 살고 계시지만, 이곳에 다른 사람의 흔적

은 찾아보기 힘들어요. 비밀은 이 나무에 얽힌 전설에 있습니다.

옛날에 이 나무에게는 아주 친한 동무가 있었답니다. 동자승이었어요. 철없는 동자승은 나무를 자주 찾아와 나무 위로 기어오르며 놀았다고 합니다. 그런데 나무에 오르다가 떨어져 다치는 일이 잦았어요. 아무리 큰스님이 나무라도 철없는 동자승이 어디 말을 듣습니까. 그러자 큰스님은 동자승이 나무에 오르지 못하도록 나무껍질을 매끈하게 만들 요량으로 나무줄기의 껍질을 벗겨내려고 그곳에 칼을 댔습니다. 순간 나무에서 피가 흘러나오고, 하늘이 먹구름으로 뒤덮이면서 세찬 비가 쏟아졌어요. 깜짝 놀란 큰스님은 칼을 거두고 법당에 가서 부처님께 잘못을 빌었어요.

그때 법당 안의 부처님 뒤편에서 '그 나무에서 흐르는 피를 모두 받아 마시라'는 부처님의 음성이 울렸고, 큰스님은 뛰어나가 나무에서 흘러나오는 피를 받아먹었습니다. 좀 엽기적이죠? 더 엽기적인 건 그다음이에요. 나무에서 흘러나오는 피를 받아 마시던 큰스님이 단박에 구렁이로 변한 겁니다. 그리고 구렁이가 된 큰스님은 나무 안에 둥지를 틀고 나무를 지키게 됐다는 이야기입니다.

그냥 전설이겠지요. 그런데 나무를 들여다보면 전설이 참 그럴듯해 보이기도 해요. 나무의 중심인 줄기가 이미 오래전에 썩어 형체도 없이 사라졌거든요. 그러고는 주변에서 무성하게 자라난 맹아지가 줄기 주변을 감싸고 자란 겁니다. 그래서 속 깊은 가운데는 뭔가가 웅크리고 있기 좋을 듯하게 생긴 거예요. 생김새를 보고 만든 전설인지는 알 수 없지요.

최근 얼마 동안 나무 주변에서 사람의 흔적을 찾을 수 없지만, 전설을 바탕으로 하면 나무는 분명히 절집 가까이에 있었다는 이야기가 됩니다. 동자승이 자주 찾아왔고, 큰스님이 법당에서 기도하다가 뛰어나가 나무의 피를 받아 마셨다는 이야기가 모두 절집 가까이에 있던 나무라는 증거지요. 나무가

삼척 늑구리 은행나무

있는 곳을 주위 마을 분들이 '절골'이라고 부르는 이유도 이런 추측에 근거를 더해주는 이야기지요. 그러니까 산 위의 나무 역시 누군가가, 즉 스님과 같은 절집 사람들이 심고 가꾸었기에 이만큼 크게 자랐다는 이야기입니다.

우리나라에서 가장 오래된 은행나무 이야기를 하고 있었지요? 바로 삼척 늑구리 은행나무의 나이가 1500살입니다. 그러니 우리나라에서 제일 큰 은행 나무인 양평 용문사 은행나무보다 400살이나 더 오래된 나무인 거죠. 재미있 는 이야기가 하나 더 있습니다. 이 은행나무는 부인 나무도 있답니다. 좀 야 릇한 게 부인 나무가 멀리 떨어져 있다는 겁니다. 옮겨 다닐 수 없는 나무로 서는 주말부부도 못하는데, 참 안타까운 일입니다. 늑구리 은행나무의 부인

영주 금성단 은행나무

나무는 경상북도 영주군의 소수서원 옆에 있는 금성단의 은행나무입니다. 이 은행나무는 용문사 은행나무와 동갑내기입니다. 1100살 된 나무입니다. 이 나무가 바로 늑구리 은행나무와 백년가약, 백년가약은 사람에게나 해당하는 말이겠네요. 이미 천년 넘게 살아온 나무이고 앞으로도 더 오래 살아야 하니, 만년가약 정도로 말해야 하겠네요.

역사를 간직하다

이제 다시 용문사 은행나무로 돌아가보죠. 은행나무가 암나무와 수나무가 따로 있는 나무라는 건 앞에서 이미 말씀 드렸습니다. 양평 용문사 은행나무는 가을이면 지독한 냄새를 풍기는 은행 열매를 맺는 암나무입니다.

한창때는 무려 서른 가마니나 되는 열매를 거둬들였다고 합니다. 요즘도 열매를 맺긴 합니다만, 예전 같지는 않아요. 얼마 전에 용문사 주지인 호산 스님을 뵙고 여쭈어보았습니다. 나무가 해거리를 하기 때문에 고르지는 않아도 많이 열리는 때는 여덟 가마니 정도는 줍는다고 하십니다. 일부러 털어내는 게 아니라, 저절로 떨어진 양입니다. 그야말로 대단한 게 한두 가지가 아닌 나무입니다. 스님은 은행 열매를 잘 주워 여러 개의 작은 바구니에 정성껏 포장해 나무와 자연과 생명의 가치를 소중히 여기는 분들께 선물한다고 하시더군요. 천년 동안 생식 활동을 지속한 생명체가 여전히 새로운 생명을 잉태한다는 건 정말 놀라워요. 그 놀라운 생명력으로 맺은 은행 열매는 참으로 귀한 선물이 아닐 수 없겠지요.

이 나무는 그밖에도 여러 면에서 신통합니다. 애당초 망국의 치욕을 한으로 새기며 생명을 얻은 나무인 까닭인지, 나무는 특히 이 나라의 모든 수난의 역사를 고스란히 간직하고 있는 셈입니다. 나무에게 닥친 첫 번째 시련의 역사는 일본이 우리나라를 침략하려는 야욕을 구체화하던 1907년 무렵입니다. 그때 일본의 침략에 항거한 우리 민중들이 의병을 일으켰잖아요. 그중 하나가 1907년 정미의병입니다. 의병이 일어나자 일본군은 용문사를 의병들의 은거지이자 집결지로 지목하고, 절집에 불을 지르는 만행을 저지릅니다. 절집의 모든 전각들은 흔적도 없이 불에 타 사라졌고, 절집 주변의 숲도 불에 탔습니다. 그러나 용케도 은행나무는 힘난한 화마를 이겨내고 살아남았습니다.

은행나무 열매

사람들이 이 은행나무에게 '천왕목'이라는 별명을 붙여준 것도 이 같은 놀라운 생명력과 무관하지 않을 겁니다. 하늘의 왕, 천왕처럼 나무 가운데 최고로 높은 왕이라는 뜻이겠지요.

이어서 조선의 마지막 왕인 고종이 승하하던 날에도 나무는 망국의 설움을 슬퍼했어요. 그날은 바람 한 점 없었다고 합니다. 그런데 이 나무는 자신의 나뭇가지 가운데 커다란 가지 하나를 스스로 부러뜨려 바닥에 내려놓았다고 합니다. 거기에서 그치지 않았습니다. 나무는 나라 안에 걱정거리가 생길 때마다 커다란 울음소리를 냈다고 합니다. 6·25전쟁 때도 그렇게 울음을 냈다고 절집 어른들이 이야기하십니다.

이 나무가 벼슬을 한 나무라는 건 아시나요? 아마도 이 나무에 대해서는 그동안 주로 그의 엄청난 규모에 대해서 이야기하는 통에 벼슬을 한 나무라는 사실이 자주 묻힌 듯합니다. 흔히 벼슬을 한 나무라고 하면 대개는 정이품송부터 생각하실 겁니다. 정이품송은 잘 아시다시피 조선의 제7대 임금인

　세조 때 자신의 행차를 도왔다는 이유로 정이품의 벼슬을 받았습니다. 그러나 양평 용문사 은행나무는 그보다 훨씬 전에 조선의 제4대 임금인 세종으로부터 벼슬을 받습니다. 정이품송과 같은 특별한 이야깃거리가 있는 건 아닌데, 세종은 이 나무의 신령함을 일찌감치 알았던 거죠. 그리고 나무에게 정삼품에 해당하는 '당상관(堂上官)'이라는 벼슬을 내렸습니다. 그러니까 우리나라에서 가장 먼저 벼슬을 한 나무는 정이품송이 아니라 양평 용문사 은행나무입니다.

　용문사 주지 스님과 나눈 말씀 가운데 흥미로운 이야기가 있었습니다. 용문사를 가보신 분들은 잘 아시겠지만, 용문사 해우소는 여전히 재래식 화장실 형태입니다. 해우소가 냄새도 나고 불결하다고 하는 분들이 있었지만, 스님은 수세식으로 고칠 생각이 없다고 하십니다. 해우소 아래 깊은 곳으로 은행나무의 뿌리가 뻗어 있다는 겁니다. 그리고 해우소에서 사람들이 버린 찌꺼기는 필경 은행나무에게 매우 좋은 거름이 된다는 것이지요. 그렇다면 갑자기 이 뿌리의 환경을 바꾼다면, 나무에게 좋지 않은 영향을 미칠지도 모른다는 말씀이셨어요.

저는 곧바로 '바로 사람과 나무가 한 몸'이라고 스님의 말씀에 대꾸했어요. 이치가 그렇잖아요. 사람이 먹고 버린 것들을 거름으로 삼아 나무는 다시 사람이 즐겨 먹을 수 있는 열매를 천년 넘게 맺었습니다. 그걸 다시 또 사람이 먹겠지요. 그렇게 끊임없는 순환의 고리를 이루고 있는 한 축이 바로 나무였다는 겁니다. 같은 하늘 아래에서 같은 공기를 마시고, 같은 영양을 취하고 살아가는 생명체로서 나무와 사람이 다를 게 뭐 있겠습니까? 사람과 나무가 더불어 살아가야 한다는 데에서 한 걸음 더 나아가 아예 나무와 사람이 한 몸이 되는 겁니다. 다음 강의에서 '상주 상현리 반송'을 소개할 때 자연의 생명에 담긴 순환의 원리를 이야기할 것입니다. 양평 용문사 은행나무는 이 땅의 모든 생명체들이 더불어 생명을 이어가는 순환 고리의 매우 중요한 한 축을 지키고 있다는 이야기입니다.

마음을 비우고

용문사와 주위 마을에서는 해마다 한 번씩 나무에 대신제를 지냈는데, 최근에는 이를 양평군의 축제로 발전시켜 해마다 은행잎이 노랗게 물드는 가을에 '천년 은행나무 축제'를 양평군 주관으로 거행합니다.

용문사는 찾아가신 분들이 많을 겁니다. 이곳이 이처럼 유명한 나무 때문에 자꾸 변한다는 말씀을 자주 듣습니다. 특히 절 어귀를 유원지화한 까닭에 산사의 고즈넉한 맛을 느낄 수 없다는 말씀이지요. 저도 그게 조금 불만스럽긴 합니다. 절집 어귀에 도심의 여느 공원처럼 놀이기구를 여럿 설치해놓고, 번잡하게 만든 게 산사를 찾는 기분을 흐트려뜨리거든요. 그런데 조금만 참

양평 용문사 은행나무 그늘에서의 명상

으시면 돼요. 어귀의 야단법석을 참고 절집으로 오르는 산길에 접어들면 금세 고즈넉한 맛을 느낄 수 있습니다. 용문사 어귀 산길은 편안하면서도 오솔길의 정취를 느낄 수 있는 곳입니다. 그렇게 편안하게 생각하시고, 오는 가을에는 한번쯤 꼭 들러보시기 바랍니다.

마음을 비우고 찾아가면 생각보다 더 많은 것을 비운 마음 안에 한가득 담고 돌아오실 수 있다고 말씀 드리고 싶네요. 물론 용문사에 가시면 나무를 더 꼼꼼히 바라보는 게 기본이지요. 이토록 큰 나무를 보는 일은 흔한 경험이 아니니까요. 그뿐 아닙니다. 용문사가 아무리 작은 절이라 해도, 경내에서 눈을 이리저리 돌리면 볼 것은 충분히 있지요. 그 가운데 하나 꼭 알려드리고 싶은 건 종각 옆에 있는 주목입니다. 주목은 앞에서도 이야기했지만, 자람이 매우

양평 용문사 주목

더딘 나무입니다. 그래서 천년을 살아야 겨우 다른 큰 나무들과 견줄 만큼의 크기로 자란다고 하는 나무입니다.

  용문사의 주목은 그렇게 보면 그리 어린 나무가 아닙니다. 절에서도 이 나무를 아껴 주위에 울타리를 치고 잘 보호하고 있는데, 크기가 작은 탓에 그리 주목받지 못하는 나무입니다. 제가 이 나무 곁에 오래 머무르는 동안 달리 나무를 관찰하는 분을 보지 못했어요. 부모님 손잡고 찾아온 어린 아이 서넛이 울타리에 매달려 나무를 바라보는 게 전부였지요.

  이 주목도 300살은 족히 넘은 나무입니다. 누가 이 나무를 심고 어떻게 가꾸었는지 기록이 없어 내력은 알 수 없지만, 절집 안에서 오랜 세월을 살아온 나무라면, 절을 지켜온 어느 스님께서 심은 게 분명하겠지요. 또 다른 어떤 종교보다 생명을 존중하는 종교인 불교의 뜻을 잘 살려내는 나무 아닌가 생각이 듭니다.

이제 양평 용문사 은행나무 이야기를 정리해야겠네요. 은행나무의 키가 67미터냐, 39미터냐 혹은 42미터냐에 대해서도 집착하지 않았으면 합니다. 세계 최고이든 국내 최고이든, 심지어는 '최고'가 아니라 해도 민족 수난사가 아로새겨진 양평 용문사 은행나무는 우리에게 매우 소중한 나무임이 틀림없습니다. 가을의 푸른 하늘을 자랑으로 여기는 우리나라에, 세계 어디에 내놓아도 빠지지 않을 만큼 크고 아름다우며, 훌륭한 전설까지 간직한 신령한 은행나무 한 그루를 가지고 있다는 것은 여전히 우리에게 큰 재산이자 자랑이 아닐 수 없습니다. 그냥 있는 그대로 은행나무의 위용을 받아들이고, 이처럼 크고 아름다운 나무가 우리 곁에서 자라고 있다는 것만으로도 자부심을 가졌으면 좋겠습니다.

11.

자연과 더불어 살기 위한 놀라운 지혜가 담긴 전설
- 상주 상현리 반송

우리나라에 살아 있는 특별한 나무들 이야기에 이어서, 우리 조상들은 나무를 어떻게 지켜왔는지를 살펴보겠습니다. 앞의 강의에서 석송령을 소개할 때, 소나무의 한 종류인 '반송'에 대해 이야기했습니다. 지금 이야기할 나무도 반송입니다.

  옆의 사진에서 보시는 이 아름다운 반송은 경상북도 상주군 화서면 상현리라는 조용한 마을의 언덕 위에 있습니다. 보시는 바와 같이 참 잘생긴 나무입니다. 이등변삼각형 모양으로 곱게 자란 모습을 놓고, 마을 분들은 탑(塔)을 연상하셨나 봅니다. 나무의 별명을 '탑송'이라고 부르기도 하거든요. 제 눈에는 탑이라기보다 소리 좋은 종(鐘)처럼 보이는데요, 어떠신지요?

  보는 분들에 따라 다르겠지만, 모두에게 공통적인 느낌은 '아! 오래된 나무가 저리 예쁘게도 자라는구나' 하는 것일 겁니다. 저는 이렇게 주로 오래된 나무들을 찾아다니는데, 이런 나무들을 볼 때마다 드는 생각이 있어요. '세상에 나이가 들면서 점점 더 아름다워지는 것은 나무밖에 없다'는 겁니다. 그래서 언젠가 저도 나무처럼 늙고 싶다는 글을 쓴 적이 있습니다. 그렇다고 해서 나무처럼 살고 싶은 건 아니에요. 생각해보세요. 비바람과 천둥벼락이 내리치고 눈보라가 몰려와도 피하지 못하고 꼬박 그 자리에 서 있어야 한다는 게 어디 사람이 할 짓입니까? 게다가 가만히 서 있는데, 사람은 물론이고 온갖 짐승들까지 와서 기어오르고 부러뜨리고 하는 걸 막을 방법도 없잖아요.

몇 해 전에 제가 전국의 크고 아름다운 나무들을 소개하는 책을 내면서 제목을 《행복한 나무여행》이라고 붙였던 적이 있어요. 그 책이 나오고, 선배 한 분이 지금 제가 한 말과 똑같은 말을 하셨어요. "나무가 행복하냐? 절대 행복하지 않다"는 겁니다. "예, 동의합니다." 그래서 가만히 생각해보면, 나무가 늙으면서 아름다운 건 세월의 풍파를 고스란히 이겨낸 뒤에 얻어낸 초월과 해탈 때문이 아닐까 싶어요. 나무처럼 아름답게 늙고 싶다면, 나무처럼 살아야 하는 게 아닐까 싶거든요. 나무처럼 살고 싶지는 않으면서 나무처럼 아름답게 늙고 싶다는 건 실현 불가능한 욕심이겠지요.

이렇게 아름답게 잘 자란 상주 상현리 반송은 나이가 500살쯤 된다고 봅니다. 키는 16.5미터인데, 다른 나무에 비해 그리 큰 게 아니지요. 하지만 반송 가운데서는 큰 키라고 할 수 있습니다. 석송령의 키가 10미터밖에 안 된다는 건 이미 봤잖아요. 이 나무는 줄기가 뿌리 부분에서부터 둘로 갈라져 자랐지요. 두 개의 줄기는 다시 두 개, 세 개의 가지로 갈라져 전체적으로 보면 다섯 개의 굵은 줄기로 자라난 것으로 보입니다. 북쪽 방향으로 줄기 하나가 크게 뻗었던 모양인데, 오래전에 벼락을 맞아 부러졌고, 그 자리를 수술한 흔적만 남아 있습니다.

상주 상현리 반송 줄기 ▶

나무를 수술했다고 하니, 웬 생뚱맞은 소리냐 하실 분도 있겠지요. 나무를 수술한다는 이야기는 많이 못 들어보셨다 해도 나무의 수술 흔적은 많이 보셨을 겁니다. 큰 나무들을 보면, 나무 줄기의 썩은 부분을 뭔가로 잘 막아놓은 것이 그것입니다. 대부분은 겉모양만 보시고, 시멘트로 틀어 막았다고 하시기도 합니다. 시멘트처럼 보이지만, 실제로는 그냥 시멘트가 아니지요. 시멘트처럼 보이는 그 안쪽에는 황토라든가 다른 여러 물질이 혼합돼 있습니다.

나무가 오래되면, 줄기 안쪽이 잘 썩거든요. 그 안쪽을 심재라고 하고 바깥쪽을 변재라고 하는데, 심재는 좀 썩어도 나무의 생명에는 큰 지장이 없습니다. 뿌리에서 잎까지 물을 끌어올리는 수관은 변재에 있으니까, 변재만 튼튼하면 되는 거예요. 그런데 이 썩은 곳을 그냥 놔두면 점점 더 썩겠지요. 그러다 보면 차츰 변재까지도 상처를 주게 되잖아요. 그게 위험한 겁니다. 그러니까 더 이상 썩지 않게 막아줄 필요가 생깁니다.

그래서 구멍난 부분을 더 이상 썩지 못하게 방부 처리하고, 그 빈 곳에 충전물을 메워주는 겁니다. 맨 겉 부분을 시멘트처럼 포장하는데, 때로는 황토로 덮기도 합니다. 어떤 나무는 원래 있던 나무의 결을 그대로 살려서 포장하는 경우도 있습니다. 이 강좌의 뒤쪽에서는 그런 나무도 하나 보게 될 겁니다. 신비롭게 생긴 나무 줄기가 다 썩었었는데, 그 부분을 메워주면서 원래의 신비로운 줄기 모습을 그대로 재현하는 방식이지요.

이런 처치 과정을 수술한다고 하는 것이고, 때로는 나무의 외과수술이라고도 이야기합니다.

사방으로 고르게 뻗어나간 상현리 반송의 가지는 동서 방향 24미터, 남북 방향 25미터까지 넓게 퍼졌어요. 참으로 장관입니다. 이 나무 안에는 천년 묵은 이무기가 살고 있다고 합니다. 우리나라에는 용이 되려다 못 된 이무기가 둥지를 틀고 있는 나무가 참 많습니다. 용띠 해인 2010년 초에 저는 한 강의 자리에서 "우리나라의 나무에 가장 많이 사는 짐승이 뭔지 아느냐?"는 우스개 섞인 질문을 한 적이 있어요. 여러 분들이 이런저런 동물을 이야기하셨는데요, 제 답은 '이무기'였습니다. 그냥 우스갯소리지요. 그러나 정말 오래된 나무에 이무기가 많이 살긴 합니다. 생각해보세요. 이무기가 사는 보금자리는 어김없이 오래된 나무이기 십상입니다. 이건 어쩌면 이 나무는 한 많은 이무기가 사는 나무이니 가까이 접근하지 말라는 경고 아니겠어요? 또 나무에 사는 이무기들은 가만히 있지 않고 때를 잡아 큰 울음소리를 내곤 한다고 해요. 그냥 무서운 울음소리를 내는 이무기도 있지만, 어떤 이무기는 살림살이에 큰 어려움, 예를 들면 국가 변란이나 흉년이 올 때를 대비하라는 뜻으로 미리 크게 울기도 합니다. 상주 상현리 반송에 사는 이무기는 날씨가 흐려 나무 주변에 구름이 잔뜩 끼면 울음소리를 낸다고 합니다. 그러니까 사람을 위해 우는 게 아니라, 날씨가 어두워지면 몸이 불편해지면서 우는, 조금은 소심한 이무기입니다.

나무를 지키기 위한 전설

상주 상현리 반송에는 꽤나 살벌한 전설이 전합니다. 큰 나무의 가지를 꺾으면 삼대가 천벌을 받는다는 식의 전설은 여기저기 흔하잖아요. 하지만 이 나무는 좀 다릅니다. 나무의 가지를 꺾거나 부러뜨리는 것은 물론이고, 푸르고 싱그러운 잎을 따는 것은 둘째치고 바닥에 저절로 떨어진 잎을 주워가기만 해도 천벌을 받는다는 겁니다. 그것도 삼대가 연이어서.

소나무는 상록수이지만, 한 번 난 잎이 나무가 죽을 때까지 평생 가는 것은 아니라는 건 아시죠? 상록수이기 때문에 다른 낙엽성 나무처럼 한꺼번에 잎

을 떨어뜨리는 일은 없지만, 오래되면 하나둘 잎을 떨어뜨리고 새잎이 나오는 거죠. 솔잎은 쓰임새가 적지 않습니다. 무엇보다 추석에 빚는 송편은 솔잎을 잘 깐 시루 위에 쪄내야 하지요. 물론 송편을 찔 때 쓰려면 솔잎 향기를 잔뜩 머금은 푸르고 싱그러운 생솔잎을 따야 합니다. 그리고 바닥에 저절로 떨어진 솔잎도 쓸모가 많긴 마찬가지입니다. 지금이야 그럴 일이 없지만, 옛날에 장작을 때 난방을 하고 밥을 지어 먹던 시절 이야기입니다. 마른 솔잎과 부러진 솔가지를 시골에서는 '솔갈비'라고 불렀습니다. 솔갈비는 부엌 아궁이에 불을 피울 때 불쏘시개로 매우 좋았습니다. 불에 잘 탈 뿐 아니라, 화력이 좋아서 장작을 태우는 데 요긴했죠. 그래서 옛날에는 바닥에 떨어진 솔잎과 솔가지는 물론이고, 생솔가지와 솔잎을 따서 잘 말려 쏘시개로 쓰곤 했지요.

그런데 이 나무에서는 그게 불가능했어요. 살아 있는 잎이나 가지를 잘라내는 건 물론, 저절로 떨어진 잎을 주워가기만 해도 천벌을 받는다니요? 이 이야기를 처음 들었을 때, '이건 좀 심하다'고만 생각했어요. 하지만 한참 지난 뒤에 저는 무릎을 딱 치고 말았습니다. 이거야말로 대단한 지혜다 싶었던 거죠.

여기서 잠시 자연 생태의 원리를 생각해보기로 하지요. 자연의 원리 가운데 가장 기본적인 것은 '순환'의 원리입니다. 자연은 끊임없이 순환하지요. 제가 그런 원리를 놓고 어린 아이들과 '말놀이' 하는 게 있어요. 한참 말을 배우기 시작할 때 아이들을 앉혀놓고, 이 놀이를 하면 아이들이 좋아합니다. 말놀이에는 아이들이 아주 좋아하는 단어인 '똥'이 들어 있거든요. 아이들이 왜 '똥'을 그렇게 좋아하는지 모르겠지만, 그림책 중에서도 '똥'이 들어 있는 걸 참 좋아하잖아요.

아이와 밥을 먹으면서 먼저 이야기합니다. 밥을 먹으면 뭐가 되지? 그렇게 물으면 아이는 벌써 만면에 미소를 띠면서 '똥' 합니다. 질문을 이어갑니다.

상주 상현리 반송 꽃

"똥은 어디로 가져가 쓰지?" "논." "논에는 뭘 심는데?" "모." "모는 자라면 뭐가 돼?" "벼." "벼에서는 뭐가 나오지?" "쌀." "쌀로 뭘 만들어?" "밥." "밥을 먹으면 뭐가 돼?" 이제 질문이 처음으로 되돌아온 겁니다. 이 놀이를 몇 번 되풀이하면, 아이는 이쯤에서 벌써 다음 답이 '똥'이 될 걸 알고는 좋아하는 표정이 역력합니다. 그러고는 힘차게 "똥"이라고 이야기합니다. 똑같은 걸 되풀이해도 아이는 좋아합니다. 왜냐하면 조금 있으면 자기가 좋아하는 '똥'이라는 답을 내놓을 때가 올 걸 이미 알고 있기 때문이죠. 마침 한 글자씩으로 된 낱어여서 말을 배우기 시작하는 아이들과 놀기에 참 좋습니다. 게다가 아이들이 다 좋아하는 '똥'이 주인공이니, 금상첨화죠.

　우스운 말놀이이지만, 여기에는 중요한 진리가 들어 있습니다. 바로 자연은 늘 돌고 돈다는 생명 순환의 이치입니다. 나무를 봐도 그건 확실합니다.

나무에서 잎이 떨어지면, 그게 그냥 썩어 없어지는 게 아니라 나무의 거름이 되지요. 도시에서야 낙엽이 떨어지면 쓸어내기 바쁘지만 산에 가면 오래된 낙엽들이 잘 썩어서 자연스럽게 좋은 거름이 되는 걸 쉽게 볼 수 있잖아요. 그뿐만 아니죠. 얼마 전에 텔레비전에서 귀농하신 분에 관한 다큐멘터리를 봤어요. 오미자 농사를 크게 지어 귀농에 성공하신 분인데, 그분이 오미자 열매를 따서 진액(엑기스)을 추출한 뒤에 남은 찌꺼기를 오미자나무 과수원에 휘이휘이 뿌리시더라고요. 담당 피디가 "이 쓰레기를 왜 여기 버리시느냐?"고 묻자 그분은 "쓰레기라니요? 오미자에게 가장 좋은 거름은 오미자인 걸요" 하시더군요.

모든 나무가 그렇습니다. 자신이 버린 것은 그냥 버린 것이 아니라, 다시 또 양분이 되어 끊임없이 순환합니다. 도시에서야 나뭇잎이 떨어지면 금세 쓸어버리고, 또 나무가 서 있는 자리 위로 아스팔트나 보도블록을 쌓아두어 잎이 다 썩는다 해도 뿌리 곁으로 양분이 스며들기 어렵지만 숲에 가보면 알 수 있잖아요. 나뭇잎이 떨어져 시간이 지나 잘 썩으면 더 없이 좋은 거름이 되는 걸 쉽게 볼 수 있습니다.

그건 소나무도 마찬가지입니다. 잎이 한꺼번에 후두둑 떨어지는 건 아니지만, 떨어진 잎은 나무뿌리 근처에 모였다가 나무의 거름이 돼야 합니다. 그런데 문제가 있어요. 소나무 잎은 잘 아시다시피 잎이 딱딱해 금세 썩기 어렵잖아요. 썩지 않은 잎들을 다 주워가거나 쓸어 없앤다면, 나무뿌리 부분의 영양분이 모자라게 됩니다. 요즘이야 나무를 보호한다고 갖가지 거름을 만들어주지만, 옛날에야 그게 어디 쉬웠겠어요? 당장 사람 먹고살기도 힘들었을 텐데, 나무의 거름 챙길 여유가 어디 있었겠어요?

그런 상황에서 이 나무를 잘 보호하려 했던 어떤 지혜로운 어른이 나무에 거름은 주지 못할망정, 나무 스스로가 만들어낼 거름만큼은 빼앗아가지 말아야 한다고 생각하신 겁니다. 그래서 떨어진 솔잎을 지키고 싶지 않았을까요? 그 어른은 이 원리를 마을 사람들에게 어떻게 알려야 할까 고민하셨을 겁니다. 모르긴 몰라도 처음에는 솔잎을 잘 놔두면 거름이 된다고 찬찬히 설명하셨을 겁니다. 마을 사람들도 이야기를 듣는 순간에는 잘 알아들었겠지요. 그러나 그게 몸으로 이어지지는 않았을 겁니다. 당장 먹고살기 힘든 상황에서 집안 방구석을 따뜻하게 하려면 좀 더 좋은 쏘시개가 필요했을 것이고, 이 나무처럼 큰 나무에서 떨어진 솔잎은 얼마나 많았겠어요. 몰래몰래 주워가곤 했겠지요. 그러자 그 어른께서는 다른 수를 냈습니다. 이제는 사람들이 가장 무서워하는 이야기를 지어내자는 거였지요. 그런데 그냥 천벌을 받는다고만 하면, 사람들은 '그래 내 한 몸 천벌을 받더라도 아이들만큼은 따뜻하게 재워야겠다'면서 무시했을 수 있습니다. 그래서 '삼대에 이어지는 천벌'이라고 이야기한 거 아닐까요? 오늘 하루 자식들을 따뜻하게 재운 탓에 나중에 그 아이들에게 닥칠 천벌까지 감수할 부모는 없을 테니까요.

에리직톤의 신화

전설이나 신화라는 게 모두 그런 것 아닌가요? 동서고금이 모두 똑같아요. 이를테면, 그리스·로마 신화 가운데에는 에리직톤이라는 인물이 나옵니다. 포악하고 교만했던 에리직톤 이야기에도 그런 교훈과 지혜가 담긴 것 아닌가 싶거든요.

에리직톤이 사는 마을 한가운데에는 매우 큰 떡갈나무가 한 그루 있었지요. 그 나무에는 데메테르 여신을 숭상하는 요정들이 보금자리를 틀고 평화롭게 살았지요. 농사를 관장하는 데메테르 여신을 받들어 모시는 요정이 사는 나무이다 보니, 마을 사람들이 모두 떡갈나무를 잘 모셨답니다. 에리직톤의 눈에 이게 거슬린 겁니다. 마을의 최강자인 자신을 섬기지 않고 한갓 나무를 섬기는 게 싫었지요. 에리직톤은 그 나무를 베어낼 생각을 합니다. 그리고 어느 날 마을 사람들이 모두 모인 자리에 자신의 신하를 데리고 가서 그에게 나무를 베어내라고 명령합니다. 신하는 여신에게 혼이 날 것이 두려워 차마 나무를 베지 못하고 머뭇거리지요. 그러자 에리직톤은 신하가 들고 있던 도끼를 빼앗아 신하를 먼저 후려쳐 죽여버린 뒤, 자신이 손수 도끼질을 해서 나무를 베어냅니다.

에리직톤 때문에 보금자리를 잃은 요정들은 당장 데메테르 여신을 찾아가 저 못된 에리직톤을 벌해달라고 하지요. 그러자 데메테르 여신은 다른 신들과 협의해 에리직톤에게 벌을 내립니다. 그 벌은 '기아의 형벌'이었어요. 먹어도 먹어도 배가 고픈 벌이었습니다.

아귀에 들렸다고 하잖아요. 그렇게 에리직톤은 주변에 있는 것들을 마구 먹어치웁니다. 하지만 허기는 채울 수 없었어요. 끝없이 먹어치우다가 나중에는 자신의 딸을 팔아서 먹을 것을 사기도 합니다. 딸은 포세이돈의 도움을 받아 살아 돌아오지만, 에리직톤은 다시 또 딸을 팔아 먹을 것을 마련하곤 했지요. 그러다가 마침내 자신의 몸뚱어리까지 뜯어먹습니다. 다리를 뜯어먹고, 팔을 뜯어먹고, 몸통까지 뜯어먹은 뒤 나중에 입술과 이빨만 남긴 채 죽었다는 끔찍한 신화입니다. 이런 신화는 왜 만들어졌을까요?

한 가지 더 이야기할까요? 제가 어릴 때입니다. 저는 초등학교 다닐 때 봄가을 소풍 가는 중에 비를 안 맞고 간 적이 거의 없습니다. 기가 막힐 정도로, 학교가 소풍 가기로 한 날은 꼭 비가 왔어요. 그때마다 마을 어른들이 하신 말씀이 있습니다. 교정 가장자리에 큰 은행나무가 있었거든요. 그런데 그 은행나무에 천년 묵은 이무기가 산다는 겁니다. 그 이무기가 용이 되어 승천하려고 백일기도를 하는데, 마침 아흔아홉째 되는 날이었어요. 신화에서는 늘 아흔아홉째 날이 문제입니다. 그날 마침 우리 학교의 관리인 아저씨가 나무를 베어내려고 나무 둥치에 도끼질을 했다는 거예요. 도끼질 소리에 기도를 깨뜨린 이무기는 하늘로 오르지 못하고 그냥 그 나무 안에 자리 잡고 지금까지 살고 있다는 겁니다. 그 이무기가 용이 못 된 자신의 한을 우리에게 해코지하며 풀어낸다는 거지요.

저는 이런 전설이 우리 학교에만 있는 줄 알았어요. 그런데 나이 들고 나무를 찾아다니다 보니 이게 우리 학교뿐이 아니더라고요. 조금씩 차이는 있지만, 그런 전설이 없는 학교가 없더군요. 용이 사는 나라가 아니라, 아예 이무기가 사는 나라라고 해도 될 만큼 이무기의 한이 참 많더군요.

이런 이야기들은 언제 왜 만들어졌을까 하는 겁니다. 에리직톤의 신화나 이무기의 전설이나 모두 같은 뜻에서 만들어졌을 겁니다. 이야기를 지어낸 조상들은 무엇보다 나무를 아끼고 싶었을 겁니다. 나무가 잘사는 곳이라야 사람도 잘살 수 있다는 걸 잘 알고 있던 분이지요. 그런데 그냥 사람들을 모아놓고, "나무를 아껴야 합니다. 자연보호가 곧 우리가 잘사는 방법이에요"라고 아무리 이야기해봐야 그게 효과가 있을까요? 단언컨대 없습니다. 듣는 둥 마는 둥이지요.

오래도록 강렬하게 기억될 수 있는 방법을 찾은 게 바로 이 같은 신화와 전설 아닌가 싶습니다. 나무 한 그루 잘못 베어냈다가 평생 아귀병에 걸려 자식까지 팔아먹은 에리직톤 이야기는 한번 들으면 잊지 못할 겁니다. 그걸 기억하는 사람들은 주변의 나무를 베어내야 할 때 분명히 그 이야기를 떠올리고는 조심할 겁니다. 또 소풍 때마다 비를 맞고 가는 우리 아이들은 나무에 산다는 이무기가 무서워서, 나무에 기어오르거나 가지를 꺾는 일은 못하겠지요. 그러다가는 또 다른 아이들도 소풍 갈 때 비를 맞겠구나 생각하면서 나무를 보호하지 않을까요? 신화와 전설은 그렇게 만들어지는 겁니다.

상현리 반송에 얽힌 전설도 그렇게 나무를 잘 지키려는 조상들의 지혜에 의해 만들어진 이야기라는 겁니다. 훌륭하지 않나요? 자연의 순환 원리에서부터 소나무의 생태까지 잘 아는 아주 훌륭한 어른이 남몰래 지어낸 이야기라는 거지요. 처음에 상주 상현리 반송이 참 아름답게 자랐다고 이야기했는데, 그렇게 아름답게 자란 데는 이처럼 훌륭한 어른들의 지혜가 담겨 있습니다.

이런 이야기를 할 때마다 한 가지 더 하고 싶은 이야기가 있습니다. 오래된 나무를 베어내면 급사를 한다든가, 천벌을 받는다는 이야기가 과연 진실일까 하는 겁니다.

가만히 생각해보면, 그럴 수도 있겠다 하는 생각이 듭니다. 일단 나무도 살아 있는 생명체라는 것은 누구도 부인하지 못할 사실이잖아요. 그런데 살아 있는 생명체는 어느 것이나 자기가 해를 당하게 되면, 그곳에 아픔을 느끼고 그 자리로 자신의 에너지를 한꺼번에 집중하는 것 아닌가요? 사람도 그렇잖아요. 연필을 깎다가 손가락을 벴다고 생각해보세요. 그 순간의 짜릿한 아픔으로 온 신경이 집중되게 마련이잖아요.

그것처럼 나무도 자신의 가지가 부러지게 되면, 순간적으로 자신의 에너지를 그곳에 집중할 겁니다. 그 순간 400살, 500살, 혹은 천년 된 생명체의 에너지와 기껏해야 100살도 안 된 사람의 에너지가 충돌하게 되는 겁니다. 백 년의 내공으로 어찌 천년의 내공을 감당하겠습니까? 그러니 순간적으로 기운이 눌렸다가 건강이 악화되는 일은 충분히 있을 수 있겠다 싶어요. 물론 이건 과학적으로 증명된 이야기는 아니에요. 그냥 제 짐작일 뿐입니다.

어쨌든 상주 상현리 반송으로 대표되는, 나무 보호와 관련한 우리나라의 전설들은 오랫동안 나무를 지키고 자연을 보호하려는 우리 옛 조상들의 지혜가 압축된 이야기임을 강조하고 싶습니다.

이제 우리가 신화를 만들어낼 차례입니다. 지난 세기 동안 나무와 자연을 희생하여 우리는 성장 신화를 이뤄냈습니다. 이제는 우리의 번영을 위해 기꺼이 희생했던 나무와 자연을 위한 신화를 바로 우리들의 손으로, 우리들의 지혜로 만들어가야 할 때입니다.

　상주 상현리 반송은 여전히 마을을 지켜주는 신목(神木)으로 마을에서 잘 보호하고 있습니다. 요즘도 정월대보름에 당산제를 지낸다고 합니다. 몇 해 전에는 나무 주변의 보호 구역을 넓혀 넓은 공원처럼 조성해서 보기가 참 좋기도 했습니다. 아, 참 그런데 아쉬운 점이 하나 있습니다. 이처럼 귀한 전설이 차츰 잊혀진다는 겁니다. 지난해 여름, 이 나무를 찾아가 마을 어른들 여러 분을 뵈었어요. 그런데 이분들 가운데 솔잎을 주워가기만 해도 천벌을 받는다는 전설을 기억하는 어르신은 고작 딱 한 분밖에 없었습니다. 그분조차 그 전설을 선명하게 기억하는 게 아니라 가물가물하다는 식이었지요. 그러니까 그런 전설을 떠올리지 않아도 나무는 잘살아 있을 것이고, 또 그깟 전설, 혹은 자연의 순환 진리 따위에 신경 쓸 겨를이 없을 만큼 살림살이가 팍팍해졌다는 증거 아닌가 싶습니다. 그러나 이제야말로 우리가 자연과 다시 하나 되어 살아야 할 때입니다. 저는 상주 상현리 반송에 얽힌 전설을 기회가 될 때마다 곳곳에 돌아다니며 소개하곤 합니다. 이건 바로 앞으로 우리가 반드시 지켜내야 할 전설이라는 절박함이 그 이유입니다.

12.

나무를 지키기 위해 이어온 전설의 숲

- 제주 평대리 비자나무 숲

상주 상현리 반송에 이어 또 하나의 대단한 전설을 가진 나무를 소개하겠습니다. 아니, 이건 나무가 아니라 숲이군요. 이 사진이 바로 그 숲으로 들어가는 길입니다.

보기에 어떠세요? 좋으신가요? 그런데 조심하셔야 합니다. 이 숲에 들어가려면 정신 바짝 차려야 합니다. 귀신이라도 나오냐고요? 어쩌면 귀신 만나는 일보다 더 무서운 일이 벌어질지도 모릅니다.

가보신 분들도 많은 숲입니다. 유명한 곳이니까요. 제주도 하면 벌써 아시겠지요? 예, 맞습니다. 구좌읍 평대리에서 서남쪽으로 6킬로미터 되는 지점에 있는 비자림입니다. 이 숲에 무시무시한 전설이 전해 내려옵니다. 앞의 강의에서 소개한 상주 상현리 반송의 전설보다 더 잔인할 수도 있거든요. 상주 상현리 반송에는 이무기가 살고 있어 떨어진 솔잎을 주워가기만 해도 천벌을 받는다고 했지요? 이 숲은 숲 안에서 나뭇잎을 주워가는 건 둘째치고, 그 안에 들어가기만 해도 천벌을 받는다는 전설이 있어요. 이런 전설이 왜 만들어졌는지에 대해서는 앞에서 이야기한 것과 비슷한 생각으로 짐작할 수밖에 없습니다. 네, 맞아요. 이 숲을 어떻게든 잘 보존하기 위해 지어낸 이야기가 오래도록 전해온 것이겠지요. 그런데 이 숲이 뭐 그리 대단해서 그런 무시무시한 전설을 만들어가며 지켰을까요?

그 이야기 전에 먼저 이 숲에 대해 간단히 알아보지요. 이 숲은 800년 전의 상태가 잘 보존된 원시림입니다. 세계적으로도 그리 흔치 않은 숲이라고 합니다. 평대리 숲 전체가 천연기념물로 지정돼 있고, 일반인의 출입이 금지돼 있습니다. 워낙 아름다운 곳이어서, 이 아름다움을 널리 알려야겠다는 취지로 1992년 숲의 일부를 개방하기로 하고, 산책로를 만들었습니다. 그래서 겨우 숲의 일부를 구경할 수 있게 되었지요. 그리고 2012년 봄에 새로운 산책로를 만들어 추가 개방 구역을 만들었습니다.

비자나무 숲이라고 하지만, 비자나무만 있는 건 아닙니다. 건강한 숲은 한 가지 종류의 식물만으로 이루어지지 않으니까요. 큰 나무, 작은 나무, 넓은잎나무, 바늘잎나무가 골고루 섞여 있어야 할 뿐 아니라 풀까지도 다양하게 자라나야 식생이 안정됩니다. 평대리 숲은 그런 안정된 숲입니다. 이 숲에는 비자나무가 주종이지만 그 외에도 자귀나무·아왜나무·머귀나무·후박나무·천선과나무 등 난대성 목본식물과 초본식물도 다양하게 자라는데, 그 가운데 나도풍란·콩짜개난·흑난초·비자란 같은 희귀식물도 잘 어울려 자라고 있지요.

이 숲의 비자나무는 대개 300살에서 800살 정도 된 것으로 보이는 큰 나무들입니다. 800년 전에는 이 숲에서 마을 당산제를 지냈다고 합니다. 비자나무 앞에서 올리는 제였기 때문인지 제를 올릴 때는 제상(祭床)에 반드시 비자나무의 열매인 비자를 올렸다고 합니다. 그리고 제를 지낸 뒤에는 비자 열매를 주변에 뿌렸지요. 그때 뿌린 열매들이 뿌리를 내리고 자라면서 이 아름다운 숲을 이루게 됐다고 합니다.

저는 이 비자나무를 참 좋아합니다. 하기야 저는 싫어하는 나무가 없어 탈이긴 합니다. 그런데 유난히 이 비자나무에 대해서는 각별한 느낌이 있어요. 이 숲에도 한 번 들어가면, 되돌아 나오고 싶은 생각이 들지 않아 계속 남아 있고 싶답니다. 이 숲의 오래된 나무들 안에 묻혀 있다 보면, 예전에 보았던 영화의 한 장면이 생각나기도 합니다. 〈반지의 제왕〉이라는 영화가 있었지요. 그 영화의 3편인가에서 호비트족이 나무 신의 힘을 빌려 적들을 물리치는 장면이 나오잖아요. 그때의 그 나무들처럼 조금은 그로테스크하면서도 멋진 나무가 바로 이 숲의 나무들입니다.

비자나무의 쓰임

다른 나무들도 그렇지만, 특히 비자나무는 줄기가 아주 색다른 느낌입니다. 그래서 저는 여러분이 비자나무를 보게 된다면 눈으로만 보지 마시고, 나무줄기를 꼭 한번 만져보라고 권하고 싶습니다. 할 수만 있다면 마치 애인 끌어안듯이 다정하게 포옹해보시라고 권합니다. 분명히 여느 나무에서 느꼈던 것과는 전혀 다른 느낌을 얻으실 겁니다. 그런데 나무들은 사람의 손을 그리 좋아하지 않으니, 나무들이 귀찮아하지 않을 정도로만 만지셔야 합니다. 지나치면 안 됩니다. 비자나무의 줄기는 다른 나무들의 줄기와 달리 매우 포근합니다. 푹신하다고 해야 할까요? 만일 꼭 안을 수 있는 상황이 아니라면, 손가락으로 줄기 껍질 부분을 지그시 눌러보세요. 그 푹신한 느낌이 참 좋습니다.

그런 비자나무의 특징이 바로 좋은 목재로 쓰일 수 있는 조건이 됩니다. 비자나무는 예로부터 아주 좋은 목재로 많이 쓰였지요. 물론 금강송과 같은 소나뭇과의 나무들이 궁궐 건축에 많이 쓰였지만, 비자나무도 금강송 못지않게 많이 사용된 나무입니다. 특히 가구재라든가 건축에서 고급 장식을 해야 하는 부분에 많이 썼습니다. 목재가 무른 듯하지만 내구성이 강해 다루기 편하면서도 오래 보존할 수 있는 고급 재료입니다.

현대에 와서 비자나무가 가장 많이 쓰이는 부분이 뭔지 아시나요? 바둑판입니다. 제가 신문 기자 생활을 그만두고 프리랜서로 경제 주간지의 기자 생활을 하던 때, 이 비자나무 바둑판에 대해 취재했던 적이 있어요. 그때 취재한 바에 의하면 우리나라에 1억 원짜리 바둑판이 3점 있어요. 비자나무로 만든 바둑판은 우선 바둑돌에 의해 생긴 흠에 대한 자연 복원력이 뛰어나 오래도록 새것 같은 상태를 유지한답니다. 또 바둑돌을 내려놓을 때 판에서 울리는 소리가 매우 청아해서 바둑 두는 분들에게 환영받는 바둑판이라고 합니다. 그래도 1억 원은 좀 심하지 싶네요. 그것도 10여 년 전 1억 원이니까요.

고려시대나 조선시대 모두 비자나무의 쓰임새는 잘 알려져 있었어요. 그런데 비자나무는 주로 남해안 지방에서 자라고, 그 가운데도 제주도 비자나무는 질이 좋기로 유명했다고 합니다. 제주 사람들에게는 귀한 재산일 수밖에 없었겠지요. 심지어는 제주도 비자나무 목재를 몽골에 조공으로 바쳤다는 이야기까지 전합니다. 그래서 제주 사람들은 이 나무를 잘 지켜야만 했던 거지요. 나무를 잘 지키기 위해 이러저러한 조치를 취했지만, 그게 잘 안 됐을 겁니다. 그러자 어떤 어른이 아예 이 숲을 신성한 숲으로 만들고, 그 안에 들어가지도 못하게 막자는 생각으로 이야기를 지어낸 게 오늘날까지 전하는 전설이 아닌가 싶습니다. 이야기가 터무니없이 맹랑하다 싶지만, 그게 다 옛 어른들이 숲을 지키려 애쓴 결과라 생각하면 고마울 따름이지요.

비자나무는 자라는 게 참 멋집니다. 사진에서 보시는 것처럼 중심 줄기가 곧게 자라 오르는데, 그 옆으로 뻗어나오는 가지들은 규칙적으로 일정한 패

고흥 금탑사 비자나무 숲

턴을 가지고 거의 45도 각도로 뻗어나오거든요. 그런 나무들이 한 그루만 따로 있는 게 아니라 무리를 지어 숲을 이룰 때는 자연이 빚어낸 규칙적인 패턴을 찾아볼 수 있어 참 멋있습니다. 일정한 패턴을 찾아 헤매는 풍경 사진가들이 좋아하는 자연 피사체이지요. 앞의 사진은 전라남도 고흥군의 금탑사라는 작은 절집 뒷산에 있는 비자나무 숲입니다.

이 숲은 면적은 넓어도 숲 안의 나무들이 제주 평대리 비자나무만큼 오래되지는 않았습니다. 청년 비자나무라 해도 틀리지 않습니다. 청년은 청년대로의 멋을 가지고 있어 좋습니다. 기왕에 고흥 금탑사 비자나무 이야기를 꺼냈으니 한 가지만 덧붙이겠습니다.

고흥은 참 멉니다. 땅끝마을 해남이나 정남진 장흥이 느낌상 멀지만, 실제 교통 편으로 보면 고흥이 훨씬 더 멀지 싶습니다. 그래서인지 고흥은 그리 자주 찾지 못했습니다. 지난해에 이곳을 갔는데, 한창 무더운 여름이었어요. 그때 우선 금탑사에 들러 스님께 인사를 올리고, 이런저런 말씀을 나누곤 숲으로 들어가려는데, 난데없이 스님이 그 숲에는 들어가지 못한다고 하시더군요. 물론 이 숲은 현재 금탑사가 소유하고 있지만, 우리의 천연기념물에 우리가 들어갈 수 없다는 게 참 이상하다 싶었어요. 게다가 얼마 전까지만 해도 자유롭게 들어갔거든요. 스님은 이 숲이 세상에 알려지면서 찾아오는 사람이 많이 늘어났다고 하시더군요. 그 숲으로 오르는 길에 '기도하는 집'도 있는데, 등산을 위해 찾아오는 분들이 마치 유흥가를 드나들 듯 와자지껄 시끄럽게 소란을 피워서 아예 들어가지 못하게 하는 거라고 말씀하시더군요.

예전에도 그랬듯이 스님 때문에 이 숲이 잘 지켜지는구나 생각하기도 했지만, 그 먼 곳까지 가서 헛걸음하고 돌아오기가 아쉬워 한참 동안 스님께 간청을 했지요. 저는 그냥 등산객이나 취미로 사진 찍는 사람이 아니라 생태를 잘 조사해 어떻게든 보호하려고 애쓰는 사람이니, 결코 숲을 해치지 않을 것이

다. 또 기도하는 스님들에게도 방해되지 않도록 아주 조용히 다녀오겠다는 말씀을 드렸지만 막무가내셨습니다. 에라, 모르겠다 하고, 저도 계속 막무가내로 사정했습니다. 허! 스님께서 거의 한 시간 만에 제게 넘어오셨지요.

그런데 이 이야기를 지금 제가 하는 이유가 있습니다. 문화유산이나 자연유산 답사와 관광은 좀 구분할 필요가 있다 싶은 겁니다. 관광지에는 관광객들의 휴식 공간을 마련하잖아요. 그곳에서 쉬면서 노래도 하고 식사도 하고 가끔은 술도 마시고, 그거 보고 나쁘다고 하는 게 아닙니다. 하지만 우리가 지켜야 할 문화유산이나 자연유산을 답사할 때라면 조금 다른 태도로 가야 한다는 걸 강조하고 싶었습니다. 한두 분의 실수 때문에 좋은 뜻을 가지고 답사하는 분들까지 답사가 불가능해지는 사태만은 막았으면 좋겠다는 생각에서 드리는 말씀입니다.

숲에서 가장 오래된 나무

다시 제주 평대리 비자나무 숲으로 돌아오지요. 산책로를 따라 들어가는 길은 참 좋습니다. 숲 고유의 향기도 참 좋습니다. 나무에는 노란색으로 된 명찰이 달려 있습니다. 나무 하나하나에 고유번호를 매긴 뒤, 그 생태를 관찰하고 보호하는 거지요. 이 산책로를 다니실 때는 꼭 길로만 다니시기를 부탁드립니다. 자칫하면, 800년 동안 지켜온 우리의 자랑이자 자존심이 한꺼번에 망가질 수 있으니까요. 그 길을 한참 들어가면 숲에서 가장 크고 가장 오래된 비자나무 한 그루를 만나게 됩니다. 이 지역 분들은 이 나무를 '조상목' 혹은 '비조목'이라고 부릅니다. 이 '조상목'은 바로 앞에 '새천년 비자나무'라는 입간판이 세워져 있어 한눈에 찾을 수 있습니다. 새천년 비자나무라는 이름은 1999년에 새 천년 맞이를 위한 갖가지 이벤트 가운데 하나로 만들어졌습니다. 별다른 의미는 없습니다. 공연히 호들갑을 떤 결과인 듯해 그리 탐탁지 않은 이름입니다. 그냥 '조상목'이라고 해도 충분한 것을 굳이 '새천년'이라는 이름을 붙인 건 좀 난센스 아닌가 싶은 생각입니다.

줄기 부분만 봐도 그가 지내온 세월의 풍상을 한꺼번에 느낄 수 있을 만큼 융융한 이 나무의 나이는 800살입니다. 800년 된 원시림에서 가장 오래된 나무인 거죠. 키는 그리 크지 않아요. 키로 따지면, 이 나무보다 훨씬 크게 자란 비자나무도 있지요. 하지만 누가 뭐라 해도 우리나라에 살아 있는 비자나무 가운데 이 나무만큼 장한 모습으로 큰 나무는 없다고 저는 확신합니다. 대단한 위용이지요. 제가 앞에서 비자나무는 한번 안아보셔야 한다고 이야기했지만, 이 나무를 안아볼 생각은 하지 마세요. 워낙 커 한 사람이 안을 수도 없지만, 이런 오래된 나무들을 자꾸 만지는 건 아무래도 나무의 식생에 해가 되는 일입니다.

이렇게 오래 살아온 나무들을 보시는 방법이 있습니다. 그냥 한곳에서만 오래 바라보는 게 아니라, 나무 둘레를 빙빙 돌면서 사방에서 고르게 관찰하는 겁니다. 보는 방향에 따라 제가끔 다른 모습을 보여주는데요, 이 나무도 그래요. 대개는 입간판이 있는 쪽에 서서 바라보다가 그냥 나무 옆을 스쳐 지나며 난 산책로로 지나가시는데, 그러지 마시고 적어도 세 바퀴쯤 돌면서 천천히 나무를 관찰해보세요. 처음에는 전체 모습을 위주로 바라보며 돌아보고, 다음에는 가지가 어떻게 펼쳐졌는가를 바라보며 돌고, 세 번째는 줄기 표면에 아로새겨진 세월의 풍상을 느껴보면서 돌아보세요. 시간이 되신다면 몇 바퀴 더 돌아보면 더욱 좋겠고요. 최소한 세 바퀴는 돌아야 한다는 게 제 경험에 의해 얻은 생각입니다.

제주 평대리 비자나무 숲 조상목 ▶

사진으로 다 보여드리지 못했습니다만, 여기 사진만으로도 이 한 그루의 나무가 빚어내는 표정이 다양하다는 것은 충분히 짐작하실 수 있을 겁니다.

가만히 나무 앞에 서서, 이 한 그루의 나무가 800년을 살면서 이 아름다운 숲을 이루었구나 생각하면 큰 고마움을 느낄 수 있을 겁니다. 처음에 나무 앞에서 당산제를 지낼 때, 마을 사람들은 나무에 열린 열매를 제상 위에 올렸을 것이고, 제사를 마친 뒤에는 열매를 주변에 흩뿌렸다고 했잖아요. 그렇게 시작된 게 이 천년 원시림입니다. 기특하고 장하고 고마운 나무임이 분명합니다.

앞에서 비자나무가 고급 가구재나 조각재로 많이 쓰인다고 했는데, 그밖의 쓰임새도 있습니다. 비자나무 열매는 옛날에 구충제로 쓰였어요. 열매를 '비자'라고 부르는데, 비자는 조금 큰 도토리 모양으로 생겼지요. 어른 엄지손가락 한 마디 정도 되는 크기지요. 이게 구충 효과가 높다고 해서 옛날에 많이 심고 길렀지요. 구충제가 아니라 해도 먹을거리가 많지 않던 옛날에는 어린 아이들 심심풀이 간식으로 잘 이용했던 모양입니다. 맛은 밤 맛 비슷하지만, 밤처럼 달큰한 맛은 없고 약간 떨떠름해요. 워낙 단맛에 길들여진 요즘 아이들이야 먹을 리 없겠지만, 옛날에는 아주 좋은 간식이었다고 합니다.

앞에 이야기했던 고흥 금탑사 비자나무 숲도 옛날에 큰스님 한 분이 젊은 스님들의 먹을거리를 마련하기 위해 절집 뒷산에 비자나무를 한 그루, 두 그루 심기 시작하여 만들어진 숲이라고 합니다. 그런 숲은 또 있어요. 전라남도 장성의 백양사 비자나무 숲도 그런 구황식품의 의미로 조성한 숲이라고 합니다. 장성 백양사 비자나무 숲은 규모는 그리 크지 않은데, 제주 평대리 비자나무 숲처럼 천연기념물로 지정돼 있습니다. 우리나라에서 비자나무가 자생

제주 평대리 비자나무 숲 조상목 ▶

할 수 있는 북한지(北限地)이기 때문이지요. 그런데 장성 백양사 비자나무 숲을 천연기념물로 지정하던 1962년과 지금의 사정은 많이 다릅니다. 무엇보다 온난화의 결과지요. 그래서 지금은 아마 백양사 위쪽에서도 자생하는 비자나무를 발견할 수 있을 겁니다.

비자나무 이야기를 이제 마무리해야겠네요. 사실 비자나무 이야기를 오늘 처음 듣는 분들도 있을 겁니다. 특히 중부 지방에 사시는 분들이라면 충분히 그럴 만합니다. 전라남도 장성군이 자생 북한지이니 당연한 일이지요. 게다가 요즘은 비자나무가 많이 줄어들어 희귀한 나무가 됐으니 더하지요. 간단하게나마 비자나무의 특징을 정리하고 제주 평대리 비자나무 숲 이야기를 마치겠습니다.

비자나무라는 이름은 이 나무의 잎사귀가 한자의 아닐 비(非) 자처럼 생겼다는 데서 비롯되었습니다. 상록의 바늘잎이 촘촘히 붙어나지요. 이 나무는 은행나무처럼 암나무와 수나무가 따로 있어요. 암나무에서만 열매가 맺는 나무지요. 또 암나무가 열매를 맺으려면 주변에 수꽃을 피우는 수나무가 반드시 있어야 합니다.

나무에도 암수가 따로 있다는 건 잘 아시죠? 암수딴그루라고 부르는 그런 나무가 생각보다는 많지요. 옛날 말로는 '자웅이주(雌雄異株)'라고 합니다. 그 반대는 암수한그루, 곧 자웅동주(雌雄同株)가 되겠지요. 은행나무, 비자나무 외에도 뽕나무, 향나무, 다래나무, 가죽나무, 사시나무, 생강나무, 개나리, 식나무, 초피나무, 소철 등이 모두 암수딴그루의 나무입니다.

암수딴그루의 나무를 이야기하면 그 구별을 어떻게 하느냐는 질문이 따라옵니다. 마치 병아리 감별하는 것처럼요. 그런데, 사실, 나무들의 경우는 암수를 구별하기가 매우 어렵습니다. 예를 들면, 은행나무를 가로수로 심을 때에는 수나무가 좋겠지요. 가을에 맺히는 열매의 냄새도 그렇고, 그 열매를 따려고 주변에 모이는 사람들의 북적거림도 불편하니 말입니다. 하지만, 꽃을 피우고 열매를 맺기 전까지는 암수를 구별한다는 게 사실상 불가능합니다. 아주 최근에 은행나무의 암수 감별법이 개발됐다는 뉴스가 있긴 했는데, 아직은 두고 봐야 하지 싶습니다.

하여간 암수딴그루인 비자나무는 암꽃이든 수꽃이든 꽃을 보기가 쉽지 않습니다. 4월쯤이면 꽃이 피는데, 불과 1센티미터도 안 되는 크기로 잎겨드랑이에서 황록색으로 피어나지요. 맘 먹고 관찰하지 않으면 찾기 어렵습니다. 꽃이 지고 나면 열매가 맺히겠지요. 열매는 곧바로 맺히지 않고, 꽃이 진 다음 해에 열립니다. 수태 기간이 긴 나무인 거죠. 그렇게 열린 열매는 한 해를 견디고, 이듬해 가을까지 매달려 있습니다. 그러니까, 이 열매는 사철 내내 나무에 매달려 있다는 이야기입니다.

비자나무의 특징을 알아보는 것으로 우리나라에서 가장 아름다운 숲이자 가장 오래된 천연의 원시림인 제주 평대리 비자나무 숲 이야기를 마치겠습니다.

III

한 맺힌 나무들

13.
교수대가 되었던 참혹한 기억이 스며든 나무
― 서산 해미읍성 회화나무, 익산 여산동헌 느티나무, 평택 팽성읍 향나무

이 강의의 제목을 '한 맺힌 나무들'이라고 했는데, 어떠세요? 도대체 나무가 무슨 한을 품기에, 굳이 제목을 그렇게 했는지 궁금하실 겁니다. 사람처럼 감정을 확인할 수 없으니 그에게 얼마나 깊은 한이 맺혔는지야 알 수 없습니다. 순전히 사람의 입장에서 살펴본 느낌이지요. 하지만 말하지 않고 표정에서도 큰 변화를 보이지 않는 나무지만, 그들 역시 세상의 다른 생명체들과 교감하지 않고 살 수 없는 생명체라면 그들 나름의 한이 있을 겁니다.

이번 강의에서는 특별히 깊은 한, 혹은 매우 잔인한 운명을 가진 나무들을 찾아볼까 합니다. 깊은 한을 가진 슬픈 운명을 이야기하려면 가장 먼저 떠오르는 나무가 충청남도 서산시 해미읍성 마당 가운네에 홀로 우뚝 선 회화나무입니다.

◀ 회화나무 수피

원래 회화나무는 자유분방하면서도 기품을 잃지 않은 채 뻗어나가는 가지의 생김생김이 마치 거칠 것 없는 학문의 길을 닮았다 해서 한자 문화권에서는 학자수(學者樹)라고 부르는 나무이지요. 그런데 나무의 분위기를 느끼는 데는 동서양이 따로 없는 듯합니다. 회화나무를 보면 그렇습니다. 서양에서도 'Scolar Tree'라는 별명으로 부르니까요.

또 우리나라에서는 회화나무 꽃이 필 즈음에 과거 시험이 있었다는 것도 학자수 혹은 선비수라고 부르게 된 연유일 겁니다. 그런저런 이유로 회화나무는 예로부터 선비들의 입신출세를 상징하는 나무로 사랑받아왔습니다. 전하는 이야기에 따르면 심지어 선비들은 이사할 때 이삿짐 목록에 회화나무를 빠뜨리지 않았다고까지 합니다.

회화나무가 어떤 나무인지 조금 더 알아볼까요. 회화나무는 방금 말씀 드린 대로 학자수라는 별명을 가진 크게 자라는 나무입니다. 느티나무나 팽나무와 크게 다르지 않아 멀리서 보아서는 구별이 쉽지 않습니다. 가장 많이 헷갈리는 게 바로 느티나무와 회화나무입니다. 가지퍼짐을 비롯한 전체 수형이 무척 비슷해서요.

게다가 한자로 쓸 때도 헷갈립니다. 회화나무를 '괴(槐)'로 적는데, 문제는 느티나무를 한자로 쓸 때도 같은 글자를 쓴다는 겁니다. 그런 까닭에 옛 문헌에서도 느티나무와 회화나무를 혼동하는 경우를 종종 찾아볼 수 있습니다. 심지어는 우리나라 산림청의 보호수 목록에도 회화나무와 느티나무를 혼동해 적은 경우까지 있을 정도입니다. 실제로 옆의 사진에서 보시는 나무는 산림청 보호수 기록에 우리나라에서 가장 오래된 것으로 돼 있는 인천광역시 강화군 교동도 삼선리 회화나무입니다. 그런데 이 나무 앞에 버젓이 세워놓은 산림청 입간판에는 느티나무라고 돼 있을 지경입니다.

물론 느티나무와 회화나무를 가까이 다가서서 보면 여러 차이가 있지요.

인천 교동도 삼선리 회화나무

 우선 줄기 껍질, 즉 수피에서 확연한 차이가 있습니다. 느티나무 껍질이 벗겨져 너덜거리는 것과 달리 회화나무의 줄기는 매끈합니다. 세로로 골이 지기는 했지만, 그렇다고 굴참나무처럼 깊이 파이지 않아 전체적으로 매끈하다고 보면 됩니다.

 앞에서 말씀 드린 과거시험이 있을 즈음, 즉 여름 뙤약볕 따가운 때 피어나는 꽃은 우윳빛인데, 꽃 한 송이 한 송이는 길이가 1센티미터도 채 되지 않을 만큼 작습니다. 회화나무는 콩과에 속하는 나무인데, 그러다 보니 콩과의 다른 식물들과 꽃 모양이 비슷합니다. 콩과에 속하는 흔히 볼 수 있는 나무로는 뭐가 있을까요? 흔하디흔한 아까시나무가 바로 콩과입니다. 그밖에도 싸리,

회화나무 꽃

등칡, 개느삼 등이 콩과에 속하는 식물입니다.

　이 식물들의 꽃을 꼼꼼히 살펴보신 적이 있는 분은 빛깔은 서로 다르지만 생김새만큼은 비슷하다는 걸 아실 겁니다. 회화나무의 꽃 역시 한 송이 한 송이를 따로 떼어놓고 보면 다른 콩과식물과 비슷합니다. 그러나 빛깔과 분위기는 전혀 다릅니다. 빛깔 때문만은 아니고요. 꽃송이가 여느 콩과식물의 꽃에 비해 훨씬 작아요. 그래서인지 아까시나무나 싸리처럼 탐스럽게 주렁주렁 매달리지 않고 비교적 성글게 피어납니다. 그러나 열매는 다른 콩과식물들과 비슷합니다. 이른바 콩꼬투리 형태로 맺히지요.

서울 창덕궁 회화나무군

슬픈 운명을 견디다

학자수로 불리는 회화나무는 아주 옛날부터 우리나라에서 심어 키운 나무입니다. 나무의 고향이 중국이라는 설도 있고, 한국과 일본, 중국 모두에서 자생한다는 이야기도 있는데, 정확히 말하기는 아직 어렵습니다. 이처럼 자생지가 명확하게 밝혀지지 않은 건 사실 회화나무뿐이 아닙니다. 특히 한국, 일본, 중국처럼 기후와 토양 조건이 비슷한 경우에 어느 한 지역이 자생지라고 딱 잡아 이야기하기가 어렵기 때문이 아닌가 싶습니다.

어쨌든 회화나무를 우리나라 옛 선비들이 무척 좋아했던 것은 분명합니다. 2006년에 천연기념물 제472호로 지정한 서울 창덕궁 회화나무군을 봐도 그렇습니다. 궁궐에서 삼정승이 임금과 만나는 자리를 상징하기 위해 심은 나무라고 하거든요. 매우 품격 높은 나무로 여겨왔던 겁니다.

그처럼 지체 높은 품격의 회화나무가 해미읍성에서는 한 시절 민중의 한(恨)과 슬픔을 담은 우울한 모습으로 남아 있습니다. 회화나무치고는 매우 독특한 경우입니다. 이 지역 말로 '호야나무'라고도 부르는 이 나무는 현재 충청남도 기념물 제172호로 보호하는 나무입니다. 기념물이 된 까닭은 나무가 크거나 아름다워서가 결코 아닙니다. 오늘 강의의 주제처럼 이 나무가 짊어진 슬픈 운명을 모두가 기억해야 하는 까닭이었습니다.

해미읍성 회화나무가 짊어진 슬픈 운명은 조선 후기인 1866년(고종 3년), 이 땅에 피바람을 불러왔던 병인박해 때로부터 비롯됩니다.

한때 이순신 장군이 머물기도 했던 해미읍성은 내포 지방의 수비를 담당하는 주요 읍성으로, 병인박해 당시에는 국가적인 죄인들을 처단할 수 있는 강력한 권한을 갖고 있었던 곳입니다.

병인년 이전에 이미 기해박해(1839)와 같은 사건으로 천주교를 철저히 배척했던 조선 조정은 1866년 들어서면서 천주교 탄압 교령(敎令)을 발표합니다. 그로부터 몇 달에 걸쳐 약 8000명에 이르는 천주교 신자를 처형하는 피바람을 일으키지요. 바로 병인박해입니다. 그때 이곳 해미읍성에서 처형당한 백성의 수는 무려 1000명을 넘었습니다. 아마도 천주교 신도 박해로는 최대 규모이지 싶습니다.

읍성의 관리들은 감옥에 천주교 신자들을 가두고, 아침 해가 떠오르면 한 명씩 감옥 앞 공터로 불러냈습니다. 바로 지금의 회화나무가 서 있는 자리입니다. 감옥은 무너져 없어진 채 흔적만 남아 있었지만, 회화나무는 병인박해 당시부터 지금까지 자리를 그대로 지키고 있습니다. 최근 들어 해미읍성 측에서 무너져 앉은 감옥을 복원했습니다. 감옥 안에 들어서면 물볼기를 맞는

서산 해미읍성 회화나무

인형을 모형으로 만들어놓고 옛 분위기를 최대한 살리려 했습니다만, 너무 인위적이지 않나 하는 생각이 듭니다. 그런데 사실 여기뿐 아니라, 대개의 옛 문화재에는 이처럼 인형을 배치한 곳이 많습니다.

하여간 감옥에서 아침에 불려나온 신도들은 천주교 신앙을 버리라는 강요를 받았습니다. 그들 앞에 우뚝 서 있는 회화나무에는 만일 배교(背敎)하지 않으면 곧바로 매달리게 될 철사와 밧줄이 걸려 있었지요. 결국은 거기에 매달려 죽어야 한다는 위협이지요. 그러나 어수룩한 백성들은 선선히 배교를 허락지 않았습니다. 지금도 그렇지만 도대체 신앙이란 뭔지 참 알다가도 모를 일입니다. 죽음이 오락가락하는 순간에도 이들은 신앙을 버리지 않았습니다. 그러고는 마침내 오랏줄에 매달려야 했지요. 머리채가 묶여 매달린 채, 신자들은 모진 매질을 당했으며 급기야 나무에 매달려 이승의 삶을 마감했습니다.

한국 가톨릭교회에 이 나무는 매우 의미가 있지요. 그런 까닭에 2008년 충청남도 기념물 제172호로 지정되기 훨씬 전부터 가톨릭교회에서는 정성을 들여 나무를 보호했지요. 이른바 '가톨릭 보호수'였던 셈입니다. 교회에서는 1975년에 나무줄기의 썩은 자리를 메워주는 외과수술을 시행하는 등 정성을 들였습니다.

해미읍성 회화나무는 300살 정도 된 나무로 짐작됩니다. 나뭇가지 끝에 걸린 철사 줄에 매달려 숱한 생명이 스러져가던 때가 150년쯤 전이니, 그는 거의 반생애를 신음과 비명 속에 죽어간 가톨릭 신도들의 아우성에 시달려온 겁니다.

나무의 키는 14미터쯤 되고, 줄기 둘레는 3.5미터쯤 됩니다. 꽤 큰 나무이기는 한데, 앞의 사진에서 보시다시피 나무의 생김새를 놓고 뭐가 기품이 있는 나무냐고 반문하시는 분들이 있겠지요. 저도 그랬어요. 그동안 다른 곳에서 보았던 여느 회화나무와는 분위기가 영판 다르니까요.

무엇보다 사방으로 고르게 펼쳤어야 할 나뭇가지가 참 성급니다. 전체의 3분의 2가 넘는 높이까지는 아예 옆으로 펼친 가지가 거의 없습니다. 중간에 가지 하나가 삐죽 나오기는 했지만 그건 최근에 나온 듯하고, 오래된 나뭇가지는 없는 거나 마찬가지입니다. 아무리 나이가 들었다 해도 이처럼 빈약하게 자라는 법은 없는데요.

어쩌면 병인박해 당시에 나무를 교수대로 쓰기 위해 관리들이 중간에 옆으로 펼친 나뭇가지를 다 베어낸 건지도 모릅니다. 그랬을 가능성이 높지요. 사람을 매달아 죽이려면 매달린 사람이 의지할 것이 아무것도 없도록 해야 했을 테니까요. 또 다르게 생각해볼 수도 있지요. 그는 혹시 죽음에 이를 때까지 쉼 없이 두들겨 대던 매질을 견디기 힘들었던 천주교 신자들의 애달픈 죽음을 따라 자신의 가지를 하나둘 떨어뜨린 건 아니었을까요? 또 그 뒤로도 자신의 몸 가득히 나온 옹이처럼 깊숙이 새겨진 슬픈 운명의 상처로 잠 못 이루고, 제대로 제 생명을 이어가기 어려웠던 건 아닐까요?

나무가 이처럼 생사를 넘나드는 참혹한 아우성을 바라보아야 했던 건 순전히 처음 그가 자리 잡은 곳에 사람들이 감옥을 지었다는 이유 때문이었습니다. 나무가 무슨 죄가 있어 그런 험한 일을 맡아야 했을까요? 오직 스스로 자리를 옮길 수 없는 나무가 처음 자리 잡은 그곳에 사람들이 감옥을 지었다는 것 외에 다른 요인은 없습니다. 그런 이유로 나무는 말 한마디 못한 채 잔혹한 죽음의 현장을 지켜보고 그 아픔을 100년이 넘는 세월 동안 몸 안에 보듬고 고통의 모진 세월을 살아왔습니다. 그런 나무에게 여느 회화나무에서 볼 수 있는 기품이나 넉넉함을 기대하는 것 자체가 잘못된 것이겠지요.

150년 전, 그때 그 피바람에 대한 기억은 산산이 흩어졌지만, 사람들은 여전히 이 슬픈 운명의 나무를 '교수목'이라고 부릅니다. 해미읍성은 이 같은

피바람의 기억을 깨끗이 씻어낸 채 지금은 여느 관광지처럼 새 단장을 하고 사람들을 맞이합니다. 옛사람들의 비명을 간직하고 있는 건 오로지 이 회화나무뿐입니다.

해미읍성 회화나무를 보면 떠오르는 시가 한 편 있어요. 나희덕 님의 〈해미읍성에 가시거든〉이라는 제목의 시인데, 좀 길지만 한번 보겠습니다.

해미읍성에 가시거든

해질 무렵 해미읍성에 가시거든
당신은 성문 밖에 말을 잠시 매어두고
고요히 걸어 들어가 두 그루 나무를 찾아보실 일입니다
가시 돋힌 탱자울타리를 따라가면
먼저 저녁해를 받고 있는 회화나무가 보일 것입니다
아직 서 있으나 시커멓게 말라버린 그 나무에는
밧줄과 사슬의 흔적 깊이 남아 있고
수천의 비명이 크고 작은 옹이로 박혀 있을 것입니다
나무가 몸을 베푸는 방식이 많기도 하지만 하필
형틀의 운명을 타고난 그 회화나무,
어찌 그가 눈 멀고 귀 멀지 않을 수 있었겠습니까
당신의 손끝은 그 상처를 아프게 만질 것입니다
그러나 당신은 더 걸어가 또 다른 나무를 만나보실 일입니다
옛 동헌 앞에 심어진 아름드리 느티나무,
그 드물게 넓고 서늘한 그늘 아래서 사람들은 회화나무를 잊은 듯 웃고 있을 것이고
당신은 말없이 앉아 나뭇잎만 헤아리다 일어서겠지요

허나 당신, 성문 밖으로 혼자 걸어나오며

단 한번만 회화나무 쪽을 천천히 바라보십시오

그 부러진 나뭇가지를 한번도 떠난 일 없는 어둠을요

그늘과 형틀이 이리도 멀고 가까운데

당신께 제가 드릴 것은 그 어둠뿐이라는 것을요

언젠가 해미읍성에 가시거든

회화나무와 느티나무 사이를 걸어보실 일입니다

나희덕, 《어두워진다는 것》, 창비, 2001

시인의 혜안이 놀랍습니다. 단순히 회화나무 앞에 오래 머물며 감상에 젖어 다른 나무에 눈을 돌리지 못하던 제게도 큰 깨우침을 준 시입니다. 시 속의 느티나무는 회화나무 맞은편 동헌 입구에 서 있습니다. 이 나무는 시인의 말대로 분명 동헌을 드나들던 권력자들과 함께 한 시대의 부귀영화를 누렸습니다. 그리 큰 나무는 아니건만 그가 살아온 내력처럼 아름다운 자태를 가졌습니다. 슬픈 운명을 짓씹으며 살아가는 회화나무와는 비교하기 어려울 만큼 잘생겼습니다.

그 느티나무와 회화나무 사이의 거리에 펼쳐지는 삶과 죽음의 스펙트럼, 그건 바로 우리 안의 모든 사람살이에 담긴 스펙트럼과 다를 바 없으리라는 시인의 직관이 참 놀랍습니다. 혹시라도 해미읍성에 가신다면, 시인의 권유처럼 느티나무와 회화나무 사이를 천천히 걸어보시기 바랍니다.

나무 안에 배어든 아우성

해미읍성의 회화나무 못지않게 긴 세월을 고통 속에 보내는 나무가 또 있어

서산 해미읍성 느티나무

간단히 소개하겠습니다. 전라북도 익산시 여산동헌 마당 가장자리에 서 있는 느티나무입니다. 여산동헌은 마을 뒤의 비탈길을 돋워 평지를 낸 건물을 앉힌 곳이어서 아래쪽과 약간의 높이 차이가 있는 층을 이루었지요.

너른 터에 덩그마니 놓인 한 채의 건물로 이루어진 여산동헌은 전라북도 유형문화재 제93호입니다. 한때 우체국 청사로 쓰이기도 했고, 우체국이 옮겨간 뒤에는 경로당으로 쓰이기도 했답니다. 경로당으로 쓰이던 때만 해도 마을 사람들의 발길이 잦았겠지요. 그러나 지금은 찾는 사람이 별로 없는 한적하고 평화로운 옛 문화재로만 남아 있습니다. 그래서 대개는 동헌의 문을 커다란 자물쇠로 걸어 잠가두지요. 그러나 바로 옆에 있는 면사무소를 찾아가 동헌을 구경하러 왔다고 하면 금방 열어주십니다.

고즈넉하게 펼쳐지는 옛집의 평화는 그러나 나무 안에 배어든 아우성으로 금세 흐트러지고 맙니다. 바로 이곳이 140년 전 천주교 신도들을 무자비하게 처형한 학살의 현장이기도 한 까닭입니다. 그런 까닭에 한국천주교회에서는 여산동헌을 중심으로 인근 여산면 전체를 교인들의 순교 성지로 지정했지요. 동헌 아래쪽이 바로 '백지사 터'라 불리는 천주교 신자들의 중요한 순교 성지 중 하나거든요.

그래서 이 나무를 여산동헌 느티나무라 해야 할지, 백지사 터 느티나무라고 해야 할지 조금은 망설여지기도 합니다. 이 나무도 해미읍성 회화나무처럼 참혹한 핏빛 한을 몸 깊은 곳에 아로새기고 서 있는 슬픈 운명의 나무입니다. 600살쯤 된 여산동헌 느티나무는 느티나무의 전형적인 수형을 싱그럽게 간직하고 서 있습니다. 그러나 여산동헌 느티나무 앞에 서서 가만히 그가 살아온 자취를 짚어보면 고문과 살인의 처참한 빛깔이 서서히 드러납니다.

'백지사(白紙死)'란 사람의 손을 뒤로 결박하고 상투를 풀어 뒤쪽의 손에 묶은 뒤, 하늘로 향한 얼굴에 물을 뿌리고 그 위에 백지를 여러 겹 붙여 질식시키는 잔인한 사형 방법을 말합니다. 이곳에서의 학살은 해미읍성에서 1000명이 넘는 신자들이 목숨을 잃은 병인박해로부터 이태가 지난 1868년 무진박해 때 벌어졌습니다. 여산동헌의 관리들은 천주교 신도들을 잡아들여 이 자리에서 '백지사'라는 잔인한 방식으로 신자들의 목숨을 앗아간 겁니다.

여산동헌 앞마당과 백지사 터의 경계 부분인 돌담에 붙어 서 있는 느티나무에게는 난데없는 피바람이 있겠지요. 한쪽으로 동헌 관리들의 당당함과 의젓함이 한껏 듬직하게 펼쳐졌겠으나, 다른 한쪽인 백지사 터로 불어오는 피

▼ 익산 여산동헌 느티나무(240~241쪽)

평택 팽성읍 향나무

바람의 아우성을 느티나무도 어쩌지 못했겠지요. 그저 바라볼 수밖에 없었을 겁니다.

   고통의 기억을 잊기 위해 나무는 시간이 빨리 흐르기만을 재촉했을 테지만, 한편으로는 그가 바라보았던 백지사 터의 아우성을 오래 전하고 싶지 않았을까요? 나무는 오래 살아남아야 했습니다. 나무줄기마다 새겨진 죽음의 아우성을 더 오래 간직하고, 이곳을 찾는 많은 사람들에게 잔혹한 세월의 증거로 남기 위해서였습니다. 여전히 싱그러운 잎을 피워 올리고 늠름하게 서 있는 여산동헌 느티나무의 살아 있는 뜻은 그래서 더 애절하게 다가옵니다.

   이처럼 슬픈 운명을 가진 나무를 하나 더 소개합니다. 경기도 평택시 팽성읍사무소 앞마당에 서 있는 세 그루의 향나무가 그런 나무입니다. 이 나무들에 대해서는 정확한 기록이 없어 자세한 이야기를 전해드리기는 어렵습니다. 마을 사람들의 입에서 입으로 전하는 이야기와 평택 향토사에 남은 딱 한 줄의 기록만을 전해드려야 하겠습니다.

팽성읍 향나무는 조선시대에 죄인의 목을 매달아 죽이는 교수대로 쓰인 나무라고 합니다. 지금 이 향나무의 생김새로 보아서는 왜 교수대로 쓰였는지를 추측하기 어려울 정도로 평화로운 모습을 하고 있습니다. 그러나 말 못하는 줄기와 튼튼한 가지들은 자기의 뜻과는 무관하게 한때 사람을 목숨을 앗아가는 일을 해야 했던 겁니다.

해미읍성에서나 여산동헌, 또는 팽성읍사무소에서는 이제 삶과 죽음을 넘나들던 옛사람들의 통곡과 비명의 흔적은 어디에서도 찾을 수 없습니다. 다만 수백 년을 한자리에 버티고 서 있는 한 그루의 느티나무, 한 그루의 회화나무, 세 그루의 향나무만이 잔인한 살인을 집행한 자들과 살인을 당해야 했던 사람들의 한과 원을 또렷이 기억할 뿐입니다.

나무가 긴 세월 동안 한자리를 지키며 늠름히 서 있는 건 어쩌면 이곳을 찾는 모든 사람들에게 천천히 옛일을 기억해보라는 암시일지도 모르겠습니다. 역사의 현장에서 만나는 나무 한 그루가 더 소중한 까닭입니다.

14.

배고픔의 기억을 잊으려 쌀밥처럼 아름답게 피어난 꽃
– 진안 평지리 이팝나무, 순천 평중리 이팝나무

해 저물고 저녁 식사 시간이 다가오니, 슬슬 배가 고파 오네요. 허기를 돋울 만한 나무를 이야기해서 여러분들의 저녁 식사를 더 맛나게 해드리면 어떨까요? '허기가 찬'이라고 하잖아요. 그래서 이번 강의에서는 가만히 바라만 보아도 배가 불러지는 나무를 이야기하렵니다. 나무의 이름이 아예 밥, 그중에도 쌀밥나무, 즉 이팝나무입니다.

쌀밥의 다른 이름이 '이밥'이잖아요. 일부 지방에서는 '이밥'을 된소리로 발음해 '이팝'이라고 합니다. 이게 조금 이상하기는 해요. '이팝'이라는 단어를 국어사전에서 찾아보면 함경도 지방말로 나오거든요. 그런데 지금 말하려는 이팝나무는 함경도 지방에서는 자라지 않는 나무에요. 이 나무는 우리나라 중부 이남 지방에서 자라지요. 그런데 하필이면 왜 이 나무를 볼 수도 없는 지역의 지방말로 이름 지었는지, 그건 의문입니다. 우리 식물명 유래집에는 '이팝'이라는 말이 전라남도 지역의 지방말이라고도 했습니다만, 국어사

전과 달라서 조금 의아해요. 그러나 남부 지방에서도 '이밥'이라는 말은 썼으니, 공식적으로 국어사전에 등록되지는 않았다 해도 '이팝'이라는 표현을 안 쓴 건 아니지 않을까 하는 짐작을 해볼 뿐입니다.

이팝나무는 우선 꽃이 아름다운 나무입니다. 대개의 큰 나무들은 꽃을 화려하게 피우지 않지요. 느티나무나 은행나무, 소나무의 꽃을 보신 적 있나요? 이런 큰 나무들도 꽃을 안 피우는 건 아니거든요. 하지만 워낙 작게 피어나기에 눈으로 확인하지 못하는 것이지요.

여기서 잠깐, 은행나무나 소나무의 꽃은 잘못된 표현이라고 하시는 선생님들이 있기에 일단 짚고 넘어가야 하겠네요. 식물의 진화 역사를 보면 현화식물이라는 용어가 나옵니다. 현화식물(顯花植物, flowering plant)은 현화(顯花), 즉 꽃이 드러나는 식물이라는 뜻입니다. 현화식물은 1억 4000만 년 전인 중생대에 처음 지구상에 나타나 1억 년 전쯤에 지구 전체로 급속히 제 영역을 확장한 식물이지요. 이 식물들은 대개 씨앗을 씨방 안에 간직하고 있어 '속씨식물'이라고도 부릅니다.

지금 이 이야기를 거꾸로 추론하면 현화식물이 나오기 전의 식물에는 꽃이 없었다는 이야기가 됩니다. 현화식물 이전의 식물들에는 씨방이라는 기관이 따로 없어 씨앗이 겉으로 드러납니다. 원시적인 형태의 씨앗을 맺는 식물로, '속씨식물'에 대비해 '겉씨식물'이라고 합니다. 이런 식물들에는 꽃이라는 기관이 없다고 보아야 맞을 겁니다. 이 겉씨식물에 속하는 종류로는 소나무, 향나무, 은행나무 등이 있습니다. 그렇다면 이 식물들에는 꽃이 없다고 해야 한다는 겁니다. 네, 이론적으로는 맞습니다. 꽃이 없는 식물에서 꽃이 피는 식물, 즉 현화식물이 나타났으니 현화식물 이전의 식물들에는 꽃이 없다고 해야겠지요.

그런데 문제가 있습니다. 겉씨식물에도 암술이 발달하는 기관이 있고, 수술이 도드라지는 기관이 있습니다. 예를 들어 소나무를 보면 봄에 소나무 가지 끝에 노란 가루를 돋우며 피어나는 기관이 있습니다. 그 노란 가루는 얼마 뒤면 마치 황사 먼지 날리듯 공기 중에 날아다닙니다. 이걸 사람들은 송홧가루라고 부릅니다. 여기에서 말하는 송화(松花)를 글자 그대로 풀면 '소나무 꽃'입니다.

현화식물, 즉 꽃이 피는 식물은 아니지만 소나무에도 암술과 수술이 나누어서 피어납니다. 그렇게 꽃가루가 돋아나는 기관과 그 꽃가루를 받아들이는 기관을 부르는 명칭이 아직 없습니다. 그러다 보니 겉씨식물이 분명 현화식물이 아닌 줄 알면서도 할 수 없이 알맞춤한 명칭이 나올 때까지는 '꽃'이라고 부르는 수밖에 아직은 달리 도리가 없습니다.

그렇게 모든 식물에 생식을 위해 남다른 활동을 하는 기관을 꽃이라고 부르는 걸 일단 허용한다면 꽃을 피우지 않는 식물은 없습니다. 모두가 생식, 혹은 번식이 생존의 가장 큰 목적이니까요.

이제 다시 이팝나무로 돌아가지요. 대개의 큰 나무는 화려한 꽃이 피어나지 않는다는 이야기까지 했지요. 그런데 이팝나무는 소나무·느티나무 못지않게 크게 자라는 나무인데, 그 나무에서 피어나는 꽃이 참 아름답고 화려합니다. 이팝나무는 봄이 깊어지면 눈처럼 하얀 꽃을 나무 전체에 한가득 아름답게 피웁니다. 소담하게 피어나는 이팝나무의 꽃은 마치 옛날에 어머니가 하얀 사발에 소복하게 쌓아 건네주는 쌀밥, 그중에도 '고봉밥'을 떠올리게 하는 아름다운 꽃입니다.

바로 이 꽃의 모습을 보고 이팝나무라는 이름을 붙인 거라고 합니다. 이름에 대해서는 다른 설도 있습니다. 이팝나무의 꽃은 대개 모내기철인 '입하(立夏)'에 피어납니다. 입하는 24절기 가운데 일곱 번째 절기로 음력으로는 4월이고, 양력으로는 5월 5~6일경입니다. 이즈음에 꽃을 피운다 해서 처음에

'입하목(立夏木)'이라고 부르다가 '입하나무'를 거쳐 '이팝나무'라고 변성한 것이라고도 합니다. 이는 어쩌면 '이팝'이라는 지방말이 주로 쓰이는 함경도 지역에서 이 나무가 자생할 수 없기에 다른 연관성을 찾아낸 유래 아닌가 싶습니다. 하여간 입하에 이팝처럼 꽃을 피우는 나무가 이팝나무이니, 어느 쪽으로 이해해도 나무의 특성에서 벗어나지 않습니다.

또 우리나라의 일부 지방에서는 이팝나무를 이암나무, 니암나무, 혹은 뻣나무라고 부르기도 합니다. 일본 사람들은 이팝나무를 '육도목(六道木)'이라고 부르는데, 그 유래 역시 꽃 모양에 있습니다. 죽은 사람이 환생할 때 드는 여러 길 가운데 육도(六道)가 있다고 합니다. 그중에서 자기 길을 찾아가는 동안 영혼이 굶지 않도록 관에 쌀을 넣어주는데, 바로 그 쌀을 육도미라고 한다는 거죠. 그런데 흉년이 심해 산 사람이 먹을 쌀조차 귀할 때는 육도미로 쌀 대신 이팝나무 꽃 말린 걸 대신 넣었다고 합니다. 꽃이 쌀밥처럼 생겼으니, 쌀을 대신할 수 있다고 생각한 겁니다. 그런 풍습을 바탕으로 이팝나무의 이름을 육도목이라 한 겁니다.

육도목 외에 쓰이는 한자 이름으로는 '유소수(流蘇樹)'도 있습니다만, 우리나라에서는 거의 쓰지 않는 이름입니다. 또 이팝나무의 어린잎을 차나무의 잎 대용으로 쓰기도 해서 '다엽수(茶葉樹)'라는 이름도 가졌습니다. 기왕에 나무 이름을 짚어보는 김에 학명도 짚어보지요. 이팝나무의 학명은 '*Chionanthus retusa*'인데, 여기에서 '*Chionanthus*'는 '하얀 눈의 꽃'을 뜻합니다. 쌀밥을 주식으로 하지 않는 영미 문화권에서는 이팝나무의 꽃에서 쌀밥을 연상하기 어려웠겠지요. 대신 하얀 눈을 떠올린 겁니다. 어쨌든 이 나무의 특징이 바로 아름다운 하얀 꽃에 있다는 건 동서양이 공통되네요.

이팝나무는 우리나라 남부 지방에서 자생하는 잎떨어지는 넓은잎 큰키나무입니다. 일본과 대만, 중국의 운남산에도 자생하고 있지만, 세계적으로는 희귀한 나무에 속합니다. 잘 키워 세계에 내놓을 만한 좋은 나무임이 틀림없습니다.

이팝나무는 꽃이 좋은 나무입니다. 특히 이른 봄에 우리가 좋아하는 벚꽃과 비교해 월등히 좋은 느낌을 주는 꽃입니다. 벚꽃이 좋기는 하지만, 한꺼번에 우우 피어났다가 며칠 지나지 않아 한꺼번에 우우 떨어지는 게 아쉽잖아요. 이팝나무는 그와 달리 봄 깊어지면 천천히 피어나서 적어도 보름 동안 피어 있지요. 그러니 저처럼 게으른 사람이 찾아다니며 보고 좋아하기에 안성맞춤인 꽃이지요.

가장 아름다운 이팝나무

우리나라에서는 이팝나무를 오래전부터 주로 농촌에서 즐겨 심어 키웠습니다. 이팝나무 가운데는 천연기념물이나 지방기념물 같은 문화재로 지정된 나무도 많습니다. 천연기념물로 지정한 이팝나무는 은행나무, 소나무, 느티나무, 향나무 다음으로 많은 일곱 개나 되지요. 또 지방기념물도 여섯 개입니다. 굳이 그루라고 하지 않고 '개'라고 한 것은 군락이 포함됐기 때문입니다.

그중에서 가장 먼저 천연기념물로 지정된 우리나라의 대표급 이팝나무는 제36호인 순천 평중리 이팝나무입니다. 일제 식민지 시대 때부터 이미 천연기념물로 보호했던 그림같이 아름다운 나무입니다. 당시 조사에서는 순천 평중리 이팝나무를 500살쯤으로 측정하고, 우리나라에서 가장 오래된 이팝나무라고 했습니다. 그러다가 일제가 물러간 뒤, 우리나라에서 천연기념물을 다시 정한 1962년 조사에서는 400살로 보았습니다. 여러 차례 말씀 드렸듯이, 이 정도 된 나무의 나이는 정확히 측정하기 어려우니 둘 중 어느 하나가

순천 평중리 이팝나무

틀렸다고 단언하기도 어렵습니다. 그냥 '400~500살쯤 된 나무'라고 해도 틀리지 않을 겁니다.

그런데 우리나라에는 이보다 나이가 많은 이팝나무가 몇 그루 더 있습니다. 정확한 것은 아니지만, 1000살이 넘었다는 이팝나무도 있기는 합니다. 천연기념물 가운데도 600살짜리 이팝나무가 있으니, 순천 평중리 이팝나무의 가치는 그저 오래 살았다는 이유에만 있는 건 아니라는 이야기입니다. 이 나무를 일찌감치 천연기념물로 지정하고, 우리나라의 대표 이팝나무로 여기는 까닭은 무엇보다 나무의 수형이 주변 환경과 어우러지며 뿜어내는 아름다움 덕분입니다.

저도 이팝나무 꽃을 좋아해 해마다 봄의 끝자락이면 여러 그루의 오래된 이팝나무를 차례대로 보러 다닙니다. 저는 봄을 매화 꽃 피어날 때부터 시작하여 이팝나무 꽃 질 때까지라고 생각하고 돌아다니지요. 개화기가 긴 이팝나무 꽃은 5월 초순에 피어나 5월 중순 넘을 때까지 피었다 지거든요. 그러면 봄이 끝나는 것 아니던가요? 그 무렵이면 오동나무에서 보랏빛 꽃이 피어나지요. 그런데 오동나무 꽃을 보면 저는 봄의 끝이라기보다는 여름의 시작이라는 느낌이 들어요. 꽃잎의 색깔이 여름처럼 진하고 화려하기 때문인지 모르겠어요. 그래서 늘 봄의 끝은 이팝나무의 낙화로 이루어진다고 생각한답니다.

우리나라의 여러 이팝나무 가운데 가장 아름다운 나무를 꼽으려면 머뭇거리지 않고 순천 평중리 이팝나무를 꼽습니다. 나무 그 자체도 멋지지만, 그 주변 풍경이 무척 아름답거든요. 앞으로 펼쳐진 논과 뒤로 아늑한 마을을 거느리고 나무가 서 있는 평중리 평지마을 동구 밖의 풍경은 언제 보아도 좋답니다.

이 나무가 서 있는 자리 앞으로는 평지마을로 스쳐 지나는 신작로가 났고, 한쪽으로는 마을로 들어서는 길이 있어요. 여기에 신작로가 뚫리기 전에는 나무가 있던 자리가 낮은 언덕이었다고 합니다. 그런데 언덕 옆으로 신작로를 내려다보니, 언덕 한쪽을 조금 깎아내야 했던 모양이에요. 그래서 지금은 나무 주위로 2미터 정도 높이의 축대를 쌓았어요. 그리고 나무 바로 뒤편에 마을 사람들이 편히 쉴 수 있는 정자를 지어놓았어요. 사진을 보시면 알겠지만, 이 정자 한 채가 나무와 잘 어우러져 더 아름다워 보입니다.

예쁜 정자에 다가가 나무를 자세히 살펴보면 나무가 서 있는 자리는 꽤 큼지막한 바위들 위입니다. 하나의 커다란 바위를 쪼개며 자란 형상은 아니고,

여러 개의 바위가 모여 있는 언덕에서 그 바위들 틈으로 뿌리를 내리며 자란 것이지요. 나무는 제가 앉은 자리를 튼튼히 하려는 심사였는지, 동쪽의 뿌리는 바위 위로 뻗어 올라 바위를 감싸며 한데 뒤엉켜 자라고 있습니다. 처음엔 힘겨웠겠지만, 지금은 바위들 탓에 오히려 더 견고하고 듬직해 보입니다.

뿌리에서부터 솟아오른 줄기는 사진에서 보시는 것처럼 땅에서부터 둘로 나뉘져 힘차게 올라왔습니다. 줄기에는 어김없이 오랜 세월의 흔적이 역력히 담겨 있지요. 그중 하나가 썩어 텅 빈 구멍이 생겼습니다. 이 부분은 1991년에 외과수술을 거쳐 지금은 나무의 건강에 아무 문제가 없는데, 수술 자국만큼은 뚜렷합니다.

수술 자국에 대해 한마디 짚고 넘어가지요. 앞에서 정암사 주목을 이야기할 때 나무가 죽으면 심재부터 썩어 들어간다고 했지요. 그러다 보니 오래된 나무들에서는 정암사 주목이나 이 이팝나무처럼 나무의 중심이 썩어가는 경우를 흔히 보게 됩니다. 게다가 변재인 줄기 껍질 부분에 구멍이 생기면 안쪽으로 텅 빈 동공(洞空)이 생깁니다. 그래도 나무의 생명에 아무런 지장이 없다는 말씀은 이미 드렸습니다. 그렇다고 그냥 두는 건 그리 좋지 않습니다. 그냥 놔두면 썩은 줄기 안쪽이 조금씩 더 썩어 들어갑니다. 그래서 구멍이 생긴 나무를 오래 보존하려면 줄기 안쪽의 썩은 부위를 긁어내고, 그 자리에 썩지 않는 충전재로 메워줘야 합니다. 충전재의 재료는 여러 가지가 있어요. 황토를 쓰기도 하고, 때로는 시멘트나 우레탄, 나뭇조각, 벽돌, 모르타르, 석회와 그밖의 특수 재료를 쓰기도 합니다. 이 같은 재료에 살균제, 살충제, 방수제 등을 혼합해 수술을 하게 됩니다. 겉으로 얼핏 보아서는 대개 시멘트처럼 보이는데, 그 안쪽 전체를 시멘트로 처리하기에는 비용이 많이 들고 효과도 그리 좋지 않답니다. 그래서 대개는 가장 바깥 부분만 시멘트로 처리하고 안쪽은 우레탄이나 황토를 쓴다고 합니다.

순천 평중리 이팝나무 줄기

깊은 수술 자국을 세월의 흉터로 간직했지만, 순천 평중리 이팝나무는 키 18미터, 가슴높이 둘레 4.6미터까지 늠름한 자태로 잘 자랐습니다. 생김새도 완전히 미인 급에 들지만, 크기에서도 우리나라의 여느 큰 나무 못지않습니다. 이 크고 오래된 나무는 여전히 봄이면 흐드러지게 하얀 꽃을 피웁니다.

개화기가 긴데다 향기까지 있어요. 향기는 그리 짙지 않고 은은하지만, 가까이에 다가서면 알 듯 말 듯한 향기가 느껴지지요. 이 아름다운 꽃이 피어나면 평지마을 농부들은 꽃 모습을 보고 한 해 농사가 잘 될지 안 될지를 점치곤 했답니다. 물론 요즘에야 농사 기술이 발달해 그런 예측에 기댈 수만은 없지만, 여전히 마을 어른들은 이팝나무 꽃을 보고 풍흉을 생각하곤 한답니다.

이팝나무 꽃 피는 모습을 보고 한 해의 농사를 예측하는 건 이 마을뿐이 아니라 대부분의 농촌에서도 마찬가지입니다. 즉 이팝나무에 꽃이 풍성하게 피어나면 풍년이 들고, 적게 피면 흉년이 든다는 것이지요. 다르게 이야기하면 이팝을 많이 먹게 해주느냐 못해주느냐를 점치게 하는 나무라는 겁니다.

이 '점(占)'에는 나름 과학적인 근거도 있어서 재미있어요. 물론 옛 농부들이 이 같은 과학을 바탕으로 점을 친 건 아닐 테고, 오랜 경험칙을 바탕으로 만들어낸 점이겠지만 지금 과학으로 살펴봐도 근거가 있다는 겁니다. 이팝나무의 꽃은 한참 모를 내는 철에 피어난다고 했잖아요. 그해의 농사가 풍년을 이루기 위해서는 논에 처음 심는 모가 뿌리를 잘 내려야 하겠지요. 그러려면 무엇보다 처음 모를 심는 시기의 기후, 즉 모가 자라날 생육 조건이 좋아야 합니다. 벼가 뿌리 내리기 좋은 기후라면, 비도 적당히 오고 햇살도 따뜻해야 합니다. 그 조건이 어디 벼에게만 좋겠어요? 거의 모든 식물에게 좋은 조건이겠지요. 당연히 이팝나무로서도 반겨 맞이하는 조건이겠지요. 꽃이 탐스럽고 예쁘게 피어나는 건 자연스러운 결과겠지요. 반대로 이팝나무가 꽃을 제대로 피우기 어려운 상황이라면 그건 분명 논에 심은 모에게도 좋지 않은 조건임이 틀림없습니다. 결국 어린모는 뿌리를 잘 내리지 못할 것이고, 흉년이 들게 된다는 이야기입니다.

순천 평중리 이팝나무 ▶

역시 이팝나무는 이래저래 밥을 잘 먹느냐 못 먹느냐와 관계가 깊은 나무입니다. 옛날 배고프던 시절을 떠올리는 건 당연한 일입니다. 그래서 떠오르는 이팝나무가 한 그루 있습니다. 옆의 사진에서 보시는 이 나무는 천연기념물 제214호인 진안 평지리 이팝나무입니다. 평지리의 마령초등학교 정문 곁에 300년쯤 된 이팝나무 일곱 그루가 한데 모여 있는 까닭에 천연기념물 공식 명칭은 '진안 평지리 이팝나무군(群)'입니다. 한 그루가 아니라 일곱 그루를 한데 모아 부르기 위함이지요.

　평지리 이팝나무들은 아기 무덤을 지켜주던 나무라는 특별한 사연이 전합니다. 이 나무들이 오랫동안 잘 지켜진 것도 아기 무덤이라는 이유로 사람들이 찾아오기를 꺼렸기 때문이라고 합니다. 이팝나무와 아기 무덤이 무슨 관계인지 함께 그 시절로 돌아가 보지요.

아기 무덤에서 자란 나무

이곳에 처음 아기들의 무덤이 이루어진 건 300년 전쯤의 일입니다. 농사가 잘되고 못 되고를 순전히 하늘에 맡겨야 했던 시절이었지요. 흉년 들면 사람들은 먹을 게 없어 하릴없이 굶어 죽어야 했습니다. 어른들이야 주린 배를 움켜쥐고 버틴다 해도, 어미의 젖으로 살아야 하는 갓난아이들은 흉년의 고비를 넘기는 게 거의 불가능할 정도로 힘들었겠지요.

　먹을 게 없는 아기에게 어미는 어쩔 수 없이 묽은 젖 한 방울 나오지 않는 젖을 물리고 하늘을 원망하는 수밖에 없었습니다. 어미의 젖꼭지가 붙어터질 때까지 아무리 물고 빨아봐야 뭐 나올 게 있겠어요? 어미가 먹지를 못하는데, 뭐가 나오겠어요. 그렇게 아기는 젖을 문 채 어미의 가슴팍에 묻혀 차츰차츰 온기를 잃고 싸늘하게 식어갔을 겁니다. 지금으로서야 상상도 할 수 없는 일

진안 평지리 이팝나무

이지만, 그 시절엔 흔치 않게 겪었던 일이었습니다.

  아기의 볼이 파랗게 변하고 싸늘한 주검이 되어 이승에서의 숨을 마지막으로 놓으면, 곁에서 이 광경을 눈물조차 흘리지 못하고 바라보기만 하던 아비는 아기의 주검을 가마떼기에 돌돌 말고 눈물의 끈으로 질끈 동여맸습니다. 아비는 지게에 아기의 주검을 짊어 매고 마을 뒷동산으로 올라갔습니다. 그러고는 양지 바른 좋은 곳을 찾아 작은 구덩이를 파고 고이고이 아기의 주검을 내려놓고 정성껏 작은 봉분을 만들어주었습니다.

그게 끝은 아니었을 겁니다. 배곯아 죽은 아기를 두고 어떻게 아비가 돌아설 수 있겠어요. 아비는 아기의 무덤 앞에 한참 주저앉아 세월을 한탄했을 겁니다. 그리고 뒷동산에 어둑어둑 땅거미가 밀려올 즈음 아비는 주섬주섬 일어나 돌아나오려 했지만, 발걸음이 떨어지지 않았습니다. 아비는 아기의 무덤 앞에 나무 한 그루를 심어주기로 합니다. 그리고 온 산을 헤집어서 한 그루의 나무를 찾아옵니다. 많고 많은 나무 중에 아비가 고른 나무는 이팝나무였습니다. 나무를 공들여 심은 뒤에 아비는 마지막으로 아기를 향해 기도하듯 혼잣말을 뇌었습니다. '아가야! 살아서 입으로 먹지 못한 쌀밥, 죽어서 영혼이 되어 눈으로라도 실컷 먹어라!'

아기가 죽어가는 동안 먹을 걸 주지 못했던 아비는 그렇게 가슴 깊이 맺힌 한을 쌀밥 닮은 꽃의 이팝나무에 담은 것입니다. 아비의 소원대로 이듬해 아기의 무덤 앞에 도담도담 자라난 이팝나무는 하얀 쌀밥 꽃을 나무 한가득 피웠습니다. 그 이팝나무를 본 마을 사람들은 서로서로 아무도 모르게 그 이팝나무 곁에 아기 아비의 심정을 위로하는 마음으로 한 그루의 이팝나무를 또 심었습니다. 그뿐만 아니라, 이 마을을 지나던 나그네들도 아기의 무덤 곁에 이팝나무를 심어서 동산에는 이팝나무가 하나둘 늘어났지요.

또 얼마 뒤에 흉년이 들어 굶어 죽은 아기가 있으면 아비어미들은 앞의 그 아비처럼 뒷동산 양지바른 곳에 아기 무덤을 짓고 어김없이 이팝나무를 심었다고 합니다. 이런 일이 얼마간 이어지자 마을 뒷동산은 이팝나무 동산이 됐고, 해마다 봄이면 이 슬픔의 동산은 환장할 정도로 아름다운 꽃 천지가 된 겁니다. 슈베르트가 이야기했다던가요? 세상에 가장 아름다운 것에는 슬픔이 담기게 마련이라고요. 이 아름다운 이팝나무 동산에도 슈베르트의 이야기처럼 큰 슬픔이 담겨 있습니다.

세월은 다시 또 흘렀습니다. 그동안 농사 기술도 발달하고, 적당히 식량을 저장해둘 수도 있어서 흉년이 오더라도 굶어 죽는 아기들은 줄일 수 있었습니다. 그러자 마을 사람들은 이 슬픔의 기억을 조금이라도 벗어버리고, 이 땅에서 더 큰일을 하자고 의견을 냈던 모양입니다. 그러고는 마을 사람 모두의 합의로 이팝나무 동산을 갈아엎기로 합니다. 그때 대부분의 이팝나무는 베어냈지만, 그중 동산 가장자리에 있던 일곱 그루가 남게 됐지요. 그게 지금의 진안 평지리 이팝나무군입니다.

마을 사람들은 아기들의 한이 맺힌 그 자리를 이 땅의 아이들을 더 잘 키울 수 있는 곳으로 바꾸자고 했지요. 그래서 세운 것이 바로 마령초등학교였습니다. 마령초등학교가 개교한 건 그렇게 1922년의 일입니다.

지금 마령초등학교 안에 살아남은 일곱 그루의 이팝나무는 키가 13미터, 가슴높이 둘레는 2미터에 이르는 아담한 크기입니다. 불쌍하게 죽은 아기의 넋이 담긴 나무라는 애절함 탓에 여느 이팝나무와 달리 볼수록 슬픔의 빛깔이 담겨 있지 싶습니다. 학교에서 재잘거리며 뛰노는 아이들이야 옛 아기들과 아비어미의 슬픔을 가늠할 수 없겠지요. 어쩌면 그 아이들이 옛 슬픔을 잊고 오늘을 더 즐겁게 살아가는 게 얼마나 고마운 일인지 모르겠다는 생각도 듭니다.

모두가 배곯아 죽은 아기들을 잘 지켜준 이팝나무의 덕이라는 생각을 하게 됩니다. 돌아보면 이팝나무만이 우리의 삶을 지켜준 건 아닙니다. 세상의 모든 나무들은 사람보다 먼저 이 땅에 자리 잡고 사람이 살 수 있는 가장 평안한 조건을 만들어주었습니다. 그 가운데 쌀밥을 닮은 꽃을 피우는 이팝나무야말로 우리에 평범한 민중이 살림살이를 고스란히 담고 있는 소중한 우리 나무라 하지 않을 수 없습니다.

15.
사람과 함께 살아가기 위해 성(性)을 바꾼 나무들
– 서울 문묘 은행나무, 강화 전등사 은행나무, 강릉 장덕리 은행나무

한 많은 나무에 관한 이야기를 많이 했기에 여기서는 조금은 재미있는 나무를 찾아볼까 합니다. 그렇다고 뭐 깔깔거리며 웃을 만큼 재미있는 이야기는 분명히 아닐 겁니다. 하지만 우리 세상 사는 일이 길게 보아 그리 깔깔거리며 웃을 일이 뭐 그리 많겠어요. 나무에 담긴 이야기는 우리 사는 일과 크게 다르지 않습니다. 당연히 사람살이와 무관하게 깔깔거리며 웃을 일은 분명히 아닙니다. 그래도 재미있는 이야기이기는 하니, 한번 귀 기울여 보세요.

'최한빛'이라는 사람을 아시나요? '이대학'은요? 생소하신가요? 아니면 나무 이야기를 하다가 난데없이 낯선 사람 이름을 꺼내 연결이 잘 안 되시나요? 그림 '하리수'는 모르는 분이 안 계실 겁니다. 예, 맞습니다. 최한빛, 이대학, 하리수 모두 우리나라의 대표적인 트랜스젠더입니다. 모두가 남자에서 여자로 성을 전환하는 데 성공한 사람이지요. 제가 일간신문의 기자 생활을 하던 때 '트랜스젠더'를 주제로 한 특집 기사를 기획한 적이 있었어요. 1990

년대 중반이었는데, 그때만 해도 이런 주제는 함부로 다룰 수 없었지요. 제 기획은 결국 데스크 선에서 잘려 제대로 진행되지 못했어요. 그만큼 성 전환은 우리 사회에서 공개적으로 이야기하기 어려운 몇 가지 금기 사항 가운데 하나였지요.

그런데 불과 10여 년이 지난 요즈음은 하리수라는 연예인을 시작으로 앞에 이야기한 최한빛이나 이대학 같은 트랜스젠더 연예인 모델의 활동이 두드러집니다. 공개적으로 이야기하지 못했던 시절이 아주 오래전 옛날이야기처럼 들릴 정도가 됐습니다. 오늘 살펴볼 나무가 트랜스젠더 나무인 까닭에 난데없이 연예인 이야기를 꺼냈습니다.

살아가는 동안 자손을 번식하는 일에서 자유로울 수 없는 세상의 모든 생명체에는 암수가 따로 있습니다. 암수의 성 구별이 뚜렷이 나타나는 동물의 경우 성 정체성 때문에 예기치 않은 문제들이 생기기도 하는 거 아닌가 싶어요. 남자로 태어났건만 외모를 제외한 나머지 거의 모든 성격이 여자에 가까운 경우, 심지어 그렇게 외모와 심리 상태의 괴리감이 극복하기 어려울 만큼 심각하게 나타나는 사람들이 마침내 인위적인 수술을 통해 성을 전환하는 거겠지요.

식물도 번식을 목적으로 하는 생명체이니 당연히 암수가 따로 있습니다. 그러나 동물에 비해 식물의 암수는 조금 복잡합니다. 하나하나 짚어보지요. 어떤 식물은 하나의 꽃에 암술과 수술이 한데 모여 피어납니다. 이런 꽃을 하나의 꽃에 암과 수가 동시에 있다 해서 '양성화(兩性花)'라고 부릅니다. 그러면 양성화를 피우는 식물의 모체는 암나무인가요? 수나무인가요? 헷갈리시지요? 이런 식물의 모체는 암수를 구별할 수 없지요.

다음으로는 한 꽃에는 암술만 나오고, 다른 꽃에는 수술만 나오는 경우도 있습니다. 이런 꽃은 하나의 꽃에 하나의 성(性)만을 가지고 있어서 '단성화

(單性花)'라고 합니다. 이 경우 암술만 돋아나는 꽃은 암꽃, 수술만 돋는 꽃은 수꽃이라고 합니다. 그런데 암꽃과 수꽃이 한 그루의 나무에서 제가끔 따로 피는데, 그 모체의 성(性)은 어떻게 분류해야 하나요? 역시 구별이 불가능합니다. 이런 식물을 암수한그루, 한자로는 자웅동주(雌雄同株)라고 합니다.

그런데 단성화 식물의 경우, 한 나무에서는 암꽃만 피어나고 다른 나무에서는 수꽃만 피어나는 식물이 있습니다. 이런 식물을 암수딴그루, 자웅이주(雌雄異株)라고 합니다. 그리고 암꽃만 피어나는 나무를 암나무, 수꽃만 피어나는 나무를 수나무라고 부르지요.

그렇게 암나무와 수나무가 따로 있는 나무로는 비자나무와 주목을 비롯해 뽕나무, 미루나무, 버드나무, 호랑가시나무, 이팝나무 등을 꼽을 수 있습니다. 그리고 암수딴그루 가운데 대표적인 나무는 은행나무입니다. 자손을 번식하는 생명체로서 암나무, 수나무가 나뉘진다는 게 별다른 일이 될 수 없지만 나무의 성별을 나누는 일이 아무래도 낯설게 느껴지실 수도 있을 겁니다. 그건 아마도 나무가 동물 못지않은 다산성 생명체이지만, 움직임도 없이 그저 침묵 속에 번식 활동을 이어가기 때문이 아닌가 싶습니다. 또 대개의 경우 암나무와 수나무의 생김새가 그리 똑 부러진 구별이 가능하지 않은 때문이기도 할 겁니다.

겉으로 드러난 생김새만으로는 구별할 수 없다 하더라도 이처럼 암수딴그루인 나무의 성이 또렷이 구별되는 시기는 아마도 가을 열매가 맺힐 때일 겁니다. 열매를 맺지 않는 나무가 수나무이고, 열매가 풍성하게 매달린 나무가 바로 암나무이겠지요. 은행나무가 그렇습니다. 봄에는 암나무인지 수나무인지 구별하기 어렵지만, 여름이나 가을에 맺는 열매를 보면 금세 알 수 있습니다. 그런데 열매를 맺지 않는다고 해서 반드시 수나무는 아닙니다. 이를테면 주변에 같은 종류의 나무 가운데 수나무가 전혀 없다면, 그 나무는 아무리 암나무라 하더라도 열매를 맺지 않습니다. 사람에 비유해 말하자면 처녀가 어떻게 혼사도 치르지 않고 아이를 낳을 수 있겠어요? 나무도 똑같습니다. 곁에 수나무가 없으면 열매를 맺지 못하죠. 은행나무의 경우, 수나무가 꽤 멀리 있어도 열매를 맺을 수 있어요. 바람에 의해 수나무에서 피어난 꽃가루가 무척 먼 곳까지 이동할 수 있기 때문이지요. 그래서 옛사람들은 바로 곁에 수나무가 없는데도 열매를 맺는 암나무를 보고는 '연못에 비친 자기를 바라보며 스스로 잉태한 것'이라고 이야기합니다. '처녀가 애를 배도 할 말이 있다'는 우리 속담과 비슷합니다.

그러면 오늘의 주인공 나무로 들어가 보죠. 우선 사진을 보세요. 잘생긴, 매우 큰 은행나무입니다. 이 나무는 천연기념물 제59호인 서울 문묘(文廟) 은행나무입니다.

수나무가 되어주세요

은행나무가 있는 문묘 전 구역은 문화재로 지정돼 있어서 관람이 자유롭지 않지만, 은행나무가 있는 명륜당 앞마당까지는 지정된 관람 시간이라면 자유롭게 찾아볼 수 있지요. 최근에는 혼례를 올리려는 사람들을 위해 문묘 앞에 예식장을 세우고, 예식을 마친 신혼부부가 명륜당에서 기념사진을 찍기도 합니다.

문묘는 조선 초기인 1398년에 처음 세워졌지만 여러 차례 화재를 겪어 지금의 건물은 임진왜란 뒤에 다시 지은 것입니다. 문묘는 유교의 시조인 공자와 그의 제자, 그리고 우리나라에서 유교 발전에 큰 업적을 가진 유학자에게 제사를 지내는 곳입니다. 문묘 구역 안에 있는 명륜당은 조선시대 최고의 교육기관이었어요. 조선시대에 유교를 대표하는 건물이자, 최고의 학교인 거죠.

 이 명륜당 마당에 서 있는 서울 문묘 은행나무는 400살쯤 되는 나무로 키 21미터, 가슴높이 둘레 7미터쯤 됩니다. 무척 큰 나무지요. 가을에 성균관대학교 쪽을 지나치실 일이 있다면 꼭 한번 들러보세요. 도심에서 이처럼 큰 나무를 볼 수 있는 건 그리 흔치 않거든요. 이 큰 나무의 모든 잎들이 노랗게 물들었을 때의 풍경은 그야말로 장관이지요.
 은행나무의 겉모습에는 새미있는 현상이 있습니다. 사방으로 넓게 펼친 나뭇가지를 따라 관찰하다 보면, 나뭇가지의 어떤 부분이 땅을 향해 축 처진 걸 볼 수 있습니다. 이거 참 말씀 드리기 좀 부끄럽지만, 그 생김새가 마치 어른 남성의 성기를 꼭 빼닮았다는 것도 참 우습지요. 뒤의 사진을 보시면 제 말이

그저 생뚱맞은 농담이 아니란 걸 아실 수 있겠지요. 이건 은행나무에서 특별히 나타나는 '유주'라고 부르는 기관입니다.

유주는 특별한 형태의 나뭇가지라고 생각하기 쉽지만, 엄밀히 보면 '뿌리'입니다. 가지와는 명백히 다릅니다. 가지는 햇살을 향해 위쪽으로 자라야 하고, 잎이 돋아나야 하겠지요. 그런데 유주는 땅을 향해 자라고, 잎도 돋지 않습니다. 가지에 붙어 있기는 하지만, 가지와는 전혀 다른 성격을 가진 뿌리입니다. 가지 위의 허공에서 돋아난 뿌리로, 이는 은행나무만의 특징입니다.

유주는 따뜻하고 습기가 많은 일본에서 흔히 볼 수 있는 현상인데, 우리나라에서도 간혹 볼 수 있습니다. 공기 중에 나온 뿌리라 해서 식물학에서는 '공기 기(氣)'에 '뿌리 근(根)'을 써서 기근(氣根)이라고 부릅니다. 기근이 꼭 은행나무에서만 나타나는 건 아니에요. 특히 물과 친근한 종류의 나무들에서 종종 볼 수 있어요. 땅속 호흡만으로는 산소가 모자라다 싶은 나무들이 공기 중에 뿌리를 내미는 건데, 땅바닥을 뚫고 솟아오르기도 합니다. 은행나무처럼 가지에서 돋아나 땅을 향해 자라는 경우는 매우 드문 일종의 기형이라고 보시면 됩니다.

대개의 은행나무 기근은 지금 보시는 서울 문묘 은행나무처럼 남성의 성기를 닮았지요. 하지만 여인의 봉긋한 젖가슴을 닮은 기근도 있어요. 여자의 젖가슴을 닮은 기근으로는 경상남도 의령군 유곡면 세간리 곽재우 장군 생가 앞의 은행나무가 대표적인데, 그 나무의 기근은 정말 여자의 젖가슴을 빼닮았습니다. 유주라는 이름도 사실은 여자의 젖가슴을 닮았다 해서 붙여진 것이라고도 합니다.

유주를 설명하느라 아직 본론을 이야기하지 못했네요. 이 나무는 가을이 돼도 열매를 맺지 않습니다. 그러니까 수나무라는 이야기지요. 그런데 그게 간단하지 않아요. 옛날에는 이 나무에서도 열매가 많이 열렸다고 합니다. 그

서울 문묘 은행나무 유주

러다가 어느 해 가을부터 열매를 맺지 않았다는 겁니다. 달리 이야기하면 하리수나 이대학처럼 성을 전환한 트렌스젠더 나무가 된 겁니다.

    우선 이렇게 큰 은행나무에 온통 열매가 달렸다고 생각해보세요. 한두 알도 아니고 어마어마하게 많이 매달린 그 많은 은행나무 열매들이 일제히 풍겨낼 냄새, 상상이 되시나요? 음! 견디기 힘들겠지요. 냄새야 고약했겠지만,

달리 보면 그 많은 열매를 거두면 풍성한 먹을거리를 마련할 수 있다는 것도 빼놓을 수 없지요. 당연히 이웃 마을의 아이들과 아낙들이 가으내 명륜당을 드나들며 은행 열매를 주우며 왁자할 게 불 보듯 뻔합니다.

그런데 명륜당은 조선시대 최고의 학생들이 모여 공부하는 학교잖아요. 고약한 냄새가 진동해 공부에 집중할 수도 없는 터에 동네 조무래기들을 비롯한 아낙들이 날마다 은행을 줍느라 소란을 피운다면 도대체 공부를 제대로 할 수 있었겠어요. 그래서 명륜당의 선비와 학동들은 나무에 제사를 올리며 소원을 빌기로 했어요.

"제발 이제는 열매를 맺지 않는 수나무가 되어주세요"라는 기도를 올린 겁니다. 그야말로 얼토당토않은 기도지요. 이게 기도로 될 일인가 말입니다. 하지만 기적이 일어났어요. 선비들의 기도가 하늘에 닿았는지 이듬해 가을부터 그토록 많은 열매를 맺던 은행나무가 열매를 맺지 않았습니다. 그야말로 선비들의 기도에 따라 창졸간에 수나무로 성을 바꾸어 열매를 맺지 않는 겁니다. 놀라운 일입니다. 믿어지시나요? 하지만 명륜당에 전해오는 분명한 이야기입니다.

성을 바꾼 또 다른 나무들

그렇게 성을 전환한 나무가 또 있습니다. 그것들을 다 소개부터 하고 그 의미를 짚어보기로 하지요. 우선 인천광역시 강화군 전등사의 은행나무 두 그루입니다. 전등사는 워낙 유명한 절집이니 잘 아시죠? 고구려 소수림왕 때인 381년에 아도 화상이 처음 지은 절이라는 이야기가 정확하다면 우리나라에서 가장 오래된 절입니다. 그러나 그 기록이 정확하지 않다고 이의를 제기하는 분도 있으니 단언하기는 어렵습니다.

하여간 우리의 주제인 트렌스젠더 은행나무 이야기로 들어가 보지요. 전등사에는 여러 아름다운 나무가 많이 있는데, 그중에 전등사 경내의 남쪽 언덕에 있는 한 쌍의 은행나무가 그 나무입니다. 뒤의 사진을 보시죠. 생김새로 보아 그리 좋다고 하기 어려운 나무입니다. 나무가 오래되어 쇠약해진 탓에 더 오래 보존하기 위해 절집에서 잔가지를 잘라준 상태여서 전체 크기에 비해 빈약해 보이죠? 볼 때마다 안타깝습니다.

이 나무는 700살이 넘은 나무라고 합니다. 나무 앞에 세운 보호수 안내판에는 두 그루 가운데 조금 큰 나무가 키 30미터, 작은 나무가 25미터라고 기록돼 있지만, 실제 키는 그만큼 되지 않아 보입니다. 아마 산림청에서 이 나무를 보호수로 지정할 당시의 규모가 그쯤 됐는지 모르겠지만, 보시다시피 많이 쇠약해진 지금의 키는 큰 나무가 15미터, 작은 나무가 12미터로 눈대중됩니다. 게다가 기력이 쇠한 까닭에 한창때의 아름다움은 잃었어요. 다만 굵은 줄기에서 오래 살아온 연륜을 확인할 수 있을 뿐입니다.

이 나무가 성을 전환한 일은 숭유억불(崇儒抑佛) 정책을 강행하던 조선 후기에 벌어졌습니다. 생트집을 잡아 절집을 탄압하던 시절이었지요. 전등사도 그 탄압을 벗어날 수 없었습니다. 그때 강화도의 관리들은 전등사를 탄압하기 위한 트집으로 은행나무의 열매 공출을 내걸었습니다. 그런데 그 양이 지나쳤습니다. 계획적이었던 거죠. 두 그루의 은행나무에 달리는 은행만으로는 도저히 채울 수 없는 양이었습니다. 전등사의 스님들은 가을이면 공출량을 채우기 위해 하릴없이 온 산을 돌아다니며 은행을 주웠다고 합니다. 그러나 늘 공출량을 채우지 못했고, 그럴수록 닦달은 심해졌습니다.

은행나무에 열매가 맺히는 걸 스님들이 야속해할 정도였지요. 그러다가 아예 나무에서 열매를 맺지 않으면 좋지 않을까 하는 생각을 하기에 이르렀어요. 열매를 맺지 않는 나무에 어떻게 공출을 부과하겠느냐는 생각이었겠지

인천 강화도 전등사 은행나무

요. 고심 끝에 스님들은 가까운 백련사의 추송 선사를 모셔와 기도를 올리기로 했지요. 전등사의 사정을 들은 추송 선사는 전등사에 와서 삼일기도를 올렸어요. '다시는 열매를 맺지 않는 수나무가 되게 해달라'는 기도였어요.

 삼일기도회 소식을 듣고 강화도의 관리들과 포졸들이 전등사를 찾아와 터무니없는 기도를 한다고 비웃기도 했답니다. 추송 선사는 한참 목탁을 두드린 뒤 우렁찬 목소리로 "강화도 전등사에서 삼일기도를 지성으로 올리니, 은행나무가 열매를 맺지 않는 수나무가 되게 해주기를 축원하나이다"라고 했답니다. 그 순간, 포졸들은 갑자기 머리를 감싸쥐며 땅 위에 나동그라졌고 맑은 하늘에는 먹구름이 몰려와 우박을 퍼부었습니다. 곧이어 두 그루의 은행나무는 잎을 떨어내고 온 가지를 푸르르 떨었지요.

그리고 이듬해부터는 신기하게도 그리 잘 맺던 은행나무 열매가 한 알도 맺지 않았다는 겁니다. 암나무였던 은행나무가 졸지에 수나무로 변한 것입니다. 강화도의 관리들은 그때부터 더 이상 은행 열매 공출을 독촉하지 않았다는 믿기 어려운 이야기입니다.

기왕에 트렌스젠더 은행나무 이야기를 끄집어냈으니 한 그루 더 이야기하겠습니다. 강릉 장덕리 은행나무도 그런 나무입니다. 이곳은 절집의 스님들도, 명륜당의 선비들도 없는 평범한 농촌 마을입니다. 800살 정도 된 은행나무는 키가 26미터에, 가슴높이 둘레는 10미터 가까이 되는 매우 큰 나무랍니다.

이 나무도 예전에는 많은 열매를 맺는 암나무였다고 합니다. 그런데 가을이면 마을 전체가 고약한 냄새 때문에 고생이 이만저만이 아니었죠. 마침 이곳에 시주하러 지나던 노스님이 마을 사람들이 고통스러워한다는 말을 듣고는 나무에 부적을 써붙였더니, 이듬해 가을부터 열매를 맺지 않는 수나무로 성을 전환했다는 이야기입니다.

전등사 은행나무, 서울 문묘 은행나무, 강릉 장덕리 은행나무. 모두가 오랫동안 마을에서 사람과 더불어 살아오면서 먹을거리를 주던 암나무였습니다. 그러다가 어느 순간, 열매가 사람들을 불편하게 한다는 걸 알고 어렵게 성을 바꾸는 결단을 내린 나무입니다. 이게 실제로 가능한 일일까요?

강릉 장덕리 은행나무

    개구리와 같은 양서류의 경우, 간혹 환경 변화에 따라 자동적으로 성을 바꾸는 경우가 있다고 합니다. 또 식물 가운데 모시풀은 햇볕을 쬐는 시간에 따라 암수가 자동으로 바뀐다고 합니다. 그러나 오늘 보여드린 은행나무처럼 큰 나무가 성을 바꾼다는 건 과학적으로 증명하기 어려운 일입니다. 그런 사례는 아직 없습니다. 어쩌면 워낙 오래 살아온 나무인 탓에 생식 능력이 고갈되어 암나무이면서도 더는 열매를 맺지 않는 건 아닐까요? 사람처럼요. 하지만 1100살이 넘어서도 여전히 열매를 맺는 용문사 은행나무를 보면, 꼭 그렇게 설명하는 것도 만족한 답은 되지 않습니다.

    그렇다면 은행나무의 성전환 이야기는 터무니없는 거짓말에 불과할까요?

그렇게 봐서는 안 될 겁니다. 이야기를 과학적으로 검증하기보다는 그런 이야기 속에 담긴 의미를 짚어보는 게 우선이지 않을까요?

선비들의 주경야독을 방해하고, 절집 스님들의 수행을 탄압하고, 또 농부들의 일상을 흐트러뜨리는 나무였다면 그냥 베어내도 되지 않았을까요? 물론 베어내기가 수월치 않을 만큼 큰 나무였지만, 그렇다고 꼭 못할 일도 아니었을 겁니다. 하지만 그들이 남긴 이야기에는 자연의 순리를 받아들이면서도 결코 자연 앞에 교만하지 않았던 옛사람들의 자연사랑 정신이 담겨 있습니다.

아무리 삶이 힘겹다 하더라도 우리 곁의 생명을 함부로 해치지 않으면서 더불어 살아가야 한다는 소중한 정신이 믿기 어려운 옛이야기에 담겨 있지 싶습니다. 나무는 사람에게 아낌없이 모든 것을 건네준다고 하지만, 때로는 성가실 때도 없지는 않습니다. 그런 상황을 어떻게 지혜롭게 견뎌낼 것인가를 보여주는 대표적인 예가 바로 성을 전환한 은행나무 이야기라고 볼 수 있습니다. 신비로운 이야기 속에 절묘하게 자연주의 철학의 뜻을 담아낸 선조들의 지혜가 놀랍고 멋있어 보입니다. 그저 과학의 잣대로만 옳고 그름을 재단하는 게 얼마나 가벼운 일인지를 다시 한번 돌아보게 됩니다.

16.
혁명의 뜻을 이루려는 젊은 선비들의 핏빛 절개
– 나주 송죽리 금사정 동백나무

나무에 새겨진 뜻을 살펴보는 일은 결국 사람살이의 지나온 길을 톺아보는 일과 크게 다르지 않습니다. 어쩌면 나무들을 통해 우리의 역사를 하나하나 꿰어내는 일도 결코 불가능하지만은 않을 것입니다. 그동안 여러 나무를 바라보며 진행해온 이 강의도 사람살이의 알갱이를 짚어보고자 나름으로 애써온 과정이라 할 수 있습니다.

오늘은 비교적 정치성이 짙은 나무를 찾아보고자 합니다. 500년 전인 조선 시대 중종 때로 돌아가서 나무에 새겨진 정치가, 특히 개혁 정치를 부르짖던 선비들의 한을 짚어보고자 합니다.

그때 그 사건의 시작은 나뭇잎 한 장이었습니다. 한 장의 나뭇잎은 당대 서릿발 같은 절개로 조선 정치계를 흔들던 한 젊은이의 운명을 뒤바꾸어놓았습니다. 당시로는 매우 급진적인 개혁을 주창하던 젊은 정치가가 나뭇잎을 이용한 음모에 희생되어 자신의 이상을 이루지 못했을 뿐 아니라 목숨까지 잃았습니다. 조광조입니다. 당시 그는 마흔 살이 채 안 된 혈기 왕성한 젊은이였고, 그를 죽음으로 몰아간 나뭇잎은 오동나무 잎이었지요.

어느 시대나 그렇지만 개혁은 쉽지 않습니다. 개혁은 일단 기득권 세력의 저항을 받게 마련이지요. 한데 기득권 세력, 혹은 보수 세력은 이미 오랜 세월에 걸쳐 자신의 물질적·정신적 기반을 탄탄하게 다져놓은 상대이죠. 그 상황에서 아무리 개혁의 방향이 정의롭고, 또 일반 민중이 그를 따른다 하더라도 개혁을 반대하는 수구 세력의 힘은 만만치 않습니다. 기득권 세력을 물리치고 개혁을 이루는 게 어디 쉽겠습니까? 유사 이래 정치 개혁이라는 게 성공과 실패 여부를 떠나 적잖은 곡절을 겪을 수밖에 없는 이유겠지요.

기묘사화로 좌절한 꿈

도덕 정치라는 조광조의 개혁 노선은 당시 조선의 백성들에게 환영받았습니다. 그러나 개혁 정치를 완수하려면 기득권 세력 혹은 보수파 정치인들의 반대를 물리쳐야 했지요. 그게 쉽지 않았던 겁니다. 조광조의 개혁 노선이 강력하게 추진될수록 보수파 정치가들의 반대는 극단으로 치달았습니다. 이른바 훈구파로 대표되는 세력이었지요. 급기야 조광조의 반대파는 조광조를 몰아내기 위한 모략을 짜내기에 이르렀습니다.

훈구파 관료들은 궁리 끝에 오동나무의 크고 싱싱한 나뭇잎에 아무도 모르게 '주초위왕(走肖爲王)'이라는 글씨를 꿀을 잔뜩 바른 붓으로 써두었습니다. 잘 아시겠지만, 오동나무 잎이 워낙 넓잖아요. 한자 네 글자 정도는 충분히 쓰고도 남지요.

얼마 지나자 달콤한 꿀이 묻은 자리를 벌레들이 파먹게 됐고, 글자는 선명하게 드러났습니다. 네 글자 가운데 '주(走)'와 '초(肖)'의 두 글자를 합하면 조광조의 성씨인 조(趙)가 되니, 주초위왕이란 곧 '조씨가 왕이 된다'는 뜻으로 해석할 수 있다며 호들갑을 떨었습니다. 훈구파 관료들은 나뭇잎을 증거로 조광조가 왕위를 찬탈하려는 반역 음모를 꾸미고 있다고 몰아붙였습니다. 그들은 곧바로 나뭇잎을 들고 중종을 알현해 계획한 대로 이야기했지요. 이들의 모략을 곧이곧대로 받아들인 중종은 마침내 조광조와 조광조를 따르는 세력을 몰아내기로 결정합니다. 중종 14년(1519)에 몰아친 피바람, 즉 기묘사화(己卯士禍)입니다.

임금은 조광조를 유배시켰을 뿐 아니라 조광조와 뜻을 같이한 개혁 세력에 속하는 모든 선비들을 차례로 숙청했습니다. 조광조의 개혁 운동이 아주 강력하게 진행됐던 탓인지, 그 반대파가 주도한 피바람 역시 매우 살벌했던 모양입니다. 극단적인 예가 바로 그의 죽음 뒤에 있었던 일입니다. 조광조는 전라도 능주(지금의 화순) 지역에 유배되었다가 사약을 받고 죽습니다. 그가 죽은 뒤에는 누구도 그의 주검에 손을 대지 못하도록 할 정도였습니다. 억울한 누명을 쓰고 죽은 젊은 정치가의 주검은 그렇게 아무도 돌볼 수 없었습니다. 그러던 중에 조광조의 문우(文友)인 양팽손이라는 선비가 몰래 그의 주검을 건사했다고 할 정도니, 당시 피바람이 얼마나 살벌했는지 알고도 남음이 있습니다.

그런 살벌한 분위기에서 조광조를 따르던 개혁파 선비들이 조정에 남아 있는 건 불가능했지요. 그래서 개혁 정치를 주창하던 신진 사림 중 많은 이가 벼슬을 내려놓고 낙향하여 훗날을 도모했습니다. 그들 가운데 전라남도 나주 지역이 고향이던 선비 11명이 있었습니다. 송질품의 식징(直長)이라는 벼슬을 지낸 나일손(羅逸孫)과 정삼품의 승지(承旨)를 지낸 임붕(林鵬)을 비롯해 정문손, 김두, 김식, 진이손, 진삼손, 김안복, 김구, 진세공, 정표 등이 그들입니다. 사화 초기에 조광조가 억울하게 옥에 갇히자 그들은 모든 일이 모함에 의

한 것임을 밝히고자 했던 용기 있는 선비들이었습니다. 심지어 조광조의 누명이 풀리지 않는다면 조광조와 함께 감옥에 갇히기를 청할 만큼 개혁 의지가 강렬했던 사람들이었어요. 그러나 뜻을 이루지 못했고, 마침내 그들은 모든 벼슬을 내팽개치고 고향인 나주로 도망치듯 돌아왔습니다.

낙향한 11명의 선비는 서로를 위로하며 울분을 털어냈지만, 억울함을 풀 수는 없었겠지요. 하지만 거기에서 그칠 수는 없었습니다. 선비들은 지금 이루지 못한 뜻을 언젠가는 다시 이루자고 결연한 맹세를 할 수밖에요. 그 맹세를 더 굳건히 하기 위해 그들은 결사 형태의 계를 조직합니다. 이른바 금강계(錦江契), 혹은 금강 11인계가 그것입니다.

현실 정치에서 떠났지만 세상에서 벌어지는 모든 일들을 하나하나 톺아보고, 새날을 도모하기 위해 그들은 서로의 집을 전전하며 세상살이를 이야기했습니다. 울분의 세월이 그렇게 10년쯤 지나자 그들은 마음을 다잡고 정자 한 채를 지어 본격적으로 계를 강화합니다. 포기할 수 없는 '개혁 정치'의 이상을 이루기 위한 토론장으로 쓸 생각이었지요. 자그마한 그 정자에 금강결사의 뜻을 담아 금사정(錦社亭)이라는 이름을 붙였습니다.

정자를 다 지은 뒤 선비들은 정자 바로 앞에 한 그루의 나무를 심었습니다. 그들이 고른 나무는 동백나무였습니다. 사철 푸르른 동백나무 잎처럼 세상이 아무리 변한다 하더라도 개혁을 이루고자 한 애초의 뜻을 잃지 말자는 다짐이었지요. 물론 사철 푸른 잎을 간직하는 상록성 나무가 동백나무만 있는 것은 아닙니다. 그러나 동백나무는 추운 겨울에 붉은빛의 꽃을 피우고, 또 추위가 혹독할수록 빛깔이 더 붉은 동백꽃의 처연함과 강인함에 자신들의 처지를 비추어보았을 것입니다. 그러니까 동백꽃의 핏빛 절개처럼 좌절한 그들의 울분도 언젠가는 화려하게 피어날 것이라는 기대를 담은 겁니다.

핏빛 절개를 품다

동백꽃을 겨울에 피는 꽃이라고 말할 때는 조금 덧붙여야 할 이야기가 있습니다. 이를테면 동백꽃으로 유명한 전라북도 고창군 선운사의 동백꽃은 4월이 되어야 피어나는데, 이 꽃을 과연 겨울 꽃이라고 할 수 있겠느냐 하는 의문이 들기 때문이지요.

   동백나무는 원래 겨울에 꽃을 피우는 나무가 맞습니다. 그러나 좀 헷갈려요. 부산의 동백섬을 비롯한 우리나라 남쪽의 일부 지방에서는 분명 한겨울인 1월부터 붉은 꽃을 피우지요. 역시 동백나무로 유명한 여수 향일암만 하더라도 같은 남해안 지역이지만, 3월 말이 되어야 겨우 꽃이 피어나거든요. 그러니까 남쪽의 몇몇 지역을 제외한 우리나라 대개의 지역에서는 봄이 돼야 동백꽃을 볼 수 있다는 이야기입니다. 그래서 춘백(春栢)이라는 말이 나온 겁니다. 봄에 피어나는 동백꽃을 따로 부르기 위한 표현이지요.

하여간 동백나무 하면 일단 추운 겨울에 새빨간, 핏빛 꽃을 피우는 나무인 건 맞습니다. 그런 동백나무의 특징을 자신들의 삶에 비교하며 기묘사화에 얽힌 선비들은 조용히 동백나무 한 그루를 심고 키웠습니다. 금사정이라는 원한 맺힌 정자 앞마당에서 도담도담 자라는 나무를 바라보는 선비들의 심정은 필경 남달랐을 것입니다. 그저 한 그루의 예쁜 나무로만 보지는 않았겠지요. 도톰하고 늘 푸른 잎을 보면서 변치 말자고 맹세한 동지들의 절개를 생각했을 것이고, 겨울이면 붉게 피어나는 꽃을 바라보며 가슴속으로만 품어 삭이는 핏빛 한을 생각했을 겁니다.

그러나 동백나무를 바라보며 훗날을 기약했던 선비들은 끝내 뜻을 이루지 못한 채 세상을 떠났습니다. 그들이 기묘사화에서의 뜻을 이루기 위해 도모한 새로운 거사의 흔적이 없으니 그렇게 말할 수밖에요. 나무를 심은 사람은 세월의 풍진을 따라 산산이 흩어졌지요. 그러나 그들의 한을 고스란히 품어 안고 자라난 한 그루의 나무는 여태 금사정을 홀로 지키며 늠름하게 남았습니다.

기묘사화로 선비들이 고향 땅 나주로 낙향한 게 1519년 즈음이었고, 그로부터 10년쯤 뒤에 금사정을 지은 뒤 나무를 심었으니 1530년쯤이 되겠지요. 그러면 480살 정도 된 나무입니다. 우리나라에 살아 있는 동백나무 가운데 가장 오래된 나무일 겁니다. 얼마 전까지만 해도 동백나무 가운데 이보다 나이가 좀 더 된 나무가 없었던 건 아닙니다. 여수시 돌산읍의 임포마을이라는 곳에 있던 동백나무인데, 그 나무가 500살을 조금 넘겼으니 금사정 동백나무

나주 송죽리 금사정 동백나무 줄기

보다 조금 오래된 건 맞습니다. 그런데 안타깝게도 이 나무는 얼마 전 태풍을 맞고 쓰러져 지금은 밑동만 남아 있습니다. 나무도 자연계 안에서 모든 위험을 무릅쓰고 살아가야 하는 생명체인 까닭에 이처럼 안타깝게 생명을 잃는 경우는 흔히 있습니다. 이 책의 뒷부분에서는 그렇게 안타깝게 쓰러진 나무들을 모아 보여드리겠습니다.

결국 동백나무 가운데는 나주 송죽리 금사정 동백나무가 가장 오래된 나무입니다. 규모로도 가장 크다 해야 할 나무입니다. 키가 6미터, 뿌리 부근 둘레, 즉 근원 둘레는 2.4미터쯤 됩니다. 나무의 규모를 말할 때는 대개 사람 가슴높이에서 잰 줄기 둘레를 이야기하잖아요. 그런데 여기서는 뿌리 부근의 둘레를 이야기했습니다. 식물학에서는 '근원 둘레'라고 이야기하지요. 그건 이 나무가 뿌리 부분에서부터 줄기가 여럿으로 갈라져 자라기 때문에 가슴높이 둘레를 측정하는 게 불가능하기 때문입니다. 이처럼 가슴높이 둘레를 측정하기 어려울 때 대신하는 게 바로 뿌리 둘레입니다.

동백나무의 키가 6미터라는 것도 그렇지만, 뿌리 둘레가 2.4미터라면 무척 큰 나무입니다. 동백나무는 잘 아실 테니 한번 생각해보세요. 이 정도로 큰 동백나무는 아마도 보시지 못했을 겁니다. 혹시 어디에선가 보신 적이 있다면 알려주세요. 저도 나름으로 열심히 찾아보았지만, 모를 수 있으니까요. 그렇게 새로운 나무가 알려지기 전인 지금까지라면 제가 보았던 모든 동백나무 가운데 나주 송죽리 금사정 동백나무가 단연 규모에서 압도적입니다. 게다가 나무가 아주 잘생겼습니다. 초라하지만 단아한 정자 앞에 서 있는 이 동백나무는 뿌리 부분에서부터 사방으로 고르게 줄기가 나눠지면서 전체적으로 둥근 수형이 마치 솜씨 좋은 정원사가 잘 다듬어낸 듯 매끄럽게 생겼습니다. 꽃 피지 않아도 그냥 화려하고 멋진 나무입니다.

역사적인 유래도 남다르지만 수형이 아름답다는 게 알려지면서 나주 송죽

리 금사정 동백나무는 2009년에 천연기념물 제515호로 지정됐습니다. 동백나무로는 처음으로 지정한 천연기념물이지요. 우리 조상들이 예로부터 아끼고 좋아한 나무임에도 그동안 천연기념물로 지정한 동백나무는 한 그루도 없었어요. 물론 강진 백련사 동백나무 숲(천연기념물 제151호)이나 고창 선운사 동백나무 숲(천연기념물 제184호)과 같은 군락지 전체를 천연기념물로 지정한 경우는 있었지요. 하지만 홀로 서 있는 독립수로서의 동백나무가 문화재로 지정된 건 나주 송죽리 금사정 동백나무가 처음입니다.

사람 떠난 자리에 홀로 남은 동백나무는 금강 11인계 선비의 후손들이 지켰습니다. 개혁을 이루려 했던 선비들의 뜻은 무심히 흩어졌습니다. 그러나 금강계는 여전히 남아 있습니다. 얼마 전에 나무를 찾아가 마을 노인을 만나서 여쭤봤더니, 나일손 등의 후손들이 지금은 죄다 흩어져 살기 때문에 금사정의 선비들과 관계되는 후손은 마을에 몇 사람 없다고 합니다. 그러나 각지에 흩어진 후손들은 금강계를 지금까지 이어가면서 금사정과 동백나무를 잘 지키고 있습니다.

천연기념물로 지정되기 전에는 금사정과 동백나무를 지키기 위해 금강계에서 지킴이 한 분을 정해 금강계 앞마당에 작은 살림채를 짓고 살게 했어요. 그러나 나무가 천연기념물로 지정된 뒤에는 허름한 살림채도 허물고 관리는 국가에서 맡게 됐습니다.

뜻은 많이 바뀌었겠지만, 금강계는 그렇게 여전히 이어집니다. 나주 나씨 후손이 중심이 되어 해마다 한 번씩 금사정에서 계원들 모임을 연다고 합니다. 모임은 그저 서로간의 안부를 확인하는 친목 모임처럼 진행되기도 하고, 때로는 가벼운 잔치를 벌이기도 한답니다. 개혁 정치가들의 뜻과는 전혀 다른 모임이라 하더라도 같은 이름의 모임이 이어진다는 것이 고마울 따름입니다.

사람살이의 모든 일이 그렇듯, 금사정과 금사정 앞마당 동백나무를 둘러싼 세상살이는 처음 나무를 심던 때와는 몰라보게 달라졌습니다. 심지어 제가 이 나무를 처음 찾아보았던 10여 년 전과 지금도 차이가 있을 정도니까요. 그러나 옛 선비들이 심은 한 그루의 동백나무만큼은 금사정 앞에 뜸직하게 서서 옛 선비들의 이루지 못한 뜻을 증거하고 있습니다. 아무리 세상 사람들이 개혁에 대한 500년 전의 핏빛 절개를 모두 잊는다 해도 나주 송죽리 금사정 동백나무만큼은 기개 있는 선비들의 핏빛 다짐을 잊지 않을 겁니다. 그리고 또 이 아름다운 동백나무는 앞으로도 오랜 세월 동안 피처럼 붉은 꽃을 끊임없이 피워내겠지요.

나무를 찾아가는 일은 늘 이렇습니다. 처음엔 나무의 아름다움에 빠져서 불원천리 달려가 한참을 바라보게 되지요. 그리고 그가 살아온 세월을 가만가만 짚어보며 나무줄기에 눈을 맞추고 있을라치면 나무는 천천히 그의 줄기 안에 새겨진 사람살이 이야기를 들려줍니다. 어떤 나무에서는 사람들이 옹기종기 모여서 즐겁고 평화롭게 살아온 이야기가 들려오고, 또 어떤 나무에서는 억울한 사람살이의 한 많은 외침이 하나둘 드러나기도 합니다.

나무를 찾는 일은 사람살이의 알갱이를 찾아가는 일이라는 걸 다시 한번 새겨볼 수밖에 없습니다. 앞의 강의들을 통해 '한 맺힌 나무들'이라는 주제로 몇 그루의 나무를 짚어보았습니다. 물론 이밖에도 '한'을 주제로 한 이야기를 담고 있는 나무는 많습니다. 그러나 대략 이 정도의 나무를 통해서도 우리 안에서 우리와 더불어 자라는 나무들의 줄기에 새겨진 한의 깊이는 능히 짐작하고도 남음이 있지 싶습니다.

IV

나무를 찾아서 천릿길

17.
깊은 산골의 평화를 지키는 잘생긴 소나무
― 합천 화양리 소나무

이번 강의에서는 우리의 대표 나무라 할 만한 소나무를 이야기하려는데요, 우선 소나무가 지금 맞이한 위기라 할 소나무재선충병 이야기부터 해야겠습니다. 소나무재선충병이 얼마나 심각한지는 뉴스를 통해 들어 잘 아시죠? 한동안 주춤하나 싶었지만 이 무서운 전염병이 그대로 잦아들지는 않았습니다. 2012년 들어 곳곳에서 재선충병에 감염된 소나무가 발견되어 긴장의 고삐를 늦출 수 없습니다. 소나무재선충병은 언제든 우리 국토의 모든 소나무 숲을 초토화할 가능성이 있으니, 끝까지 조심해야 합니다. 그래서 먼저 소나무재선충병에 대해 알아보는 걸로 오늘 이야기를 시작하겠습니다.

소나무재선충병은 일단 걸리기만 하면 생존 가능성이 0퍼센트라는 데 심각성이 있습니다. 치사율 100%라는 이야기입니다. 게다가 이에 대한 치료법이 없을 뿐 아니라 효과적인 예방법까지 없으니 참으로 큰 문제가 아닐 수 없습니다.

소나무재선충병은 1988년 부산광역시 금정산에서 처음 발견됐어요. 부산 지역의 소나무 몇 그루가 이 병으로 죽으면서 차츰 나라 전체로 확산됐는데, 전염 속도가 놀랄 만큼 빨랐어요. 피해가 가장 심각하던 2004년에는 전국적으로 무려 17만 그루의 소나무가 이 병에 감염되어 목숨을 잃고 말았답니다. 이런 상황을 인식하고 전국적으로 여러 대책을 마련하면서 피해가 차츰 줄어들기는 했지만, 상황이 완전히 마무리된 건 아닙니다. 만일 2004년까지의 전염 속도가 그 뒤로도 계속된다면 앞으로 70년 안에 우리나라의 모든 소나무가 죽는다는 계산이 나옵니다. 결코 과장이나 호들갑이 아니에요. 가까운 일본의 경우 1905년에 처음 소나무재선충병이 발견된 뒤로 빠르게 전 지역으로 확산되었지요. 그 결과 지금은 홋카이도를 제외한 일본 전역에서 소나무를 볼 수 없게 됐습니다. 자연 상태에서 자라던 소나무는 사실상 전멸한 겁니다. 그나마 일본에서 국가적으로 애지중지하는 일본 왕실이나 공원의 보호림 정도에서만 겨우 소나무를 볼 수 있는 상황이라고 합니다.

소나무의 비극

중국도 이와 비슷한 심각한 사태가 있었어요. 중국에는 소나무로 유명한 숲이 있어요. 바로 황산이지요. 황산은 세계자연유산으로 등록되었을 만큼 아름다운 산인데, 특히 바위로 이루어진 이 산의 바위틈이나 바위 절벽 위에서 자라는 소나무는 그야말로 장관입니다. 소나무 없는 황산은 생각하기 어렵다고 해도 과언이 아닐 겁니다.

중국에서는 1982년 난징 지역에서 처음 소나무재선충병이 발생했습니다. 그런데 황산은 난징에서 그리 멀지 않습니다. 구글 어스에서 검색해보니 자동차 도로로 177킬로미터 정도 떨어져 있더군요. 그러다 보니 난징에서 발견된 소나무재선충병은 곧바로 황산의 소나무에 심각한 위협이 될 수밖에 없었지요. 중국 정부는 병의 확산을 막기 위해 여러 대책을 세웠지만 효과를 볼 수 없었어요. 그러자 마침내 중국 정부는 너비 4킬로미터, 길이 100킬로미터에 이르는 넓은 지역의 소나무를 모두 베어냈습니다. 이 무지막지한 방법은 중국 같은 나라에서나 가능했겠지만 사실 매우 효과적인 예방책입니다. 그 이유는 조금 뒤에 설명하지요.

결국 중국 난징에서 황산까지 가는 길 사이에 넓은 지역의 소나무를 소나무재선충병 예방 차원에서 베어낸 겁니다. 대단한 중국입니다. 그렇게 소나무를 베어낸 지역을 이른바 '무송(無松)지대' 혹은 '무송벨트'라고 부릅니다. 워낙 넓은 지역이어서 우리가 여행하면서 이 무송지대의 식생을 직접 확인할 수는 없지만, 중국다운 대책으로 황산의 소나무를 잘 지켰습니다. 분명히 우리가 보기에는 어처구니없는 방법이지만, 현재로서는 가장 현명한 대책이기도 합니다.

그러면 이제 소나무재선충병에 대해 알아보지요. 도대체 이 병에 걸리면 왜 생존율이 0퍼센트일 정도로 치명적인가. 그렇다면 어떻게 대처해야 하는가를 찾아보자는 거지요.

소나무재선충병은 재선충이라는 병원균과 그 매개 곤충인 솔수염하늘소의 공생 관계에 의해 감염이 확산됩니다. 그러니까 재선충이 소나무의 명을 끊어놓는 결정적인 역할을 하는데, 재선충을 여러 소나무로 옮겨주는 역할은 솔수염하늘소가 하는 식으로 공생한다는 겁니다.

소나무를 죽음에 이르게 하는 재선충은 1밀리미터 정도의 작은 곤충인데, 문제는 한 쌍의 재선충이 1주일 만에 20만 마리로 급속히 늘어날 정도로 번식력이 무척 강한 병원균이라는 겁니다. 재선충이 자라기 위해서는 솔수염하늘소가 필요합니다. 재선충은 처음에 솔수염하늘소의 몸 안에서 자라거든요.

솔수염하늘소의 몸 안에서 재선충이 일정 정도 자라면 솔수염하늘소는 이제 그 재선충이 다른 곳에서 살 수 있도록 자리를 옮겨줍니다. 솔수염하늘소는 자신의 몸에 재선충을 품고 주변의 소나무를 찾아 날아갑니다. 이때 솔수염하늘소가 한 번에 날아갈 수 있는 거리는 무려 4킬로미터나 됩니다. 이제 앞에서 중국 황산에 무송벨트를 조성할 때, 그 기준을 4킬로미터로 한 이유를 이해할 수 있으시겠죠. 그러니까 중국에서는 솔수염하늘소가 재선충을 안고 날 수 있는 거리 안에 있는 모든 소나무를 제거해 솔수염하늘소의 이동 자체를 막아버린 겁니다.

건강한 소나무를 찾아낸 솔수염하늘소는 소나무의 줄기 위에 재선충을 내려놓겠지요. 그러면 재선충은 소나무 줄기를 파고들어 그 안쪽에 새 보금자리를 잡습니다. 그러고는 뿌리에서 잎으로 올라가는 맑고 싱싱한 수액을 빨아먹고 자랍니다. 그사이에 재선충은 놀라운 번식력으로 자손을 순식간에 늘립니다. 한두 마리의 재선충이 며칠 새에 수백만 마리로 늘어나지요. 소나무의 생장에 꼭 필요한 수액을 재선충이 남김없이 가로채는 것은 물론이고, 머지않아 수액이 이동하는 통로인 수관(水管)이 재선충으로 완전히 막히게 됩니다. 수관이 완전히 막혀버린 소나무는 결국 죽을 수밖에 없지요. 소나무는 서서히 온몸이 말라, 늘 푸르던 솔잎은 희뿌옇게 죽어가고 차츰 소나무 전체가 말라 죽게 됩니다.

소나무재선충병의 비극은 여기서 끝나지 않습니다. 소나무가 말라 죽을 즈음에 다시 솔수염하늘소가 나타납니다. 솔수염하늘소는 말라 죽은 소나무에 알을 낳습니다. 재선충과 솔수염하늘소의 궁합은 기가 막힐 정도로 착착 들어맞습니다. 먼저 재선충이 어린 시절에 솔수염하늘의 몸을 빌려 자라나고, 솔수염하늘소는 군소리하지 않고 재선충을 새 보금자리로 옮겨줍니다. 그러면 재선충은 좋은 보금자리를 만들어준 솔수염하늘소에게 어린 시절에 자기를 키워준 은혜에 보답하기라도 하려는 듯 산란 장소를 마련하기 위해 소나무를 말려 죽입니다. 대단히 절묘한 보은입니다.

그래서 재선충에 감염된 소나무는 1년을 채 넘기지 못하고 말라 죽습니다. 게다가 지금까지는 재선충을 잡아먹는 천적도 찾지 못한 상태입니다. 또 효과적인 치료약도 없는 형편입니다. 많은 전문가들이 치료 방법을 궁리하고 있지만, 아직은 딱히 효과적인 대책이 없는 상태입니다.

그래서 병에 걸린 소나무를 되살리는 건 사실상 불가능해, 더는 병에 걸리지 않게 막는 게 지금으로서는 유일한 대책이라 할 수 있습니다. 결국 무엇보다 소나무재선충병에 감염된 소나무를 재빨리 찾아내 더 이상의 감염을 막는 일이 최선이라는 이야기입니다. 살아날 가능성이 없으니 안타까워하지 말고 뽑아내 더 이상의 확산을 막자는 거죠. 한 그루를 살리려 애쓰다가 숲 전체를 망가뜨리는 일은 하지 말아야 하니까요.

소나무재선충병에 걸린 소나무는 뿌리째 뽑아내 불에 태우거나, 솔수염하늘소의 애벌레가 자라지 못하도록 3센티미터 미만으로 잘게 부숴야 합니다. 거기에서 그치는 게 아니라, 토막토막 잘라낸 나무를 비닐로 싸서 훈증 처리까지 해줘야 완벽한 마무리가 됩니다. 그러지 않으면 잘라낸 나무줄기 사이에 남아 있던 재선충이나 솔수염하늘소가 언제 다시 감염목을 늘려나갈지 모릅니다. 소나무재선충병 감염목이 발견된 지역에서는 소나무의 반출을 일절 금지하고 철저히 감시하는 것도 그런 이유에서입니다.

소나무재선충병과 관련해 가끔씩 희망적인 소식이 들려오기도 합니다. 그동안의 연구가 하나둘 성과를 내고 있는 모양입니다. 이를테면 소나무재선충병을 옮기는 솔수염하늘소의 천적 곤충의 대량 사육에 성공했다는 소식입니다. '개미침벌'이라고 불리는 곤충이 그것인데, 지난해에 활용할 계획이라는 소식이 있었습니다. 그러나 아직 그 결과가 희망적이기만 한 것은 아닙니다.

더 확실한 방제 대책이 나올 때까지는 무엇보다 우리 스스로가 곁에 있는 소나무에 더 많은 관심을 기울이는 게 최선입니다.

소나무재선충병 말고도 우리 소나무들이 겪는 수난은 적지 않습니다. '지구온난화'와 '이상기후'도 기후변화에 예민한 소나무에게는 치명적일 수 있습니다. 이를테면 2008년 겨울에는 가뭄이 무척 심했습니다. 그러자 2009년 들어서면서부터 우리 숲의 소나무들의 건강이 급격히 약해졌습니다. 특히 남부 지방의 소나무들이 심하게 앓았지요.

게다가 소나무 해충으로 유명한 솔잎혹파리도 있습니다. 한때 우리나라의 소나무를 떼죽음에 이르게 한 무서운 해충이지요. 요즘은 솔잎혹파리 방제법이 많이 발달해 소나무재선충만큼 위험하지는 않다고 하지만, 그렇다고 방심할 수는 없습니다. 또 최근에 기승을 부리는 위협적인 해충으로 솔껍질깍지벌레라는 것도 있어요. 솔껍질깍지벌레는 바닷가의 소나무인 곰솔에 많이 생기는 해충인데, 곰솔 줄기의 수액을 빨아먹는 통에 곰솔이 맥을 못 추고 서서히 죽어가게 하는 위험한 해충입니다. 최근 보고에 의하면 영남의 울산 지역에서는 이 벌레에 의해 감염된 숲의 규모가 해마다 4배씩 늘어나고 있어 매우 심각한 상태라고 합니다.

이런 모든 위협에도 불구하고, 우리에게 소나무는 반드시 지켜내야 할 나무입니다. 우리 민족에게 소나무는 그냥 나무가 아닙니다. 소나무는 우리 정신문화의 상징이잖아요. 애국가 노랫말에 등장할 뿐 아니라 우리 국민이 가장 좋아하는 나무이기도 하지요. 예로부터 우리 민족은 소나무와 함께 살아왔어요. '소나무 가지를 꺾어 태어났음을 알리고, 소나무로 만든 집에서 소나무 장작을 태워 지은 밥을 먹고 살다가 소나무로 만든 관에 들어가 죽는다'는 말이 있을 정도거든요. 그야말로 소나무를 빼놓고 우리 문화를 이야기할 수는 없을 겁니다. 심지어 우리 문화를 '소나무 문화'라고까지 이야기하는 게

무리는 아닙니다.

  2011년 봄, 산림청의 조사에 따르면 우리나라의 나무 가운데 소나무를 가장 좋아한다고 대답한 국민이 전체의 67.7퍼센트나 됐습니다. 2위인 은행나무가 5.6퍼센트이고, 3위인 느티나무가 2.8퍼센트에 불과하다니, 우리 국민의 소나무 사랑이 얼마나 대단한지를 알 수 있습니다.

  그 소나무 가운데 제가 지난 10여 년 동안 돌아다니며 본 가장 아름다운 소나무를 한 그루 소개하겠습니다. 물론 미추(美醜)의 기준이 사람마다 다를 뿐 아니라, 각 지역에 떨어져 있는 나무들을 한데 모아놓고 절대 비교를 하는 것도 불가능하기 때문에 순전히 주관적인 판단임을 전제로 말입니다. 주관적 판단이라고 말씀 드리기는 했지만, 천연기념물로 지정된 소나무 가운데 꽤 많은 분들이 아름다운 소나무로 첫손에 꼽을 만큼 빼어난 자태를 자랑하는 나무입니다. 천연기념물 제289호인 경상남도 합천군 화양리 소나무입니다.

오래된 아름다움

나무가 있는 화양리 나곡마을은 사람 사는 마을이 있을까 싶을 만큼 참 깊은 산골 마을입니다. 소나무를 생각하면 가장 먼저 떠오르는 나무여서 무시로 보고 싶은 마음이지만, 나무를 찾아가는 길이 멀기도 하고 화양리 골짜기를 오르는 길이 험해서 갈 길에 대한 걱정이 먼저 떠오르곤 합니다. 마을에 들어가려면 골짜기 길을 거슬러 올라야 하는데, 그 길은 비탈이 급할 뿐 아니라 왜 이리 꼬불꼬불한지요. 골 양옆으로 펼쳐진 풍경이 좋아 한눈을 팔고 싶지만, 그랬다가는 큰일 나는 길이에요. 또 사람의 왕래가 별로 없다 보니 길도 좁습니다. 자동차 한 대는 그냥 넉넉히 지날 수 있지만, 경사 급한 비탈길을 오르다가 다른 자동차나 경운기를 마주치면 낭패입니다. 꼬불거리는 급경사

길을 살금살금 후진해야 한다니 생각만 해도 아찔합니다. 하여간 이 나무를 보러 갈 때면 출발부터 마음이 조마조마하답니다. 그렇다고 산길 아래 적당한 곳에 자동차를 세워놓고 걸어서 오르기에는 꽤 먼 곳이에요. 그러니 이도 저도 못하고 조마조마하는 수밖에요.

그렇게 힘들여 올라가면 스무 채 정도의 살림집이 옹기종기 모여 있는 나곡마을에 이릅니다. 자동차를 세울 공간이 없어 막다른 길 끝의 살림집 앞에서 몇 차례 후진과 전진을 되풀이해 돌려 나와야 했던 곳인데, 3년 전 마을 어귀에 자동차 대여섯 대를 주차할 수 있는 공간을 마련했더라고요. 얼마나 반갑던지요. 아마 이 마을에도 자동차를 쓰시는 분들이 늘어난 모양입니다. 주차장이라면 주차장이라 할 이 자리는 풍광도 좋아요. 편안하게 자동차를 세운 뒤에는 그 앞 넉넉한 자리에 잠시 주저앉아 한숨 돌리면서 풍광을 감상하는 맛도 좋습니다.

산비탈에 자리 잡은 마을 앞으로는 다랑논이 널따랗게 펼쳐졌고, 마을과 다랑논의 경계선이라 할 가장자리에 오늘의 주인공인 합천 화양리 소나무가 있습니다. 나무도 아름답지만, 나무가 서 있는 자리에서 산비탈 아래쪽을 내려다보는 풍광은 더없이 평화롭고 상큼합니다. 인적 드문 마을이어서 자연 그대로의 상태가 고스란히 보존된 깊은 산골의 풍광이 살아 있는 흔치 않은 산마을 풍경이지요. 그 풍경의 한쪽 가장자리를 합천 화양리 소나무가 터줏대감처럼 지키고 우뚝 서 있습니다. 한쪽으로는 다랑논에서 이뤄지는 마을 농사를 관장하는 듯하고, 다른 쪽으로는 옹기종기 모인 마을 살림집을 둘러싸고 이어지는 사람살이를 지키는 듯이 늠름한 수호신의 모습이지요.

합천 화양리 소나무는 나곡마을의 안녕과 평화를 지켜주는 수호목이면서 마을을 상징하는 상징목입니다. 500살쯤 된 나무의 키는 18미터, 가슴높이 둘레는 6미터쯤입니다. 주변에 다른 큰 나무는 물론, 나무의 규모에 견줄 다

른 조형물이 전혀 없는 까닭에 실제 규모보다 훨씬 더 크고 우람하게 다가옵니다.

　이 나무를 우리나라 소나무 가운데 첫손에 꼽는 이유는 규모가 크다거나 나이 때문만은 아닙니다. 합천 화양리 소나무보다 더 큰 소나무는 물론, 더 나이든 소나무도 얼마든지 있거든요. 그러나 화양리 소나무만큼 오래된 나이에도 이만큼 아름다운 모습으로 남아 있는 나무는 흔치 않을 겁니다. '나이 들면서 점점 더 아름다워지는 생명체는 나무밖에 없다'는 말의 본보기를 보여주는 대표적인 나무입니다.

　나무는 땅에서 힘차게 솟아오른 굵은 줄기가 3미터쯤 되는 자리에서 3개의 굵은 줄기로 갈라졌고, 그 각각의 줄기 끝에서 다시 여러 가지들이 고르게 나뉘지며 퍼졌습니다. 사방으로 고르게 펼친 가지들은 길이가 사방 20미터를 훨씬 넘습니다. 정확히 하면 동서 방향으로 25미터, 남북 방향으로 23미터나 됩니다. 옆의 사진에서 보시는 것처럼 곧게 솟아오른 줄기나 사방으로 펼친 나뭇가지가 전체적으로 균형을 잃지 않고 고르게 퍼져 더없이 아름답습니다. 마치 화분에 심어두고 애지중지 가꿔온 나무처럼 보일 정도입니다. 바람이 이 나무의 씨앗을 이 자리에 심어놓고, 해와 달과 비바람과 눈보라가 지난 500년 동안 정성껏 키워온 결과입니다.

아무리 나무라 하지만, 500살이면 결코 적은 나이가 아닌데 어쩌면 저렇게 여전히 한창 젊은 나무처럼 싱싱하고 건강하게 살아 있는지 정말 신기합니다. 그냥 나무 곁에 서 있으면, 아니 바라보기만 해도 나무에서 뿜어나오는 자연의 싱그러운 기운을 그대로 다 들이마실 수 있을 듯이 신바람이 절로 난다니까요.

여인이 알려준 샘

나곡마을에서는 이 소나무를 구룡목이라고도 불렀다고 합니다. 나무줄기의 껍질이 거북등처럼 멋지게 갈라져 '거북 구(龜)' 자를 쓴 건데, 거기에 나무가 마치 하늘로 오르기 전에 잔뜩 움츠린 용과 같다고 해서 '용(龍)' 자를 붙여 지은 별명입니다. 달리 해석하면, 오래 사는 생명체의 하나인 거북처럼 긴 수명을 가진 나무라는 점과, 신화 속의 용처럼 사람살이를 지켜주는 신성하고 고마운 나무라는 뜻이 담긴 것일 수도 있습니다. 그런데 지금 마을에 살고 계시는 분들은 '구룡목'이라는 이름을 잘 모르더군요. 그냥 소나무라고만 부르시더라고요. 나무 앞에 세워놓은 천연기념물 안내판에는 분명 예전부터 '구룡목'이라고도 불렀다고 써 있지만, 그와 무관하게 부르기 어려운 옛 이름들이 차츰 잊히는 것이지요.

　이 아름다운 소나무에도 어김없이 옛사람들의 이야기가 담겨 있습니다. 깊은 산골 마을이라는 지형에 잘 어울리는 이야기로, 그와 관련 있는 분들 가운데 아직 나곡마을에 사시는 분은 없습니다. 천연기념물로 처음 지정한 1982년 당시 조사한 내용으로 신화나 전설이 아닌 실화입니다.

　조선 제14대 임금인 선조 때의 일입니다. 임진왜란과 정유재란 등 큰 전란을 겪은 뒤 혼란스럽던 시절에 왕비가 병에 걸려 죽습니다. 그러자 선조는 1602년에 새 왕비를 맞이합니다. 그가 바로 연안 김씨 김제남의 딸인 인목대비입니다. 혼례를 치른 4년 뒤인 1606년에 인목대비는 영창대군을 낳습니다. 영창대군은 선조의 14명의 왕자 중 막내지만 왕자들 가운데 유일한 정궁(正宮) 출신이지요. 당연히 선조의 사랑을 독차지했지요. 선조는 이미 광해군을

세자로 책봉한 상태였지만, 영창대군이 태어나자 생각이 바뀝니다. 왕위를 영창대군에게 물려주고 싶어진 거죠. 그러나 영창대군이 3살 때인 1608년에 선조가 갑자기 세상을 뜨자 문제가 불거졌습니다.

아직 왕위를 물려받기에는 어린 영창대군을 물리치고 이미 세자로 책봉돼 있던 광해군이 임금 자리에 오르게 됩니다. 이는 인목대비가 결정한 것이기도 하지요. 그러나 광해군은 얼마 지나지 않아 인목대비를 서궁으로 유폐하고, 그의 아버지인 김제남을 사형에 처합니다. 영창대군을 임금으로 받들려는 반역을 사전에 막으려는 피바람이었습니다. 아무리 어리다고 해도 유일한 정궁 출신인 영창대군과 그의 일족인 인목대비 일가가 존재하는 한 광해군은 자신의 지위를 불안해할 수밖에 없었겠죠. 결국 광해군은 김제남과 그의 삼족을 멸하는 극형을 내립니다. 또 어린 영창대군은 역모에 연루됐다는 허물을 씌워 강화도에 위리안치(圍籬安置)하지요. 급기야 1614년에는 강화부사 정항을 시켜 8살의 어린 영창대군을 죽이기에 이릅니다. 그야말로 온 나라를 피바람이 뒤덮은 상황이었습니다.

삼족을 멸하는 피바람은 당연히 김제남의 친척들에게도 퍼졌지요. 당시 김제남의 친척들은 일단 피바람을 피하기 위해 곳곳으로 흩어져 몸을 숨겼다고 합니다. 그중에 김제남의 육촌 동생인 김규(金樛)라는 사람이 있었어요. 그가 오지인 이곳 나곡마을까지 찾아든 겁니다. 갈 곳이 막막하던 그는 지친 발걸음을 멈추고 곁의 커다란 나무 아래에서 다리쉼을 하며 곤하게 잠에 빠져들었다고 합니다. 그때 꿈에 비단옷을 입은 여인이 나타나 물을 길러 가는 중이라고 했답니다. 잠에서 깬 김규가 곧바로 나무 아래에 구덩이를 파자, 그 자리에서 맑은 샘이 솟아나왔다고 합니다. 그는 그 자리에 작은 오두막을 짓고 살았습니다. 그때 맑은 물이 솟은 샘은 '비단옷 입은 여인이 알려준 샘'이어서 '나천(羅泉)'이라 불렀습니다.

이 산골 오지에 사람들이 늘어나면서 마을이 형성되자 그 샘의 이름을 따서 '나천마을'이라고 부르게 됐지요. 그로부터 긴 세월이 흐르면서 지금의 '나곡마을'로 마을 이름이 바뀐 것입니다. 해발 400미터쯤에 자리 잡은 이 마을은 요즘처럼 교통수단이 발달한 시대에도 찾아들기 어려운 곳이어서, 당시 은둔지로는 더할 나위 없이 좋았겠다 싶습니다.

이야기를 짚어보며 다시 나무를 바라보니, 나무 그늘 쪽은 참 포근하다 싶은 느낌이 듭니다. 나뭇가지가 사방으로 고르게 펴지면서 나무 그늘이 무척 아늑해 보입니다. 마을을 처음 일으킨 김규에게 살림터로 점지해주었던 '나천'이라는 샘은 이제 흔적도 없이 사라졌습니다.

합천 화양리 소나무를 천연기념물로 지정한 1982년에는 나무의 나이를 720살로 추정했습니다. 500살로 돼 있는 지금의 기록과는 차이가 있습니다. 나이를 정확히 측정할 기록이나 근거는 없지만, 김규가 이곳을 처음 찾아들었던 1613년 즈음에 이미 큰 나무였다고 하는 걸 바탕으로 하면 500살은 훨씬 넘었다고 볼 수도 있습니다.

500살이든 700살을 넘었든 결코 짧지 않은 세월입니다. 그 긴 세월이 흐르는 동안 소나무는 살육의 피바람을 모두 씻어낸 듯 아름답고 평화로운 모습으로 남았습니다. 그때 피바람을 피해 찾아든 김규를 지켜주었던 것처럼 지금도 나무는 마을의 모든 사람살이를 지키고 서 있습니다.

깊은 인고의 세월을 지내온 탓일까요. 나무는 세상의 모든 생명이 갖추어야 할 한을 안으로 삭이면서 이제 나라 안에서 가장 아름다운 한 그루의 소나무로 남았습니다. 골짜기를 타고 불어오는 상큼한 산골바람을 따라 나무는 앞으로도 오래도록 새로운 시대의 평화를 노래하며 살아갈 것입니다.

18.
천덕꾸러기에서 천연기념물로 바뀐 운명
– 의령 백곡리 감나무

무릇 모든 살아 있는 것들이 한 해의 힘겨운 노동의 결과를 갈무리하는 가을이면, 우리 시골 마을을 아름답게 하는 나무가 있지요. 바로 감나무입니다. 나뭇잎이 다 떨어지고 구불구불 자유로이 뻗어 푸른 하늘에 걸린 앙상한 가지는 그야말로 정겨운 한 폭의 풍경화입니다. 언제 봐도 그저 넉넉하고 편안한 그림입니다.

제가 나무를 찾아다니는 사람이다 보니, 가끔 '다시 태어난다면 나무로 태어나고 싶으시겠어요'라는 말을 듣기도 합니다. 덧붙여 '나무로 태어난다면 무슨 나무로 태어나고 싶으시냐'고 묻기도 하시지요. 그 질문에 저는 '감나무'라고 대답하곤 합니다.

이유는 이렇습니다. 감나무라는 게 워낙 우리 곁에 흔한 나무잖아요. 시골 마을에 가면 집집마다 거의 뒤란에 한 그루씩 심어 키우는 나무지요. 특히 뒤란의 장독대 곁에 감나무를 심어두면 뱀이 오지 않는다고 합니다. 장독대는 아녀자들이 드나드는 곳이잖아요. 그리고 대개의 아녀자들은 뱀을 무척 무서워하는데, 감나무가 뱀을 막아준다니 거기에 심어두기에 알맞춤한 나무지요. 그런저런 이유로 감나무는 없는 집이 없을 정도로 흔한 나무입니다. 존재감을 느끼기 쉽지 않은 나무라고 이야기해도 될 겁니다. 그런데 뒤란의 감나무가 병이 들어 죽었다든가, 큰 바람에 쓰러지기라도 한다면 그때의 상실감은 어떤 나무 때보다 큽니다. 평소에 우리에게 많은 걸 주는 나무이기 때문이겠지요. 대개의 나무가 그렇지만 감나무는 그처럼 뒤늦은 존재감으로 다가오는 나무입니다.

저도 감나무처럼 살고 싶은 마음이 없지 않습니다. 살아 있는 동안 특별히 나대지 않고 평범하고 조용히 살고 싶어요. 감나무처럼요. 조용조용 저에게 맡겨진 삶을 충실히 살아가고 싶은 거죠. 나무를 찾아다니고 나무가 제게 속 살거린 숱한 이야기를 조용히 풀어내고 싶은 마음입니다. 그런데 거기에 또 하나의 소망을 보태고 싶어요. 그렇게 조용히 살다가 죽었을 때, 누군가 저를 기억해주는 분이 있었으면 정말 좋겠어요. '아, 옛날에 나무에 미쳐 내내 나무만 찾아다니고, 나무 이야기를 글과 사진으로 써내던 사람이 있었지'라고 말입니다. 그러니까 살아 있을 때보다는 이 세상을 떠난 뒤에 누군가가 뒤늦은 존재감으로 기억해준다면 참 좋겠어요. 그게 감나무와 똑같은 거 아닌가 싶어 든 생각이에요.

각설하고, 감나무 이야기를 하나하나 짚어보지요. 나무의 생김새에서 받는 느낌이야 사람마다 다 다르겠지만, 대체로 감나무에서는 편안한 느낌이 들지 않으시나요? 아마 곁에서 오래도록 바라본 나무여서 그럴지도 모르지요. 그런데 실제로 감나무는 가지 펼침부터 여느 나무에 비해 편안합니다. 감나무의 가지는 곧게 뻗지도 않고, 그렇다고 웅장하지도 않습니다. 어느 한쪽으로만 펼치지 않고, 가녀린 듯한 제 가지를 구불구불 휘어 돌려치면서 하늘을 살며시 가립니다. 정겹다 하지 않을 수 없습니다. 편안하게 펼친 가지 위에 까치집이라도 하나 얹히면 그야말로 금상첨화의 풍광일 겁니다. 하지만 감나무에는 새들이 집을 짓지 않는 편입니다. 대개의 감나무에는 새집이 없습니다. 그건 감나무가 사람들 가까이에서 자라는 나무이기도 하고 또 가을이면 감을 따려고 나뭇가지 끝까지 사람의 손길이 미치기 때문일지도 모릅니다. 새집 대신, 어느 마을 어느 감나무를 봐도 가을이 꼬리를 보일 무렵까지 어김없이 한두 개의 감이 가지 끝에 매달려 있습니다. 이른바 까치밥입니다.

사람이 먹고 남은 열매를 배고픈 날짐승에게 남겨줬다는 생각에서 까치의 밥이라고 부르는 거지요. 그런데 가만히 까치밥으로 남은 감의 위치를 살펴보면, 사실 그건 따기가 참 어려운 자리라는 생각도 들어요. 감은 따기가 쉽지 않거든요. 잘못 따다가는 땅에 떨어뜨리게 되고 그러면 터져버려 못 먹게 되니까요. 그래서 긴 장대 끝을 둘로 나누어 그 사이에 감꼭지를 끼운 뒤에 비틀어 따지요. 가을이 되면 사람이 오를 수 있는 곳까지 기어오른 뒤 장대를 이용해 감을 따지만, 그래도 끝까지 따기 어려운 자리에 매달린 열매가 있게 마련이지요. 이렇게 이야기하니, 꼭 우리 옛 조상들이 하늘을 나는 새들과 더불어 살아가려는 너그러운 마음씨를 흠집 내려는 이야기가 될 수도 있겠네요. 굳이 따지고 보면 아무리 어렵다 해도 그까짓 거 따는 게 아주 불가능한 건 아니겠지요. 그러니까 결국은 굳이 따려면 딸 수도 있지만, 서너 개 정도는 새들에게 남겨주자는 생각도 있었을 겁니다. 순서만 바뀌었을 뿐, 까치밥에 남은 더불어 정신은 여전히 유효합니다. 어쨌든 감나무 가지 끝의 까치밥은 어떤 연유에서든 정겹고 아름다운 가을 풍경이지요.

모두가 떠난 요즘의 시골 감나무에 열린 감은 맛이 제대로 들어도 딸 사람이 없습니다. 집주인 노인들이 겨우내 먹어봐야 얼마나 먹겠어요? 그래서 집집마다 한두 그루씩 서 있는 감나무의 열매는 집주인이 따 먹고도 남아 말라

비틀어지기도 하고, 맥없이 떨어져 터져버리기도 합니다. 좀 아쉬운 풍경입니다. 감꽃이 피고 떨어져 감꽃 목걸이를 만들며 놀 때부터 감이 열리고 곶감을 만들 때까지 더없이 좋은 놀잇감이던 감나무는 이제 그렇게 쓸쓸하게 시골 마을을 지키는 외로운 나무가 돼버렸습니다.

예로부터 감나무의 열매인 감은 맛난 간식거리기도 했지만, 한방에서는 중요한 약재로도 써왔어요. 감꼭지는 잘 멈추지 않는 딸꾹질을 멈추게 하는 데 큰 효과가 있으며, 잘 익은 홍시는 술을 깨는 데 좋다고 합니다. 또 감잎은 비타민 C를 많이 품고 있으며 고혈압에도 좋다고 해 감잎차로 만들어 마시지요.

밤나무, 대추나무와 함께 우리의 가을을 대표하는 과실나무 가운데 하나인 감나무는 열매를 많이 맺는 나무여서 대부분의 과실수와 마찬가지로 비교적 수명이 짧습니다. 벚꽃처럼 화려한 꽃을 피운다거나, 사과나무나 배나무처럼 열매를 풍성하게 맺는 나무들이 대개 그렇지요. 아무래도 지나친 에너지 소비가 명을 단축하는 것이지 싶습니다. 감나무는 그래서 크고 오래된 나무가 그리 많지 않습니다.

발소리를 듣고 맛을 내는 감나무

오늘 이야기하려는 의령 백곡리 감나무는 현재 우리나라에 살아 있는 감나무 가운데 가장 큰 나무입니다. 뒤에 덧붙여 이야기하겠지만, 이 감나무와 밀접한 인연를 가진 프리랜서 다큐멘터리 감독인 박봉남 씨는 "우리나라 사람들처럼 감나무를 아끼고 좋아하는 민족도 없다" 며 "이 나무가 우리나라에서 가장 큰 감나무라면 아마도 세상에서 가장 큰 감나무라고 해도 무리가 아니다"라고 이야기했을 정도입니다. 이 감나무와 깊은 인연을 가졌다는 박 감독 이야기는 뒤에 상세히 하겠습니다.

경상남도 의령군 정곡면 백곡리의 마을 어귀에 있는 이 감나무는 450살이나 된 늙은 감나무입니다. 키가 28미터까지 자랐고, 가슴높이 둘레는 4.8미터나 되는 매우 큰 나무입니다. 제가 이 나무를 처음 찾아본 것은 나무 앞 동산에 제비꽃이 예쁘게 피어나던 2002년 봄이었습니다. 농로를 따라 이어지는 마을길에서도 멀리로 나무는 훤히 바라다보이지만, 가까이 다가가서 확인하기까지는 이 나무를 감나무라고 생각하지 못했습니다. 감나무치고는 무척 큰 데다, 여느 감나무와 달리 잔가지가 그리 발달하지 않았으며, 유난히 굵은 줄기와 그에 이어지는 가지도 매우 굵게 발달한 나무여서 알쏭달쏭했지요.

마을길 옆 논 가장자리에 창고로 쓰이는 가건물 곁에 서 있는 감나무는 땅에서부터 올라온 줄기가 무척 굵게 자라났으며, 2.5미터쯤 높이에서부터 가지가 여럿으로 갈라졌어요. 가까이 다가서는 동안에도 참 헷갈렸습니다.

믿을 수 없을 만큼 큰 감나무로 제 눈에는 보물처럼 귀하게 보였지만, 당시 나무를 보호하려는 대책은 지나치게 소홀했습니다. 당시에도 이 나무는 산림청 보호수였지만, 이를 알리는 안내판도 없고 나무 곁에는 마을 농부들이 임시로 쌓아놓은 비료더미와 농기구들이 마구 흩어져 있었어요. 그러니까 임시로 쓰는 열린 창고 같은 셈이었지요. 게다가 얼마 전에는 마을 어린 아이들이 놀던 불장난에 나무가 화재를 입기까지 했다고 합니다. 굵은 밑둥치 한쪽은 심하게 썩어 큰 구멍이 생겼는데, 그 안에서 불장난을 놓았다는 겁니다. 구멍 안쪽으로 불에 탄 흔적이 뚜렷해 안타까웠습니다.

얼마 전까지만 해도 이 나무는 마을의 당산나무였다고 합니다. 사람들이 모여 마을의 풍년과 평화를 기원하며 당산제를 올리던 나무였던 거죠. 그런데 이제 한갓 아이들의 불장난에 희생되고 마는 장난거리가 된 겁니다. 까닭이 있었어요. 감나무가 감나무로서의 구실을 제대로 하려면 무엇보다 감이

많이 열려야 하는데, 이 나무는 이미 수명을 다한 탓인지 감이 하나도 열리지 않는다고 합니다. 이미 생식 능력이 고갈될 만큼 늙은 걸 어쩌겠습니까. 그러다 보니 마을 사람들은 감이 열리지 않는 감나무를 좋게 볼 수 없었습니다. 수명을 다한 나무로 보고 이제는 나무를 향해 소원을 빌며 제사 올리는 행사를 치르지 않게 됐지요.

문제는 거기에서 그치지 않았습니다. 제가 처음에 이 나무를 찾아갔을 때 나무 곁에서 마을 어른을 한 분 뵈었어요. 그 어른께서는 "이깟 나무는 뭣하러 멀리까지 찾아왔어?"라고 말문을 떼시고는 "감이 안 열려 베어야 하는데……"라며 말끝을 흐리셨을 정도입니다. 물론 이 나무에 대한 마을 어른들의 생각은 그 뒤로 크게 변합니다.

　마을 사람들에게 제대로 된 대접을 받지 못하고 있지만 의령 백곡리 감나무는 크기도 크지만 굵은 가지가 발달한 잘생긴 나무여서 보존할 가치가 있는 게 분명했습니다. 어쩌면 감나무가 우리 곁에 무척 흔하게 심고 기른 나무이기 때문에 오래된 나무라고 해서 특별히 아껴야 할 필요를 느끼지 못했는지 모르겠습니다.

　감나무 이야기를 꺼냈으니, 감나무의 일반적 특징에 대해서 좀 더 짚어보고 의령 백곡리 감나무 이야기를 이어가겠습니다. 우리는 백곡리 어른들이 그러셨듯이 감나무의 가장 중요한 쓰임새를 열매인 감으로 생각합니다. 그러나 감나무는 감으로만 쓸모가 있는 나무가 아닙니다. 우선 감나무의 목재입니다. 감나무는 목재의 재질이 굳고 탄력이 있으며 고급스러운 검은빛을 띠고 있어 예부터 집안의 귀한 가구재로 쓰인 나무입니다. 최근에는 나무의 탄력성이 좋아 골프채로도 쓰인다고 합니다.

　감나무는 세계적으로 190종이나 됩니다. 그 가운데 우리나라에서는 감나무와 고욤나무가 자라지요. 주로 따뜻한 지방에서 자라는 감나무는 서울을 중심으로 한 중남부 지방에서 잘 자랍니다. 특히 우리나라와 일본, 중국에서 자라는 감나무가 세계 모든 감나무 가운데 가장 맛이 좋은 감을 맺는다고 합니다.

　중국에서도 감나무를 무척 아껴 갖가지 문헌에서 감나무를 예찬한 기록을 찾아볼 수 있습니다. 당나라 때 문인 단성식(段成式)이 지은 수필집 《유양잡조(酉陽雜俎)》에는 감나무를 첫째 오래 살고, 둘째 넉넉한 그늘을 만들며, 셋째 새가 집을 짓지 않고, 넷째 벌레가 나지 않으며, 다섯째 가을 단풍이 아름답고, 여섯째 열매가 맛나고, 일곱째 잎이 큼직하여 글씨를 쓸 수 있다 하여 '칠절(七絶)'이라고 예찬한 기록이 있습니다.

또 오상(五常)이라고 극찬한 기록도 있지요. 잎에 글을 쓸 수 있으니 문(文)이고, 나무를 화살촉으로 쓰니 무(武)며, 열매의 겉과 속이 같아 충(忠)이고, 늙어 이가 빠져도 먹을 수 있으니 효(孝)며, 가을 끝까지 열매가 달려 있으니 절(節)이라 하여 오상이라는 겁니다. 감나무가 우리 문화 속에 남긴 빛을 절묘하게 표현했습니다. 또 다섯 가지 색을 가진 나무라고 하여 오색(五色)의 나무라고 표현했습니다. 바로 줄기의 검은색, 잎의 푸른색, 꽃의 노란색, 열매의 빨간색, 곶감의 흰색입니다. 진짜 절묘하죠?

어쨌든 우리 시골 마을에서 감나무를 키우는 가장 큰 목적은 맛난 감을 따기 위한 것입니다. 그렇게 좋은 감을 얻기 위해서라면 감나무는 반드시 접붙여 키워야 해요. 이때 대목(臺木)으로 쓰는 나무가 바로 고욤나무입니다. 고욤나무에서도 열매가 맺히지요. 그게 고욤입니다. 그러나 잘 아시겠지만 고욤은 작은데다가 떫은맛이 강해 먹을 수 없습니다. 이 고욤나무를 대목으로 하여 감나무를 접붙여 키워야 좋은 감을 얻을 수 있습니다. 만약 감의 씨앗으로 묘목을 만들어 키운다면 감이 열리기는 하지만, 씨알도 작고 떫기만 하여 먹기 어려운 감이 열립니다.

감이야말로 가을·겨울에 아주 중요한 간식입니다. 말만 해도 벌써 입안에 침이 고이네요. 돌아가신 이오덕 선생께서는 감은 사람의 발소리를 듣고 맛을 낸다는 흥미로운 글을 쓰신 적이 있습니다. 그분이 살아생전에 내신 책 가운데 《나무처럼 산처럼》이라는 수필집이 있습니다. 그 안에 쓰신 글이지요. 선생님은 퇴임 후 충주 근처의 산골로 보금자리를 옮기셨어요. 선생께서는 마을 곳곳에 감나무가 있지만 사람이 떠난 텅 빈 집 뒤란에 서 있는 감나무에는 감이 열리지 않는다고 하셨지요. 어쩌다가 감이 열린다 해도 맛이 그리 좋지 않다는 말씀이었어요. 선생 생각에는 아이들이 감나무 밑에 오줌도 누고, 강아지가 오줌똥도 싸고 사람들이 먹다 남은 음식찌꺼기도 흘리고 해서 그것

의령 백곡리 감나무 줄기

들이 쌓여 거름이 돼야 좋은 열매를 맺을 수 있다는 겁니다. 과학적인 근거를 찾기 어렵다 할 수 있지만, 이오덕 선생님은 실제 상황으로 이 말씀을 증거하셨어요. 처음에 그 마을에 가셨을 때, 사람이 떠난 빈집의 감나무에서 맺은 감을 먹어봤지만, 맛이 없었다고 합니다. 그래서 누구도 따먹을 생각을 하지 않고 그냥 두었다는 거죠. 그런데 그 집에 새로 사람이 들어와 살면서부터는 아주 맛있는 감이 열리기 시작했답니다. 마치 벼가 사람 발자국 소리를 들으며 여문다는 이야기와 마찬가지로 감은 사람의 숨소리와 말소리를 들으며 맛을 낸다는 게 선생의 말씀입니다.

감나무 자서전을 쓰다

이제 다시 의령 백곡리 감나무 이야기로 돌아가야겠습니다. 제가 이 나무를 처음 찾아보고 '참 좋은 감나무'라는 생각에서 제 책 《이 땅의 큰 나무》에 우리나라의 감나무를 대표하는 나무라고 소개했어요. 그리 큰 반향이 있으리라는 기대는 하지 않았지만, 또 마을 분들에 의해 스러질지도 모를 운명이지만 기록으로나마 남겨놓고 싶었던 겁니다. 그때 저의 책을 꼼꼼히 본 사람이 한 분 있었어요. 바로 박봉남 감독입니다. 박봉남 감독은 다큐멘터리계의 전설이라는 별명이 붙을 만한 분이랍니다. 여러 업적이 있지만, 그중에 세계 최대 다큐멘터리 영화제인 암스테르담 영화제에서 2009년에 우리나라 영화사상 최초로 '대상'을 수상한 〈철까마귀의 날들〉을 제작하신 분이거든요. 최근에는 나무와 관련한 다큐를 제작 중인데, 여기에는 저도 약간의 역할을 하고 있습니다. 기대하셔도 좋을 작품이 되지 싶습니다.

2003년 여름쯤이었어요. 박봉남 감독이 전화를 걸어오셨어요. 바로 의령 백곡리 감나무의 실체에 대해 확인하시려는 생각에서 걸어온 전화였어요. 이어서 그분은 한번 만나자 하셨어요. 여의도에 찾아가 뵈었는데, 만약 이 감나무가 우리나라에서 제일 큰 감나무라면 세계 어디에 내놓아도 손색이 없을 것을 확신한다며 사계절 내내 촬영해 한 편의 다큐멘터리로 찍어보겠다는 것이었어요. 저로서는 무조건 찬성이었지요. 그리고 제가 도와드릴 일이 있다면 무조건 하겠다고 했어요.

그렇게 촬영은 2004년부터 시작됐습니다. 정말 그분 말대로 1년 내내 촬영이 진행됐습니다. 앞에서 그 감나무가 감이 열리지 않는다는 말씀도 드렸지요. 감나무를 촬영하는데, 가을에 감이 하나도 열리지 않으면 내내 촬영해놓고 낭패를 보게 될까봐 미리 말씀 드린 거죠. 그러자 박봉남 감독은 정성을 들이면 감도 열릴 수 있다고 하셨어요. 과연 그럴까 생각했지만 말릴 수야 없었지요. 그리고 속으로는 박봉남 감독 말대로 감이 다시 열렸으면 좋겠다는 생각을 한 것도 사실입니다.

백곡리라는 조용한 마을에 그야말로 난리가 났습니다. 나무를 베어버릴 생각까지 하시던 어르신들로서는 놀랄 수밖에 없었지요. 사람도 아니고 나무를 촬영한다고 들어오는데, 그것도 하루 이틀이 아니라 1년 내내 때맞춰 계속 들어오고, 심지어 마을 근처에서 며칠 동안 숙식을 해결하면서 제작진이 머무는 일이 생기니 어르신들도 나무를 다시 보게 된 겁니다. 촬영도 그냥 촬영이 아니었습니다. 나무의 멋을 제대로 드러내기 위해서 나무 꼭대기를 촬영할 수 있는 대형 크레인까지 동원하는 게 다반사거든요. 그런 대형 장비가 동원되어 나무를 촬영하는 게 어디 예사로 보이겠습니까. 정말 나무에 대한 마을 어른들의 생각이 바뀔 수밖에요. 심지어는 마을 옛 조상 중에 이 나무에 대해 써서 남기신 문헌이 있는가를 살펴보시기까지 했을 정도니까요. 그래서 실제로 옛 문헌이 나오기도 했어요.

겨울과 봄여름이 가고 가을까지 촬영은 계속됐습니다. 그리고 그해 가을 어느 날, 제가 궁금해 박봉남 감독에게 전화를 했어요. 함께 갈 수도 있었지만, 일정을 맞추지 못해 우선 전화를 한 겁니다. 감이 열렸느냐는 질문을 드렸어요. 뜻밖에도 박봉남 감독은 열렸다는 답을 전해왔습니다. 물론 여느 감

나무처럼 주렁주렁 열매가 맺힌 건 아니지만, 가지 끝에 조그만 감 서너 개가 보일 듯 말 듯 맺혔다는 겁니다. 촬영을 처음 시작할 때 박봉남 감독이 이야기했던 대로 사람들이 나무를 찾아오고 나무에 정성을 드리자 나무가 열매를 맺은 겁니다. 나무와 사람의 진정한 교감이 이런 것이지 싶습니다. 앞에서 제가 이야기했던 화성 전곡리 물푸레나무와 다를 게 없는 결과입니다.

한 해 동안 촬영한 다큐멘터리는 이듬해 1시간 분량의 설날 특집 다큐멘터리로 편성되었습니다. 〈감나무, 자서전을 쓰다〉라는 제목으로 방영된 이 프로그램은 무엇보다 영상이 참 아름다웠습니다. 게다가 1년 내내 보여주는 감나무의 변화와 나무를 둘러싼 사람살이가 잘 드러난 명품 다큐멘터리였습니다.

그 뒤 마을은 물론이고, 의령군청에서도 나무에 큰 관심을 갖기 시작했습니다. 처음에 제가 나무를 찾아가던 때는 나무의 위치를 찾기가 무척 어려웠습니다. 백곡리라는 마을 자체를 찾기가 힘들었지요. 그런데 방송에 나무가 출연하자 의령군에서는 큰길가에서부터 '백곡리 감나무 가는 길'이라는 대형 안내판을 곳곳에 세웠지요. 나무 주변 분위기도 완전히 바뀌었습니다. 처음에는 보호수 안내판이 없었던데, 농자재와 비료더미가 쌓여 있었다고 말씀드렸잖아요. 그런데 주변을 말끔히 정비한 건 물론, 그 앞에 잘생긴 돌로 보호수를 알리는 비석을 세우기까지 했지요. 그야말로 나무에 대한 대접이 백팔십도 바뀐 겁니다. 그렇게 의령 백곡리 감나무는 사람들의 관심을 다시 얻게 됐습니다. 그로부터 몇 년이 지난 뒤, 문화재청에서는 전국의 유실수 및 노거수 관련 조사를 했습니다. 조사 방법도 흥미로웠지요. 처음에는 일반인을 대상으로 공모를 했습니다. 감나무, 밤나무, 모과나무 등 우리 곁에서 잘 자라는 나무 가운데 역사성을 갖고 있는 큰 나무들을 찾고자 한 겁니다. 많은 공모가 올라왔는데, 그 가운데 의령 백곡리 감나무도 있었습니다. 이 프로젝트에는 저도 조사자로 참가했어요. 그때 나무를 찾아가 보고 마을 어른들도 찾아뵈었습니다. 그때 나무에 대한 어른들의 생각과 태도는 정말 많이 달라져 있었습니다. 게다가 제가 이 나무를 대중 매체에 알리기 시작했다는 걸 아시게 된 어른들은 저에 대한 대접까지 달라질 정도였습니다. '그깟 나무는 뭣하러 찾아왔느냐'는 몇 해 전의 태도는 찾아볼 수 없었습니다.

그리고 얼마 뒤인 2008년 3월, 의령 백곡리 감나무는 드디어 천연기념물 제492호로 지정되었습니다. 언론을 통해 이 소식을 듣고 저도 기뻤습니다. 나무를 소중하게 지키는 데 한몫했다는 생각에 뿌듯했지요. 언론에 이 나무 소식이 알려진 바로 그날, 박봉남 감독이 제게 전화를 걸어왔습니다. 그동안 나무 이야기를 하며 많이 친해진 박 감독은 제게 '선배' 대접을 해주었는데, 전화를 통해 "선배님이 큰일을 하신 거예요. 천연기념물이 됐잖아요"라며 다소 흥분한 목소리로 이야기했어요. 저도 대답했어요. "무슨요? 제가 책에 아무리 강조했어도 아마 방송에 나가지 않았다면, 이런 좋은 일은 없었을 겁니다. 역시 방송의 힘이 큰가 봐요. 큰일은 박 감독이 다 하신 겁니다."

공치사와 무관하게 나무는 그렇게 이제 우리 모두가 지켜야 할 국가적 보물, 천연기념물이 되었습니다. 의령 백곡리 감나무 이야기를 꺼내면 할 말도 많고, 저 스스로도 이렇게 흥분하곤 합니다. 그러나 우리 곁에 있는 나무의 가치를 다시 살펴보고, 이를 오래도록 지킬 수 있는 계기를 마련하는 것만큼 제가 할 수 있는 큰일은 없지 싶어서 그렇습니다. 이 위대한 감나무가 앞으로도 오랫동안 우리 곁에 많은 사람들과 함께 건강하게 살아남기를 기대할 뿐입니다.

19.
생로병사의 굴레를 따라 사라져간 나무를 찾아서
– 제주 성읍마을 팽나무, 익산 신작리 곰솔, 보은 어암리 백송

사람 사는 곳 어디에라도 나무 없는 곳은 없습니다. 개체 수로 따지면 지구의 지배자 행세를 하는 인간과는 비교할 수 없을 만큼의 수의 나무가 우리 사는 세상에 있습니다. 과학적으로 숫자를 헤아린 것은 아니지만, 언뜻 짐작해도 사람의 수가 나무의 숫자를 따를 수 없는 건 분명합니다. 그런데 진화생물학자인 스티븐 제이 굴드는 실제로 지구의 지배자는 사람도 짐승도 식물도 아니라고 이야기합니다. 정말 지구를 완전히 장악하고 살아가는 생명체는 박테리아라고 합니다. 수로는 도저히 박테리아의 개체 수를 따를 수 없다는 이야기겠지요. 하지만 박테리아는 눈으로 확인할 수 없어 그리 실감나는 이야기가 아닙니다. 눈으로 보이는 생명체 가운데는 식물이 지구를 지배하고 있다고 해도 과언이 아니라는 말씀입니다.

그렇게 너무나 많은 생명체가 있는 까닭일까요? 식물, 나무의 존재감은 그리 크지 않습니다. 나무 곁을 지나면서도 그를 바라보거나 느끼려 하기보다는 일쑤 그냥 스쳐 지나칠 뿐이지요. 저야 나무를 바라보는 일이 직업이다 보니, 도시에서든 시골에서든 나무를 그냥 스쳐 지나지 못하지만, 솔직히 저 역시 나무의 존재감을 그리 심각하게 느끼지 못하는 경우가 많습니다. 특히 크고 오래된 노거수를 찾아다니다 보니, 도시의 어린 가로수의 존재감을 진중하게 느끼지 못하는 경우가 적지 않은 게 사실입니다. 그러다가 나무들이 사라지고 난 뒤에야 그가 있었던 때의 초록 풍경이 생각나 아쉬워하곤 하지요. 이번 강의에서는 그런 뒤늦은 존재감으로 다가온 나무들을 소개할까 합니다. 그러니까 이제는 다시 볼 수 없게 된 죽은 나무들의 이야기라는 말씀입니다. 얄궂게도 우리 곁에서 이미 사라졌지만, 그 때문인지 그의 존재감이 더 절실하게 느껴지는 나무들입니다. 매우 중요한 존재에 대한 상실의 아픔으로 다가오는 뒤늦은 존재감입니다.

　이미 수명을 다해 쓰러졌지만 오늘 소개할 나무들은 모두가 매우 귀중한 나무들이었습니다. 대개는 벼락을 맞아 쓰러지거나 홍수와 태풍을 이겨내지 못하고 죽은 나무들입니다. 다시 볼 수 없지만 저로서는 영원히 잊지 못할 나무들이지요.

제주도 성읍마을 팽나무

2011년 태풍 무이파로 쓰러진 제주도 성읍마을의 팽나무부터 시작하지요. '제주 성읍리 느티나무 및 팽나무군'이라는 이름으로 천연기념물 제161호에 속한 여러 그루의 나무 가운데 하나입니다.

　제주도 관광 코스에서 빠지지 않는 곳이 바로 성읍마을이잖아요. 마을 전체가 중요 민속자료 제188호로 지정된 제주의 대표적인 민속 마을이니까요. 민속 마을의 원형을 잘 유지하고 있지만, 사실 대부분의 살림집은 옛 모습대

제주 성읍마을 팽나무

로 새로 지은 건물이지요. 그럴 수밖에 없겠지요. 이 마을에서 가장 오래도록 제 모습을 유지하고 있는 건 아무래도 천연기념물로 지정된 느티나무 한 그루와 팽나무 일곱 그루입니다. 마을의 길가 주변 곳곳에 커다란 나무들이 초가나 옛 풍물과 잘 어우러지며 민속 마을 분위기를 돋우는 거죠.

여덟 그루의 아름답고 큰 나무 가운데 한 그루의 팽나무가 태풍 무이파의 습격으로 쓰러졌습니다. 아예 뿌리째 뽑힌 팽나무는 일관헌(日觀軒)이라는 고택 담벼락에 붙어 있어 더 운치가 있었던 나무입니다. 1000살이나 됐다는 이 팽나무는 제주의 현대사를 묵묵히 바라보며 이를 침묵으로 지켜온 나무입니다. 특히 이 나무는 제주의 고통을 상징하는 4·3사건을 가장 가까운 곳에서 지켜보았습니다. 조선시대의 관아 건물이던 일관헌이 1948년 4·3사건이 일어나던 때 경찰서로 이용되었기 때문에 주변에서는 군중과 경찰 사이의 총격이 자주 일어날 수밖에 없었겠지요. 나무는 어쩔 수 없이 그때 양측이 쏘아댄 총탄을 받아내야만 했습니다. 팽나무는 그렇게 말없이 제주 현대사의 고통을 온몸으로 받아내며 살아왔던 유서 깊은 나무입니다. 그의 죽음이 더없이 안타까울 수밖에 없는 까닭입니다.

여담이지만, 나무가 쓰러졌을 때 언론의 보도 태도에 대해 한 가지 짚어보지 않을 수 없습니다. 모두가 그런 건 아니었지만, 90퍼센트가 넘는 대개의 언론은 나무가 쓰러져 넘어가면서 오래된 건물 일관헌의 지붕 일부를 손상시켰다는 데 초점을 맞추었더군요. 이건 참 난센스입니다. 물론 건축물의 손상이 문제가 아니라는 건 아닙니다. 그것 역시 굉장히 서글픈 일임이 틀림없습니다. 하지만 건축물은 복원이 가능합니다. 좀 더 어깃장을 놓자면, 사람의 손에 의해 지어진 건축물은 일정 시기가 지나면 조금씩 고쳐야 하는 게 분명합니다. 어떻게 건축물이 수백 년 전의 모습을 평생 유지할 수 있겠어요? 그래서 복원할 수 있다는 것만으로 위안 삼을 수 있다는 이야기입니다. 하지만 뿌리째 뽑힌 나무는 어떻게 해야 하나요? 일단 생명을 잃은 나무는 복원이 불가능합니다. 처음엔 잘 모르겠지만, 이제 성읍마을을 찾으면 아마도 그 팽나무의 빈자리가 허전하게 다가올 겁니다. 나무를 찾아다니는 제게만 특별한 느낌일까요? 그건 아닙니다. 대개의 나무는 살아 있을 때보다는 죽어 없어진 뒤에야 그의 존재감이 강하게 다가오는 생명체이지요.

여수 율림리 동백나무

태풍에 의해 쓰러진 나무들은 성읍마을 팽나무 외에도 많이 있습니다. 아쉬

여수 율림리 동백나무

 움이 큰 또 하나의 나무로 전라남도 여수시 돌산읍 율림리 임포마을의 동백나무를 꼽지 않을 수 없습니다. 이 나무는 2005년 우리나라 남녘에 불어닥친 태풍 나비의 공격을 피하지 못해, 중심이 되는 줄기의 중간 부분이 부러져 회생이 불가능하게 된 나무입니다. 그 전까지 율림리 동백나무는 우리나라에서 가장 큰 동백나무였습니다. 동백꽃으로 유명한 여수시 향일암으로 들어가는 길목에서 만나게 되는 이 나무는 나이가 500살이나 된 노거수였지요. 이야기를 과거형을 해야 한다는 게 벌써 안타깝습니다. 10미터를 넘는 키에, 3미터 가까이 되는 가슴높이 둘레를 가진 규모뿐 아니라, 사방으로 고르게 펼친 나뭇가지가 펼쳐낸 반원형 수형도 무척 빼어난 나무였어요. 해마다 정월대보름이면 마을 사람들이 모두 모여 금오산 신령과 사해용왕께 마을의 안녕과 풍어를 기원하는 동백제를 지내던 당산나무이기도 했습니다. 이 나무가 더 안타까운 건, 이 같은 위용에도 불구하고 살아 있는 동안 제대로 알려지지 않아 별다른 보호 대책이 없었다는 것입니다.

이 나무를 처음 찾아간 건 2002년 3월이었어요. 《이 땅의 큰 나무》라는 첫 책을 준비하면서 찾아본 거였지요. 이 나무를 찾아 마을까지 갔을 때는 한밤중이었어요. 나무가 서 있는 언덕 앞 민박집에 여정을 풀고 어둠 속에서 먼저 나무를 찾아보았어요. 언덕 중간에 한 그루의 커다란 나무가 있는 건 보였지만, 워낙 커서 동백나무라고는 생각하기 어려울 정도였어요. 게다가 그동안 보았던 여느 동백나무와 달리 나무 전 줄기가 그야말로 한 송이의 아름다운 꽃처럼 사방으로 고르게 뻗어낸 가지 퍼짐이 놀랄 정도로 아름다웠지요. 긴가민가하면서 어둠 속에서 언덕 위로 올라가 나무 앞에 다가섰는데, 아뿔싸! 동백나무였어요. 어쩌면 듬성듬성 피어 있는 꽃을 보지 않았다면 동백나무라고 단정하지 못했을지도 모릅니다.

나무는 키도 크지만, 가슴높이쯤에서부터 스무 개가 채 안 되는 가지로 갈라지며 사방으로 고르게 퍼져나간 가지가 참으로 아름다웠습니다. 몇 개의 가지가 부러져 수술 자국도 여러 곳 있었지만 건강에는 아무 문제가 없었어요. 또 나무줄기는 밝은 회색이 돌며, 오랜 풍상을 겪은 흔적이 울긋불긋한 얼룩으로 남아 있다는 건 다음 날 이른 아침에 확인할 수 있었어요.

그리고 앞에 말씀 드린 《이 땅의 큰 나무》에서 이 나무를 우리나라에서 가장 큰 동백나무로 소개했습니다. 우리나라의 여러 유서 깊은 동백나무를 소개하는 그 책에서 나중에 동백나무 가운데 처음으로 천연기념물에 지정된 나주 송죽리 금사정 동백나무를 소개했지만, 그 나무와 견주어도 결코 모자람이 없는 크고 아름다운 나무였지요. 큰 나무를 찾아다니면서 그만큼 기쁘고 흥분한 날도 그리 많지 않을 정도였답니다.

여수 율림리 동백나무 줄기

그리고 해마다 봄이면, 이 나무를 그리워했어요. 그런데 여수가 좀 먼 탓에 그리움은 깊었지만, 발길이 그리 쉽지 않았습니다. 결국 몇 해 동안 이 나무를 찾아보지 못했어요. 대개의 나무 답사가 그렇지만, 개화기나 단풍 시기에 맞춰 찾아가려고 날짜를 심사숙고해 정해두기는 하지만, 꼭 그맘때가 되면 다른 일정이 겹치거나 한꺼번에 찾아보아야 할 나무들이 무더기로 겹치며 놓치는 경우가 많지요. 여수시 돌산읍 동백나무가 그런 나무 가운데 하나였어요.

다시 이 나무를 찾아간 건 그로부터 여섯 해가 지난 2008년, 동백꽃이 예쁘게 피었으리라 짐작할 수 있는 춘삼월이었습니다. 오랜만의 만남이어서 설

렘이 큰 길이었습니다. 역시 여수까지 가는 길은 멀었습니다. 그날도 한밤중이 되어 나무가 있는 임포마을에 도착했지요. 그리고 그때 머물렀던 민박집에 여정을 풀고자 했지요. 민박집을 찾으려면 먼저 길 오른쪽의 언덕 위에서 그때 그 나무를 어렴풋이나마 볼 수 있으리라는 생각도 함께 했습니다. 주변에 주차할 곳이 마땅치 않으니, 어차피 늦은 거 민박집에 도착해 짐부터 내려놓고 나무를 찾아보리라 마음먹고 마을로 돌아들었습니다. 그런데 한참을 가도 나무를 찾을 수 없었습니다. 어두웠기 때문이기도 했지만, 제가 아는 민박집도 조금 달라져 알아보기 어려웠어요. 민박집이 나오기 전에 나무가 보여야 하는데, 나무를 찾을 수가 없었습니다. 계속 언덕 위를 바라보며 밤길을 운전해 들어가다가 길 끝인 향일암 어귀의 시장까지 가게 되었어요. 나무를 놓쳤구나 싶어 되돌아나와서 다시 찾아보기를 두어 차례 반복했으나 찾을 수 없었습니다. 어쩔 수 없이 일단 그때 그 민박집을 찾아 짐을 풀고 나와 나무를 찾으려 했지만 역시 찾을 수 없었습니다. 궁금증을 안고 그저 날이 밝기만을 기다리는 수밖에 없었지요.

그리고 이튿날 아침 해가 떠오르자마자 집 바깥으로 나가 다시 언덕 위를 눈으로 확인해봤습니다. 주변 지형으로 봐서는 분명 그때 그 나무가 있던 자리가 분명하거늘 나무를 찾을 수 없었습니다. 그래서 민박집 주인 아저씨를 찾아가 물었습니다. 동백나무를 보러왔는데 어찌 된 거냐고요. 그때 아저씨가 아쉬운 표정으로 이야기하셨어요. "벌써 3년 전에 부러져 죽은 걸!"

전혀 모르고 있었던 일이었습니다. 천연기념물도 지방기념물도 아닌 그저 마을에서만 신주단지처럼 모시던 나무였으니, 이 나무가 쓰러진 걸 어느 언론에서도 이야기하지 않았습니다. 혹시 지방 신문에서 한두 줄 언급했을지 몰라도, 제게까지 그 슬픈 소식은 알려지지 않았던 겁니다. 여섯 해에 걸쳐, 찾아오지 못하면서도 그저 그리워하는 동안 나무는 제 그리움도 아랑곳하지

여수 율림리 동백나무 둥치

않고 이미 이승에서의 삶을 마쳤던 겁니다. 아쉬운 마음에 나무의 흔적이라도 찾을 수 있을까 하고 언덕을 휘이휘이 걸어 올라 만난 게 바로 위의 사진입니다. 보시는 것처럼 밑동만 간신히 남은 나무를 잘 정리해놓았더군요. 그리고 그 곁에 새로 어린 동백나무 한 그루를 심어 마을 사람들의 아쉬움을 달래고자 했더군요. 제게는 2002년에 찍어둔 나무 사진도 몇 장 되지 않습니다. 게다가 당시로서는 나름대로 고급 사양이던 디지털 카메라가 고작 200만 화소짜리 사진밖에 찍을 수 없는 상황인 탓에 사진의 질도 좋지 못합니다. 그래서 더 아쉽습니다. 이리 허망하게 사라질 줄 알았다면, 그 아름답던 모습을 더 좋은 카메라로 잘 기록해둘 걸 하는 아쉬움이 컸지요. 그렇게 우리나라에서 가장 큰 동백나무였던 여수시 돌산읍 동백나무는 아쉽게 제 가치를 제대로 인정받지 못한 채 우리 곁을 떠났습니다. 그가 죽기 전에 조금이라도 더 많은 사람들에게 나무의 가치를 알릴 수 있었다면 하는 아쉬움은 아주 오랫동안 제 마음에 큰 안타까움으로 남을 겁니다. 그리고 이듬해인 2009년, 여수 율림리 동백나무에 비해서는 규모도 조금 작고, 나이도 적은 편인 나주 송죽리 금사정 동백나무가 천연기념물에 지정됐습니다. 그때 조금만 더 서둘렀다면, 여수 율림리 동백나무를 보호할 수 있지 않았을까 하는 아쉬움이 더 클 수밖에 없었습니다.

그렇게 제대로 된 사진 한 장 찍지 못하고 다음을 기약했지만, 결국 살아 있을 때 다시 만나지 못한 나무가 또 있습니다. 이 나무를 처음 만난 건 여수시 돌산읍 동백나무를 찾아본 뒤인 2002년 8월 중순이었습니다. 당시 천연기념물 제297호였던 '청송 부곡동의 왕버들'이 그 나무입니다. 왕버들은 물과 친근한 성질을 가진 까닭에 시냇가나 호수 주변의 습한 지역에서 잘 자라는 나무이지요. 영화 촬영으로 유명한 경상북도 청송군 주산지의 왕버들이 그렇잖아요. 주산지가 있는 청송 지역의 부곡동이라는 마을에 있는 왕버들입니다. 이 왕버들은 유명한 달기약수를 근원으로 하는 시냇가에 자리 잡고 300년을 살아온 큰 나무로, 물가에서 자라는 특징을 그대로 보여주는 좋은 나무였습니다.

청송 부곡동 왕버들

나무를 처음 찾아갔던 그날, 저는 강행군으로 이어졌던 답사 일정으로 지독한 피로에 쌓여 있었습니다. 게다가 날씨는 잠시도 버티기 힘들 만큼 뜨거웠습니다. 나무를 찾아 부곡동 계곡으로 들어섰는데, 주변 환경이 그리 마음에 들지 않았어요. 달기약수와 계곡을 이용한 유원지 분위기가 전혀 정겹지 않았던 겁니다. 나무를 찾아보긴 했으나 카메라를 들고 이리저리 뛰어다닐 기운이 나질 않았어요. 그래서 그냥 나무 그늘에 주저앉아 '다음에 또 오지 뭐, 이렇게 피곤한데 어디 나무를 바라볼 힘이나 나오겠어!'라며 그냥 나무만 바라보았어요. 그러고는 다음에 다시 올 생각으로 당시에 들고 다니던 지도책에 빨간 펜으로 선명하게 표시만 해두었을 뿐입니다.

그리고 며칠 뒤, 태풍 루사가 이 땅을 덮쳤습니다. 루사는 큰비를 동반한 태풍이었어요. 그 태풍으로는 바람에 의한 피해보다 불어난 큰물 피해가 더 컸지요. 부곡동 왕버들이 그랬습니다. 큰비로 불어난 부곡동 계곡물의 기습 공격을 이겨내지 못한 겁니다. 나무는 시냇가 제방 곁에 서 있었는데, 불어난 냇물로 제방이 무너지면서 뿌리째 뽑혀 시냇물에 떠내려가고 말았습니다. 제가 다녀오고 나서 불과 며칠 뒤의 일이었습니다. 바로 며칠 뒤의 일도 알기 어려운 건 어쩔 수 없는 노릇입니다.

부곡동 왕버들의 참사는 부실한 관리 때문이라는 생각에서 더 안타까웠습니다. 처음 왕버들을 보면서도 그런 생각을 했어요. 왕버들이 자라는 곳은 주변 풍광이 아름다워 나무 주위에 식당을 비롯한 편의시설이 즐비하거든요. 왕버들 바로 곁에도 한 채의 식당 건물이 있었고, 나무 곁으로는 오가는 사람들의 편의를 위해 콘크리트로 제방을 쌓았습니다. 그러나 그게 문제였어요. 제방은 사람의 편의를 위해 허술하게 쌓았고, 나무는 뒤의 사진에서 보시는 것처럼 뿌리 부분에서부터 줄기의 일부까지 콘크리트로 쌓아버렸던 겁니다. 한눈에도 제방은 매우 부실해 보였고, 나무는 숨이 막혀 죽을 듯 힘들어 보였습니다. 결국 태풍이 몰고 온 큰비로 제방은 무너져내렸고, 그와 함께 냇가를 향해 비스듬히 서 있던 왕버들은 뿌리째 뽑혀나갔습니다. 그의 죽음은 분명 사람의 욕심과 편의에 의한 예고된 희생이었다고 이야기하지 않을 수 없어 더 안타깝습니다.

청송 부곡동 왕버들

 나무라고 자연의 혹은 세월의 풍진에서 자유로울 수 없습니다. 더구나 어떤 자연의 흐름도 피하지 않고 한자리에 서서 정면으로 맞서야 하는 나무로서는 자연에 쌓이는 세월의 풍진에 더 민감하게 반응할 수밖에 없겠지요. 결국 태어나서 자라고 병들고 늙고 쓰러져 죽어가는 건 어쩔 수 없습니다. 그 곁에서 그들이 천년만년 살 수 있으리라고 생각하기만 했던 우리들의 짧은 식견이 더 안타깝지요. 특히나 살아생전에 아름다웠던 나무들이 허무하게 쓰러지는 건 더 그렇습니다. 그렇게 아주 독특한 모습을 가진 나무 가운데 오래도록 보존했으면 싶었던 나무들이 참 많이 있습니다. 그중에 빼놓을 수 없는 나무를 몇 그루 더 소개하지요.

포항 보경사 탱자나무

포항 보경사 탱자나무

위의 사진에서 보시는 나무는 포항의 큰 절인 보경사 경내에 있는 나무입니다. 보경사는 동해안의 절집 가운데 가장 큰 절에 속할 겁니다. 중국 당나라 때 서역(西域)의 승려 마등(摩謄)과 축법란(竺法蘭)이 가져온 팔면보경(八面寶鏡)을 동해의 남산 자락 아래의 용담호(龍潭湖) 깊은 곳에 묻고 그 위에 절을 세우면 왜구를 막고 삼국을 통일할 것이라는 예언에 따라 이곳에 거울을 묻고 절을 세운 뒤, 보물 거울이라는 뜻의 보경사라고 이름 지은 사찰로 불국사의 말사입니다.

경내의 종무소 곁에서 자라던 이 나무도 지금은 사진의 저 아름다운 모습을 잃었지요. 사진만으로 저 나무가 무슨 나무인지 구별하실 수 있겠어요? 그리 큰 나무는 아니지만 아담하고 예쁘게 잘 자랐지요? 잘 보시죠. 하나의 줄기가 곧게 뻗어 오른 뒤 사람 키 높이쯤에서 가지를 고르게 펼쳤는데, 마치 동그란 공 모양을 이뤄서 인상적인 나무입니다. 무슨 나무일까요?

놀랍게도 이 나무는 탱자나무입니다. 믿어지시나요? 이런 모습으로 자란 탱자나무는 아마 처음 보실 겁니다. 대개의 탱자나무는 생울타리 나무로 심어 키우는 낮은 키의 나무이며, 줄기가 뿌리 부분에서부터 여럿으로 갈라져 자라는 관목형 나무입니다. 줄기 하나가 곧게 뻗어 오른 뒤에 가지가 퍼지는 형태를 식물학에서는 '교목형'이라고 이야기하는데, 관목형으로 자라야 할 탱자나무가 특이하게도 교목형으로 자란 겁니다. 특이할 뿐 아니라 정말 예쁘기까지 합니다. 이 나무는 사진에서 보시는 돌담으로 이어지는 한쪽에 서 있는 다른 한 그루와 함께 경상북도 기념물 제11호로 지정된 나무였습니다. 두 그루의 나무는 서로 15미터 정도의 간격을 두고 서 있는데, 사진의 나무는 두 그루 가운데 하나입니다. 다른 한 그루는 땅에서 40센티미터쯤에서 가지가 둘로 나누어지며 넓고 크게 자라고 있었습니다. 그 나무보다는 사진의 나무가 단연 압도적인 아름다움을 가졌지요. 두 나무의 키는 서로 엇비슷한데, 5~6미터쯤 됩니다. 얼핏 봐서는 그리 오래된 나무로 보이지 않는데, 이래 봬도 400살이 넘은 나무라고 합니다. 이 정도 크기의 탱자나무라면 400살쯤 된 것이 맞아 보입니다.

이 아름다운 탱자나무도 자연의 흐름에 맞서다가 쓰러지고 말았습니다. 앞의 사진은 2002년 여름의 모습이고요, 옆의 사진은 그로부터 다섯 해 뒤인 2007년 여름의 모습입니다. 보시는 것처럼 이렇게 밑동만 남았습니다. 탱자나무가 견디기 힘들었던 일은 2003년, 그러니까 역시 제가 찾아보고 좋아했던 1년 뒤에 일어났습니다. 당시 우리나라에는 '매미'라는 이름의 태풍이 찾

포항 보경사 탱자나무 둥치

아왔지요. 그때 큰 바람이 포항 지역을 휩쓸었습니다. 당시 이 나무도 바람을 이겨내지 못하고 큰 줄기가 부러진 겁니다. 그러고는 차츰 썩어들기 시작해 할 수 없이 절집에서 덜 썩은 밑동만 남기고 잘라낸 것입니다. 줄기가 완전히 부러져나가 어쩔 도리가 없었던 겁니다. 다른 한 그루가 여전히 살아 있기는 하지만, 마찬가지로 태풍 피해로 많은 부분이 부러져나갔어요. 생김새도 예쁘고 식물학적으로도 특이한 생장 형태를 보여주고 있어 오래 보존할 가치가 있는 나무였는데, 어쩔 수 없게 됐습니다.

서천 신송리 곰솔

태풍과 함께 나무에게 치명적인 위협이 되는 것으로 벼락을 꼽을 수 있습니다. 벼락을 맞고 큰 줄기가 화상을 입어 부러지는 경우는 허다합니다. 그중에 치명적인 건 소나무 계통의 나무입니다. 소나무는 다른 나무와 달리 전류의 흐름이 무척 빠릅니다. 그래서 가지 끝에 벼락을 맞으면 창졸간에 나무뿌리까지 한꺼번에 감전이 되어, 그야말로 나무가 생명을 놓게 됩니다. 벼락에 의해 감전사를 당한 나무들이 무척 많지만, 그중 꼭 다시 보고 싶은 나무가 있습니다. 우선, 죽기 전에 천연기념물 제353호로 지정돼 있던 서천 신송리 곰솔입니다. 신송리 마을 뒷동산 야트막한 언덕배기에 자리한 이층 양옥집 곁에 홀로 서 있던 신송리 곰솔은 당시 우리나라 곰솔 가운데 가장 아름다운 나무로 손꼽혔지요. 평화로운 마을 분위기와도 잘 어울리는 나무였어요. 단아한 생김새가 여성적인 이미지를 보여주던 신송리 곰솔은 키 17미터, 가슴높이 둘레가 4.6미터나 됐습니다. 규모만으로도 우리나라에서 최고 수준이라 할 나무였지요. 게다가 생김새도 참 멋졌습니다. 어른 키 높이 부분에서 두 개의 굵은 가지로 나뉘지며 사방으로 고르게 가지를 뻗었는데, 특히 아랫부분의 가지 퍼짐이 인상적이었어요. 아래쪽의 가지들이 동서 35미터, 남북 33미터까지 온화하게 퍼져나간 아름다운 곰솔이었습니다.

땅 위로 드러난 뿌리도 장관이었어요. 마치 긴 꼬리를 가진 짐승의 꿈틀대는 모습처럼 비비 꼬이고 서로 얽히고설키며 땅 위로 뻗어나온 거대한 뿌리가 신비로웠습니다. 그 앞에는 마을 당산제 때 쓰기 위한 제단도 단정하게 놓여 있습니다.

신송리 곰솔이 벼락을 맞은 건 2002년이었습니다. 그때는 제가 나무를 찾아보고 한창 《이 땅의 큰 나무》의 원고를 마무리하던 중이었지요. 그때 저는 이 나무가 벼락을 맞았다는 소식을 까맣게 몰랐어요. 그래서 나무가 벼락을 맞은 뒤인 2003년 4월에 나온 제 책에 보면, 나무가 그저 좋다고만 돼 있을 뿐 벼락 소식은 없습니다. 순발력이 떨어지는 거죠.

벼락을 맞은 뒤 천연기념물을 관리하는 문화재청에서는 나무를 살리기 위

서천 신송리 곰솔

해 온갖 애를 다 썼습니다. 그러나 나무에서 빠져나간 생명의 숨결은 다시 돌아오지 않았습니다. 수세가 약해지면서 나무에는 소나무 좀벌레를 비롯한 갖가지 해충이 찾아들었고, 나무는 늘 푸르러야 하는 솔잎을 다 내려놓고 말았습니다. 마침내 2005년에 문화재청의 전문가들은 이 나무에게 사망선고를 내리고 천연기념물에서 해제하기에 이르렀죠. 나무가 죽어가는 모습을 바라보던 마을 사람들이 얼마나 안타까워했을지는 보지 않아도 알 수 있습니다. 당시 문화재청의 전문가도 마을 분위기를 그렇게 전해주셨어요.

▼익산 신작리 곰솔(344~345쪽)

익산 신작리 곰솔

벼락 피해를 입은 또 하나의 안타까운 나무는 전라북도 익산 신작리 곰솔입니다. 저는 우리나라에서 가장 아름다운 곰솔로 서천 신송리 곰솔과 지금 말씀 드릴 익산 신작리 곰솔 두 그루를 늘 꼽았습니다. 그러다가 서천 신송리 곰솔이 사망한 뒤에는 익산 신작리 곰솔을 가장 아름다운 나무라고 이야기하는 데 머뭇거림이 없었습니다. 심지어 저는 익산을 지나는 길은 늘 즐거운데, 그건 바로 익산 신작리 곰솔이 있어서라는 이야기를 여러 차례 글에 썼을 정도로 이 나무를 좋아했습니다.

400살이 넘은 익산 신작리 곰솔은 키 10.2미터, 가슴높이 둘레 3.45미터의 큰 나무입니다. 하지만 나무는 실제 키보다 훨씬 더 커 보입니다. 마을 뒷동산 높은 곳에 홀로 우뚝 서서 주변의 거칠 것 없이 하늘과 맞닿아 있기 때문일 겁니다. 예로부터 충청남도와 전라북도의 주민들이 음력 섣달그믐에 이 나무 앞에 모여 제사를 지내며 화합을 다졌다는 이야기도 전합니다. 익산 신작리 곰솔은 임진왜란 때 풍수지리를 잘 아는 한 나그네가 그냥 지나치기에는 정말 좋은 명당자리여서 명당임을 표시하기 위해 심은 나무라고 합니다. 앞의 사진에서 보시다시피 얼마나 아름답습니까? 어쩌면 곰솔뿐 아니라 우리나라의 모든 나무를 통틀어도 이만큼 아름다운 나무를 찾기는 쉽지 않을 거라고 생각했습니다. 평안히 자랄 수 있는 생육 공간 역시 널찍한 편이어서, 그야말로 오래오래 우리 곁을 잘 지켜주리라 생각했던 나무이지요.

그런데 이 나무에도 문제가 생겼습니다. 2007년 여름에 벼락을 맞은 겁니다. 그리고 천연기념물 제188호이던 이 곰솔이 푸른 솔잎을 모두 떨어뜨리고 생명을 내려놓은 건 2008년 겨울입니다. 문화재청에서는 익산 신작리 곰솔에게 사망선고를 내리고 하릴없이 천연기념물에서 해제할 수밖에 없었습니다.

익산 신작리 곰솔

정말 아쉬운 건 이 나무가 벼락을 맞은 때가 낙뢰 사고를 방지하기 위한 피뢰침 공사를 한창 진행하던 중이었다는 점입니다. 위의 사진에서 보시는 것처럼 나무 바로 옆에는 완성되지 않은 피뢰침이 그대로 남아 있습니다. 그로부터 몇 해 전에 서천 신송리 곰솔이 벼락을 맞아 죽은 뒤여서 이 나무를 살리려는 각계의 노력은 신중하고 치열했습니다. 그러나 한 번 죽은 나무가 다시 되살아날 수는 없었습니다.

보은 어암리 백송

오늘은 연속해 우리 곁에서 사라져간 나무들을 이야기하는데, 아쉬움이 참 큽니다. 끝으로 한 그루만 더 이야기하겠습니다. 예쁜 나무로 치면 그냥 넘어갈 수 없는 나무가 있기 때문입니다. 천연기념물 104호였던 보은 어암리 백송입니다. 나무가 하도 예뻐 이 나무를 함께 찾아보았던 제 동무는 그냥 '카네이션 나무'라고 부르더군요. 그때가 가정의 달인 5월이어서 그랬는지 몰라요. 동무는 당시 세상에서 가장 아름다운 걸 그저 '카네이션'이라 생각했던 모양입니다. 보자마자 이건 완전히 카네이션 모양이라면서 좋아했습니다. 동행했던 누구도 그의 이야기에 아무런 대꾸도 하지 않은 채 동의했고 한동안 우리는 그저 이 나무를 카네이션 나무라고 부르곤 했답니다. 보시다시피 반듯한 수형을 가진 보은 어암리 백송은 하나의 줄기 위에서 마치 꽃이 피어나듯이 활짝 가지를 펼친 모습이 장관입니다. 어찌나 많은 가지가 뻗어나왔는지 헤아리기 힘들지요. 그저 입을 딱 벌리고 감탄하는 수밖에요.

보은 어암리 백송은 이 마을에 살던 김씨의 선조 탁계(濯溪) 김상진(金相進)이라는 선비가 정조 17년인 1793년, 중국에 사신으로 갔다가 씨앗 하나를 들여와 심은 것이라고 전합니다. 이 마을 선조가 중국에 사신으로 드나들던 지체 높은 선비였음을 증거하는 나무라는 이야기입니다. 대개의 나무가 마을의 역사를 증거하지만, 그 가운데도 백송은 특이한 나무이지요. 백송은 우리나라에서 자생하는 나무가 아니라 중국에서 자라는 나무거든요. 게다가 번식뿐 아니라 이식도 잘되지 않는 나무예요. 그래서 백송이 그곳에서 자라게 된 연유를 살펴보면 중국과의 외교사에 관한 흔적도 알아낼 수 있지요. 또 오래전에 중국을 자유롭게 드나들 수 있었던 사람들은 대개 지체 높은 선비들이었음을 감안하면, 오래된 백송이 마을 안에서 자란다는 사실만으로도 마을의 자존심일 수 있었던 겁니다.

제가 보은 어암리 백송을 찾아보던 2002년 봄부터 나무는 어쩌면 조금씩 아팠는지 모릅니다. 그때 제가 나무의 상태를 꼼꼼히 살필 깜냥이 안 됐기 때

보은 어암리 백송

문에 속속들이 알 수 없었던 것일 수도 있고, 또 그가 보여주는 아름다운 수형에 그저 감탄만 하고 꼼꼼히 들여다보지 않았던 것인지도 모릅니다. 지금 돌아보면 뭔가 조금 갑갑한 것이 있긴 했지만, 이처럼 아름다운 나무가 허망하게 목숨을 잃게 되리라고는 상상도 못했지요. 그런데 건강하게 잘 자라는 나무라고 보기에는 뭔가 모자란 게 있었어요. 특히 나무의 뿌리 부분이 그랬어요. 위의 사진에서 나무뿌리가 너무 깊숙이 박혀 있는 것 아닌가 하는 생각이 늘 들지 않으시나요? 깊이 박혔다기보다는 나무뿌리 위로 흙을 너무 많이 덮어 나무뿌리 부분이 갑갑해 보이는 거죠. 하지만 비탈진 자리에 자라는 나무를 잘 보존하기 위해 석축을 쌓은 걸 나무라기에도 문제가 있어 뭐라 할 말을 찾지 못했습니다.

보은 어암리 백송

　그 1년 뒤부터 나무의 상태가 좋지 않다는 소식이 들려왔습니다. 태풍이나 벼락에 의한 게 아니라 사람에 의해 죽어가는 상황이어서 그야말로 안절부절 못했습니다. 간단히 이야기하면 사람들이 나무를 잘 보호하기 위해 애쓰다가 결국은 죽게 만든 거지요. 나무의 상태가 나빠진 건 바로 앞에서 말씀 드린 대로 나무를 보호하기 위해 나무뿌리 부분에 흙을 쌓고 그 주변에 석축을 쌓은 게 원인이었습니다. 나무뿌리는 동물처럼 숨을 쉬어야 하거든요. 그걸 생각하지 않고 비탈진 곳에 서 있는 나무가 불안해 나무가 쓰러지지 않도록 흙을 잔뜩 덮어씌우고 그 곁에 석축을 쌓은 겁니다. 물론 처음에는 안심이 됐을 겁니다. 그러나 시간이 지나면서 숨을 제대로 쉬지 못한 나무뿌리는 차츰 썩어들었지요. 게다가 강제로 쌓은 석축에 막혀 나무줄기부터 뿌리 부분까지 흘러든 물은 빠지지 않고 흙 속에 머물렀을 겁니다. 결국 시간이 지나면서 나무는 뿌리부터 썩어들기 시작했습니다. 나무를 되살리기 위해 대책을 마련하려 했지만, 급격히 나빠진 보은 어암리 백송의 건강을 회복시키기에는 무리였어요. 결국 2005년에 문화재청은 이 나무를 천연기념물에서 해제할 수밖에 없었습니다.

이 슬픈 소식이 안타까운 건, 나무가 자연의 흐름에 따라 자연스럽게 생로병사를 겪은 게 아니어서입니다. 물론 식물을 키우는 데 전문 지식이 없는 마을 사람들이 나무를 더 잘 보호하기 위해 석축을 세운 것이라면 이처럼 안타깝지는 않을 겁니다. 나무는 1962년부터 천연기념물로 지정돼 있었고, 천연기념물은 국가가 지켜야 하는 거잖아요. 그리고 이를 담당하는 문화재청이 있잖아요. 그런데 문화재청의 천연기념물 관리가 이만큼밖에 안 된다는 생각을 하면 아쉽기 그지없습니다. 오히려 바람을 이기지 못해 나무가 넘어가 죽은 것이라면 이처럼 안타깝지는 않았을지 모릅니다.

이제 안타까운 이야기들을 그만 접기로 하지요. 수백 년 동안 우리 삶을 지켜온 나무들도 세월의 풍진에 묻혀 아쉬움을 남기고 우리 곁을 서서히 사라집니다. 어쩔 수 없는 노릇이지요. 그러나 정작 나무가 살아 있는 동안에 우리는 그들의 존재감을 제대로 느끼지 못한다는 이유에서 안타까움은 더 큽니다.

지금 이 순간, 우리 곁에서 살아가는 나무들을 한번 더 바라보았으면 합니다. 뒤늦은 존재감으로 후회하기보다는 지금 당장 나무의 소중함을 느낄 수 있었으면 좋겠습니다. 그리고 그동안 우리 곁을 지켜준 아름다운 큰 나무들을 오래 기억하면서 앞으로는 이런 피해를 조금이라도 줄이기 위해 우리 모두가 더 많은 생각과 힘을 모았으면 좋겠습니다.

20.

죽어도 죽지 않고, 생명의 보금자리로 다시 태어나다
- 봉화 청량사 고사목

나무 이야기를 오래 하다 보니, 신문이나 방송에 얼굴을 내비치는 경우가 적지 않습니다. 그중에 라디오 방송은 비교적 많이 한 편입니다. 제가 처음 방송에 출연한 것도 라디오였고, 지금도 라디오 방송에는 줄곧 나가는 편입니다. 라디오에는 2001년쯤부터 지금까지 거의 빠지지 않고 출연했으니, 많이 나간 편이지요? 맨 처음 방송에 출연한 건 심야 프로그램이었고, 그 바로 뒤에 황금시간대에 방송하던 MBC의 간판 프로그램인 〈김홍국 정선희의 특급작전〉에 나가 매주 한 가지의 나무 이야기를 하곤 했지요. 청취자가 많은 프로그램이어서 재미있는 일이 많이 있었지요. 그 뒤로 라디오는 교통방송, 교육방송, 불교방송, KBS, 국악방송 등 참 많이도 나갔습니다.

재미있는 건, 처음에 제게 출연을 요청하던 때는 작가나 피디들도 나무 이

◀ 봉화 청량산 풍경

야기가 뭐 그리 많이 있겠는가 싶었는지 대개는 한 달, 길어야 여섯 달 정도만 하자고 시작하시지만, 조금 지나면 나무 이야기가 이리 많은지 몰랐다며 연장하곤 했지요. 그래서 일단 시작하면, 적어도 1년, 심지어는 3년 넘게 출연했던 프로그램도 있답니다.

그러다가 텔레비전에도 얼굴을 내밀게 됐어요. 제가 해마다 4월 꽃 피는 봄이 올 때마다 출연하던 프로그램 가운데 하나가 KBS의 〈낭독의 발견〉이었지요. 제가 '나무가 말하였네' 1권인 《나무가 된 시, 시가 된 나무》를 낸 바로 뒤였어요. 그리고 이어 몇 번을 더, 나무가 좋은 계절에 연이어 나갔지요. 그리고 요즘은 KBS의 대표적 장수 프로그램 가운데 하나인 〈6시 내 고향〉의 한 코너인 '나무가 있는 풍경'에 매주 금요일 고정 출연하고 있습니다.

또 하나의 야심작이 있는데, 이건 아직 알려드리기 어렵네요. 어쩌면 이 책이 출간될 즈음 제가 생각하는 이 야심작이 공중파를 타고 방영될지도 모릅니다. 살짝만 말씀 드리고 싶네요. 물론 제가 관여한 작품이라면 당연히 나무 이야기가 될 텐데, 이 프로그램은 '백곡리 감나무' 이야기를 하면서 소개한 박봉남 감독과 함께 제작 중입니다. 제작을 한다 하니 제가 뭐 대단한 역할을 하는 것처럼 들리시겠지만, 저는 사실 별 하는 일 없어요. 그냥 처음에 나무에 관한 정보를 검색하고 정리하는 과정에 참여하는 정도예요. 그리고 이 야심작에 제가 출연하거나 내레이션을 하는 건 아닙니다. 아마 프로그램 끝나고 자막에 제 이름만 살짝 등장하는 정도일 겁니다. 하지만 기대하셔도 좋을 겁니다. 워낙 훌륭한 감독이 총괄하는 프로그램이기도 하고, 촬영 역시 정말 능력 있는 분들이 맡았거든요.

하던 이야기를 계속하지요. 지금 〈6시 내 고향〉에 저를 불러주신 분은 이장종 감독입니다. 이 감독은 다큐멘터리를 오랫동안 제작하신 분으로 이 분야에서는 거의 '전설'처럼 여겨지는 분이랍니다. 그분과 저의 인연은 이번이 처음은 아니지요. 처음 그분을 만난 건 〈KBS 스페셜〉이었습니다. 그때 이 감독께서 저를 불러주셨어요. 프로그램 제작을 위한 이분의 생각이 놀라웠어요. 신문 기자 경험이 있는 저로서는 놀라운 일이었지요.

무엇보다 한 그루의 나무를 1년 동안 촬영하겠다는 말씀이셨어요. 대단하지 않나요? 고작 30분 정도의 실제 방영분을 위해 1년 사계절 동안 나무의 변화를 촬영하겠다니요. 한 번 취재 다녀와서는 몇 회분의 연재물을 써내는 신문 기자의 취재 양태와는 비교도 되지 않는 대단한 계획이었지요. 나무의사로 알려진 우종영 선생, 화가 손장섭 선생, 신현림 시인, 그리고 저까지 4명의 출연자가 제가끔 한 그루의 나무를 1년 내내 찾아다니며 나무의 변화를 관찰하는 방식으로 프로그램을 엮어 '나무 이야기'라는 제목으로 2회, 그러니까 2시간 분량으로 방영한다는 것이었습니다. 그러니까 한 나무에 30분 정도 할애하는 겁니다. 그런데 그 30분을 위해 1년 내내 촬영한다니, 놀라지 않을 수 없지요.

죽은 나무를 일 년 동안

게다가 이 감독께서 제안한 내용 역시 깜짝 놀랄 만한 것이었어요. 저한테 1년 내내 맡아서 촬영하자고 제안하신 나무가 살아 있는 나무가 아니었다는 겁니다. 살아 있던 당시의 모습이나 생명의 흔적이 사라진 지 오래된 죽은 나무, 즉 고사목이었습니다. 놀랍지 않으세요? 대단하잖아요. 죽은 나무가 어떻게 사계절의 변화가 있겠어요? 그럼에도 불구하고 이 감독은 분명히 처음부터 확신을 갖고 있었어요. 아무리 죽은 나무라 해도, 주변 풍경의 변화뿐 아니라, 그 스스로도 계절에 따라 현저하게 다른 모습을 보여줄 거라는 생각이었습니다. 이건 제가 나무 전문가인지, 그분이 전문가인지 헷갈릴 정도로 나무

이야기를 하시는 것이었습니다. 솔직히 처음에 조금 미심쩍은 부분이 없었던 건 아닙니다. 하지만 텔레비전 방송 취재 방식도 궁금했고, 또 한 해 내내 한 그루의 나무에 매달리는 경험도 매력적이어서 흔쾌히 참여하게 됐습니다. 그래서 찾은 나무가 바로 지금 이 사진의 나무입니다.

음험한 빛깔을 띤 이 나무는 경상북도 봉화군 청량산 청량정사 앞 오솔길 옆에 서 있는 느티나무 고사목입니다. 한창때 화려하게 펼쳤을 나뭇가지는 이미 오래전에 다 떨어지고 지금은 까맣게 썩어든 둥치만 남았지만, 그것만으로도 예전의 장한 생김새를 보여주는 헌걸찬 고사목입니다. 제가 청량산을 처음 간건 아니었지만, 이 고사목은 이장종 감독과 동행 취재하면서 처음 만났습니다.

청량사는 2003년부터 2004년까지 이태 동안 《절집나무》를 취재하러 온갖 절집을 뒤지고 다니던 때 찾았던 절입니다. 절집을 품어 안은 청량산의 풍경이 유난히 아름다운 고찰이지요. 그런데 그때까지 저는 청량사를 생각하면 주차장에서 절집까지 걸어 오르는 비탈길에서 지쳤던 기억이 먼저 떠오르곤 합니다. 아시는 분은 아시겠지만, 이 비탈이 상당히 급한 편입니다. 제가 체력이 달리기도 하지만, 사진 장비를 챙겨 비탈을 오르다 보면 완전히 지쳐버리고 말지요. 제 장비가 트라이포드를 포함해서 대략 15킬로그램 정도 되거든요. 게다가 처음 청량사에 갈 때는 배낭형 가방이 없어 평소에 갖고 다니는 숄더백 형태의 사진기 가방을 들고 비탈을 올라가 마침내 지치고 말았던 겁니다. 그래서 청량사에 도착하고 나면, 절집 경내와 기껏해야 오르는 길 정도만 살피고는 더 이상 돌아다닐 여유를 찾지 못하고 금세 내려오곤 했던 거지요. 그래서 내청량사 쪽으로 이어시는 숲길을 조금만 걸으면 만날 수 있는 이 고사목을 전혀 몰랐던 겁니다.

청량사를 처음 답사하고는 이 절을 반드시 소개할 필요는 없다고 생각하고, 제 책 《절집나무》에는 포함하지 않았지만, 여기서는 잠깐 청량사의 나무 이야

봉화 청량사 삼각우총

기를 보태고 가죠. 청량사는 얼마 전 많은 사람들에게 호평받았던 영화 〈워낭 소리〉의 첫 장면에 나옵니다. 영화의 주인공인 소를 키우는 할아버지가 숨이 차서 힘들어하면서 절집에 오르는 장면이었지요. 절집에 다 올라오신 할아버지 곁으로 슬며시 스치는 장면에 독특하게 생긴 소나무 한 그루가 나옵니다. '청량사 삼각우총(三角牛塚)'이라는 별명의 소나무입니다. 어쩌면 청량사를 대표하는 나무라고 할 수 있습니다. 위의 사진이 바로 '삼각우총'이라 불리는 나무입니다.

청량사 삼각우총에는 전설이 있어요. 옛날 절집 아랫마을에 '남민'이라는 이름의 농부가 살고 있었답니다. 소와 함께 농사를 짓던 그 시절에 그도 당연히 소를 키우고 있었지요. 그러던 어느 해, 남민의 소가 송아지를 낳았어요. 그런데 송아지에게 이상하게도 뿔이 셋이나 달려 있었다고 합니다. 게다가 자라나면서 농부의 힘으로 감당하기에 벅찰 정도로 덩치가 커진데다, 성질까지 포악해서 농사일에 부려 먹을 수가 없었지요. 이 이야기를 들은 청량사의 주지 스님이 그 소를 절에 시주하라고 권했답니다. 어차피 집에서 기르기 어려운 상황이니, 잘됐다는 생각이 든 남민은 세 개의 뿔이 달린 못된 소를 청량사로 보냈지요. 그런데 절에 온 소는 성격조차 고분고분해지면서 절집의 온갖 허드렛일을 도맡아하는 충직한 일꾼이 됐답니다. 마치 절집에서 새로운 깨달음을 얻은 것처럼 착실해진 소는 그렇게 절집에서 살다가 죽었다고 합니다. 스님은 그를 절집 앞마당에 잘 묻어주고 그에 대한 고마움의 기도를 올렸답니다. 얼마 뒤 소의 무덤에서 한 그루의 소나무가 자라났어요. 그리고 나무는 하늘로 쭉쭉 뻗어 오르더니, 큰 가지를 셋으로 펼쳤어요. 그러자 절집 사람들은 이게 바로 뿔이 세 개 달린 소를 상징하는 나무라고 생각하고는 나무의 별명을 '삼각우'의 무덤이라는 뜻에서 삼각우총, 혹은 '삼각우'의 소나무라는 뜻에서 삼각우송이라고 부르게 되었답니다.

　제가 절집 나무를 답사할 때는 삼각우총만 보고 돌아왔어요. 물론 소나무에는 특별한 사연이 담겨 있었지만, 《절집나무》에 소개한 33곳의 절집의 다른 나무들에 비해 연륜이나 규모가 조금 떨어지는 편이어서 당시 책에는 소개하지 않았습니다. 그리고 다시 찾게 된 건 이장종 감독과의 동행 취재 때였습니다.

　동행 취재 며칠 전에 먼저 이 나무를 찾아보고, 여러 곳이 뷰포인트를 설정한 이 감독은 고사목을 1년 동안 같은 앵글로 취재할 의도로 몇 곳에 낮은 말뚝을 꽂아두기도 했고, 또 사람들의 발길이 잦은 곳에는 우리들만 알아볼 수 있는 표시를 해두기도 했지요. 이미 오래전에 죽은 나무에서 생명의 꿈틀거림을 찾아내겠다는 기획 의도는 다시 말씀 드리지만 나무만 10년 가까이 찾아 헤맸던 저로서는 전혀 생각하지 못했던 것이었습니다.

처음 만난 청량사 고사목의 위용은 대단했습니다. 이미 생명 활동을 마친 나무여서 줄기의 어느 부분에서도 생명의 자취는 찾아볼 수 없을 정도로 새까맣게 썩어 들어가고 있었지요. 옆의 사진에서 보시다시피 살아 있을 때는 가지를 넓게 펼쳤을 나무 윗부분은 이미 다 잘려나가고, 나무의 기둥이라 해야 할 중심 줄기만 남은 상태입니다. 그러나 그 엄청난 규모는 죽은 줄기만으로도 첫눈에 사람의 마음을 사로잡았습니다.

길섶에 우뚝 선 고사목의 줄기 둘레는 어른 셋이 둘러서야 겨우 끌어안을 수 있을 정도로 굵고, 높이는 8미터가 넘어 보였습니다. 가장 먼저 든 생각은 살아 있을 때는 얼마나 컸을까 하는 겁니다. 짐작이 쉽지 않을 정도로 큰 나무였으니까요. 주변에는 이만큼 큰 다른 나무가 전혀 없습니다. 그렇다면 이 나무가 살아 있을 때 부근 풍경이 도대체 어땠을까를 그려보았습니다. 제 답사 경험을 비춰보면 숲 속에 이처럼 큰 나무가 홀로 서 있는 걸 본 적이 없어서 제대로 그림이 그려지지 않았습니다. 억지로 그려보면, 나무 근처에 옹기종기 작은 집들이 있어야 하고, 큰 나무 그늘 아래에는 평상도 놓여야 하지요. 그리고 작은 평상에는 누군가 나와 앉아서 부채라도 부쳐야 합니다. 그러나 여긴 숲 속인 걸요.

그러나 이 같은 그림을 그릴 수 있는 실마리가 전혀 없는 건 아니었어요. 바로 옆에 고택이 한 채 있었거든요. 청량정사라는 이름의 허름한 옛집이에요. 터무니없어 보이는 제 마음 속 그림이 청량정사와 어우러지자 하나둘 살아났습니다.

청량정사에 머물렀던 사람은 퇴계 이황입니다. 선생은 청량산을 무척 좋아했습니다. 물론 '영남의 작은 금강'이라 불리는 봉화 청량산을 좋아했던 선비

가 이황 선생만은 아닙니다. 이를테면 주세붕(周世鵬)은 청량산을 "단정하면서도 엄숙하고, 밝으면서도 깨끗한" 산이라면서 청량산을 빚어낸 "조물주의 신기(神技)는 감탄"할 일이라고 극찬했지요. 그밖에도 조선시대 대표적 지리지인 《택리지(擇里志)》를 쓴 이중환(李重煥)을 비롯해 이 땅의 고승(高僧)과 명현(名賢)들이 청량산을 즐겨 찾고 시문(詩文)을 남기기까지 했습니다. 그 많은 선현들 가운데에 이황 선생이 있습니다. 선생은 아예 자신의 호를 '청량산인'이라고 할 정도로 청량산을 아꼈지요. 그는 〈청량산가(淸凉山歌)〉라는 제목의 시를 남기기도 했어요. 함께 읽어볼까요.

청량산 육육봉(六六峰)을 아는 이 나와 흰 기러기뿐
흰 기러기야 날 속이랴마는 못 믿을 손 도화(桃花)로다.
도화야 물 따라가지 마라, 어부가 알까 하노라.

이 아름다운 청량산이 뭇 사람들에게 알려져 사람의 손때를 타게 될까 걱정할 정도로 청량산을 아꼈던 마음이 가득 담긴 예찬가입니다. 청량정사는 이처럼 청량산을 아꼈던 이황 선생이 어린 시절에 글공부하던 서재와 같은 글방입니다. 13살 되던 해에 선생은 당시 안동부사이던 숙부 송재(松齋) 이우(李堣)를 따라 청량산에 들어와 공부를 하게 됐지요. 그때 이우는 청량정사를 손수 짓고 그곳에서 이황의 공부를 도왔습니다. 이황 선생은 청량정사에 머물며 성리학의 기초를 닦았지요. 나중에는 이곳에 다시 들어와 후학을 양성했을 뿐 아니라 《도산십이곡(陶山十二曲)》을 저술할 때 머물기도 했습니다.

조금 다른 말이지만, 저는 요즘 '나무를 심은 사람들'이라는 주제로 또 한 권의 책을 집필하는 중입니다. 우리나라에 살아 있는 크고 아름다운 나무들을 찾아보고, 그 나무를 심은 옛사람들의 이야기를 담으려고 합니다. 어쩌면

봉화 청량산 청량정사

    그 책에 담기는 나무들은 여기서도 이야기하고, 또 다른 제 책에서도 언급한 나무일 수 있습니다. 그러나 조금 관점을 달리해 사람 중심으로 나무 이야기를 재구성해보자는 의도이지요. 어쩌면 이 기획에 대한 첫 생각은 바로 이황 선생 때문이었는지 모르겠습니다. 청량산에서 어린 시절을 보낸 선생은 나이가 든 뒤에도 나무를 많이 심었습니다. 그중 하나가 경상북도 영주시 소수서원의 소나무입니다. 그 나무 역시 제대로 관리하지 않아 지금은 고사목이 됐지만, 흔적은 그대로 남아 있지요. 그렇게 나무를 심은 사람들이 살아온 내력과 그의 학문 세계를 짚어보자는 의도의 기획이지요.

    어쨌든 청량산 숲 속의 고사목은 이황 선생과 어린 시절을 함께한 나무가

20. 죽어도 죽지 않고, 생명의 보금자리로 다시 태어나다 · 363

분명합니다. 선생이 청량정사에서 글공부를 하던 그때에 이 나무는 싱그럽게 살아 글공부에 지친 선생을 품어 안았던 나무가 분명한 거죠. 이 나무가 언제부터 여기에서 자라다 언제 죽었는지를 가늠할 수 있다면 좋겠지만, 그건 제 깜냥으로는 불가능합니다. 살아 있는 나무도 나이가 많으면 정확히 가늠하기 어려운데, 이미 죽은 나무의 나이를 어찌 헤아리겠습니까. 그러나 분명한 건 이 고사목이 500년 전 이황 선생에게만큼은 아주 중요한 벗이었다는 겁니다.

생명 활동을 멈춘 고사목의 줄기 안쪽은 썩어 텅 비었습니다. 줄기 안쪽은 까맣게 그을렸는데, 불에 탄 것인지, 아니면 저절로 썩으며 까매진 것인지는 알 수 없습니다. 그런데 이장종 감독의 〈KBS 스페셜〉에 저와 함께 출연한 응진전의 운산 스님은 6·25전쟁 때 이 나무 안에 4명의 사람을 집어넣고 불에 태워 죽였다는 이야기가 전해온다고 말씀하셨어요. 텅 빈 나무줄기 안쪽에 4명이 들어가기에는 좁아 보이지만, 그렇다고 아주 불가능한 것도 아닙니다. 정확한 기록이 남아 있지 않아서 맞다 틀리다를 논할 수는 없지만, 스님의 이야기가 맞다면 줄기의 시커먼 자국은 불에 그을린 게 맞겠지요.

그렇게 청량정사 고사목과의 만남이 시작됐습니다. 1년간 촬영을 한다고 했지만, 그렇다고 해서 1년 내내 나무 옆에서 살았던 건 아닙니다. 변화가 뚜렷해 보이는 때, 그러니까 계절의 변화를 볼 수 있는 때에 맞추어 찾았던 거지요. 저는 저대로, 촬영팀은 촬영팀대로 나무를 찾아다녔고, 함께 찾아가 앞에 말씀 드린 운산 스님도 뵙고 스님과 함께 나무를 만난 일도 많았습니다. 인상적인 일이 한두 가지가 아닙니다. 그중 어느 따뜻한 봄날 이른 아침 이야기는 빼놓을 수 없습니다.

모든 이에게 모든 것이 되라

1박 2일 일정으로 예정된 답사 첫날은 각각 출발하여 오후 느지막이 운산 스님이 계신 응진전에서 만났습니다. 스님과 이런저런 이야기를 나눈 뒤에 나무를 찾아보고, 또 본 절인 청량사로 가서 절밥을 먹으면서 여유롭게 시간을 보냈지요. 어두워지자 산을 내려와 가까운 여관에 여장을 풀고 하루를 보냈어요. 그리고 이튿날은 일찌감치 서둘러 나무를 찾아갔습니다. 나무를 찾아 이장종 감독과 함께 산을 오르는데, 딱따구리가 나무를 쪼아대는 소리가 들려왔습니다. 그 소리는 다른 곳에서 들었던 여느 딱따구리 소리와는 분명 달랐습니다. 청아하고 아름다운 건 둘째치고, 일단 울림이 무척 컸습니다. 산사의 정적을 헤치고 나무를 쪼아대는 딱따구리 소리는 청량산 바위 절벽에 부딪혀 흩어지며 온 산으로 울려 퍼졌어요.

그저 좋다는 생각만 하고 있는데 갑자기 이장종 감독이 모두 멈추라는 신호를 한 뒤 소리를 그대로 담아냈습니다. 발걸음도 그 자리에 멈추고 딱따구리 소리를 잡아냈지요. 적당한 간격을 두고 딱따구리는 부리 짓을 계속했습니다. 숨죽이고 숲길에 멈춰 서서 딱따구리 소리를 듣는 게 참 좋았습니다.

이 감독이 담아낸 딱따구리의 멋진 소리는 날카로운 부리로 우리가 찾아가는 고사목을 쪼아대며 내는 소리였습니다. 큰 나무의 속이 텅 비어 있으니 나무는 자연이 만들어낸 훌륭한 악기가 됐습니다. 속이 빈 나무의 껍질 부분을 두드리다 보니, 나무 전체에 공명이 퍼지며 만들어내는 천상의 소리가 됐습니다. 세상에 이리 큰 악기가 있을 수 있을까요? 둘레 6미터, 높이 8미터의 거대한 악기 말입니다.

짧지 않은 시간 동안 딱따구리 연주를 녹음하고는 장비를 거둬 나무 곁으로 바짝 다가갔습니다. 그리고 새봄을 맞아 달라지는 고사목의 변화를 관찰

했지요. 필경 죽은 나무입니다만, 지난겨울에 보았던 나무와는 분명히 다른 눈에 띄는 새로움이 있었습니다. 나무줄기 높은 곳에서 썩은 나무줄기 부스러기를 거름으로 하여 새 생명이 돋아났습니다. 까맣게 썩은 나무줄기 위에서 연초록의 새잎을 틔운 풀꽃의 생명력이 놀라웠고, 그에게 아낌없이 자신의 썩은 줄기 부스러기를 거름으로 내주는 고사목 둥치도 장해 보였습니다.

그뿐만이 아닙니다. 줄기를 꼼꼼히 들여다보자 그 틈새로 열심히 무엇가를 나르는 개미들이 눈에 띄었고, 따뜻한 봄바람을 맞고 갓 깨어난 애벌레들이 꼬무락거리는 것도 보였지요. 모두가 분주하게 제 생명을 이어가려 애쓰는 중이었습니다. 뻥 뚫린 빈 공간 안쪽을 들여다보니 널찍하게 거미줄을 늘어뜨린 엄지손가락만큼 큼지막한 거미가 음험하게 먹잇감을 기다리고도 있었지요. 우리가 나무 앞에 도착한 걸 알고 뒤늦게 찾아오신 운산 스님은 얼마 전에 거미가 있는 그 자리에 토종 벌집이 있었다는 이야기를 보태주셨습니다. 벌집은 나무 옆으로 난 오솔길을 지나는 등산객들을 위해 치웠다고 합니다. 나무는 분명 죽었지만, 죽어 새로운 생명의 보금자리가 된 것이죠. 따지고 보면 딱따구리도 마찬가지입니다. 열심히 부리 짓을 하던 수컷 딱따구리는 암컷의 환심을 불러내 짝을 이루어 생명을 퍼뜨려야 했습니다. 그 수컷 딱따구리를 위해 나무는 천상의 악기를 제공했던 겁니다.

나무는 아무 말없이 자신의 모든 것을 새로운 생명에게 내어준 것입니다. 살아 있는 것만 생명이라 할 건 아닙니다. 나무는 죽어서도 생명의 근원이 된 겁니다. 그 깨달음은 상당 부분 이장종 감독께서 이끌어내주신 것입니다. 그리고 그건 제게 참 놀라운 깨달음이었습니다. 이 나무를 관찰한 경험을 저는 《옛집의 향기, 나무》라는 책에 그대로 소개했습니다. 그 책을 쓸 때 자신의 모든 것을 세상의 모든 것들이 원하는 대로 다 내어주라는 의미를 가진 가톨릭 교회의 이야기 '옴니버스 옴니아(omibus omnia, 모든 이에게 모든 것이 되라)'를 떠올리기도 했습니다.

    그렇게 큰 의미를 지닌 한 해 동안의 취재와 촬영을 마치고 마무리 편집이 진행됐습니다. 저는 2회로 편성된 〈나무 이야기〉의 1회분에 출연하여 내레이션까지 맡았습니다. 1회분에는 숲 속의 고사목과 대비되는 도시의 가로수를 역시 1년 동안 취재한 나무 의사 우종영 선생의 나무 이야기도 더불어 나옵니다. 준비된 원고를 저는 자못 진지하게 읽어나갔지만, 실은 프로그램에서의 모든 깨달음은 이장종 감독으로부터 비롯된 것입니다.

    나무는 죽었지만 죽지 않았다는 변증의 깨달음입니다. 이장종 감독은 죽은 나무를 보금자리로 새로운 생명을 이어가는 살아 있는 것들을 찾아내고자 했지요. 그랬습니다. 나무는 기꺼이 자신을 텅 비우고 남아 있는 모든 것을 다른 살아 있는 생명체에 내주는 영원한 생명의 근원입니다. 죽었지만 살았음을, 자연의 완벽한 순환의 진리를 일러준 큰 나무, 사람과 함께 살아 있는 위대함이라 하지 않을 수 없습니다.

V

오늘 우리에게 나무는

서울 신림동 굴참나무

21.
빌딩 숲에서 숨 가쁘게 살아가는 큰나무
- 서울 신림동 굴참나무, 인천 신현동 회화나무

스무 차례에 걸친 나무 강의를 통해 오래된 나무 안에 담긴 우리 삶의 자취를 돌아보았습니다. 이 강좌를 통해 제가 언급한 나무는 그래봐야 50그루가 채 되지 않을 겁니다. 제 욕심으로는 더 많은 나무들을 하나하나 짚어보고 싶지만, 그건 다음 기회로 미루겠습니다. 그동안 제가 돌아다니며 찾아본 나무들을 여러 방식으로 정리해 멀지 않은 시기에 우리나라의 큰 나무들을 종합하는 책을 펴낼 계획도 있습니다. 나무 하나하나에 대한 자세한 이야기는 그때로 미루기로 합니다.

이제 우리 자신을 돌아보았으면 좋겠습니다. 나무는 말없이 우리 곁을 지키고 있건만, 우리는 과연 나무를 어떻게 생각하고 있는가를 살펴보자는 이야기입니다. 그래서 이 강좌의 마무리로 두 차례에 걸쳐 현대 산업사회에서 나무는 사람들에게 어떤 의미로 남아 있는가를 살펴보고자 합니다. 주로 도시에서 살고 있는 큰 나무들을 찾아보겠습니다. 그게 우리의 현주소를 짚어보는 계기가 되지 않을까 생각합니다.

저는 도시에서 태어나 도시에서 자랐습니다. 수도권의 항구 도시 인천이 제 고향이고, 지금도 서울의 위성도시라 할 부천시에 삽니다. 제가 어릴 때 살던 산동네에는 나무가 없었습니다. 낮은 동산이었는데, 이 마을에는 나무가 살 자리가 없었어요. 나무가 서 있을 자리를 모두 사람이 차지한 섭니다. 게다가 제가 어린 시절에는 가로수도 그리 많지 않았지요. 도시에서 살아온 지 50년이 지났지만, 사정은 그리 달라지지 않았습니다. 땅값이 천정부지로 솟아오르는 도시에서 나무가 금싸라기 땅을 차지하고 살아남는다는 건 사실상 불가능한 일이겠지요.

제가 전국 방방곡곡을 헤치고 다니기는 하지만, 서울을 비롯한 수도권에 있는 큰 나무들에 대해서는 비교적 약합니다. 잘 찾지 않게 되더라고요. 대중교통이 편리하다고는 하지만, 카메라를 비롯한 갖가지 장비를 짊어지고 도심을 걸어다니며 나무를 답사하는 일이 여간 불편한 게 아닙니다. 게다가 시골 바람에 익숙한 때문인지, 지하철을 타고 서울에 가서 간단한 일 한 가지만 처리하고 돌아온다 해도 피로도는 꽤 큰 편입니다. 과장처럼 들리실지 모르겠지만, 15킬로그램이 넘는 장비를 메고 산을 오르는 강행군을 이틀 동안 치렀을 때 못지않은 피로가 서울 나들이 한나절과 맞먹을 정도입니다. 그래서 서울을 비롯한 수도권 지역에 있는 나무들은 자주 찾아가게 되지 않는 거죠.

하지만 큰 나무는 산촌, 농촌, 어촌이 아닌 도시에도 분명히 있습니다. 물론 시골만큼 많은 건 아니지만 유서 깊은 나무가 분명히 있지요. 각박한 사람살이로 바쁘게 살아가는 도시민 사이에서 나무들은 말없이 사람살이의 흔적을 켜켜이 담고 오래도록 역사가 되어 그 자리를 지키고 있습니다. 특히 서울에는 큰 나무가 그리 많지 않지만, 남아 있는 큰 나무들은 어김없이 의미 있는 역사를 담고 있습니다. 우리 역사의 중심인 서울에서 수백 년을 살아온 나무이니 당연한 일이겠지요. 하지만 도시에서 나무가 긴 역사를 간직하고 오래 살아남는 일은 그리 쉽지 않습니다. 끊임없이 사람들이 들고나면서 나무들의 보금자리를 빼앗는 일이 늘어나는 까닭입니다. 나무는 소리 없이 제자리를 내주고 밀려나야 하는 운명을 피할 수 없습니다.

서울 신림동 굴참나무

서울의 신림동에는 그런 서글픈 도시 나무의 운명을 짊어진 채 천년 넘게 생명을, 그리고 나무 안에 새겨진 역사를 지켜온 나무가 있습니다. 나무의 종류로는 우리가 가까이에서 친근하게 지내온 굴참나무입니다. 굴참나무는 잘 아시다시피 참나무 종류입니다. 시골 어른들은 주로 도토리나무라고 더 많이 부르시지요. 참나무에 속하는 여러 종류의 나무들에서 맺히는 열매를 모두 도토리라고 부르기 때문에 그런 이름이 붙은 겁니다. 그런데 사실 참나무라는 이름은 식물도감에 나오지 않습니다. 하지만 참나무만큼 우리와 친한 나무도 없을 테니 참나무에 대해 짚어보고 넘어가겠습니다.

 참나무는 어느 한 종류의 나무를 가리키는 이름이 아니라 같은 종류의 여러 나무들을 통틀어 부르는 상위 개념의 이름이지요. 우리네 시골에서 흔히 참나무라고 부르는 대표적인 나무로는 굴참나무, 갈참나무, 떡갈나무, 상수리나무, 신갈나무, 졸참나무 등이 있습니다. 물론 자세히 들어가면 더 많은 나무가 있지요. 이를테면 돌참나무라든가 떡신갈나무, 물참나무 등도 앞의 나무들과 마찬가지로 도토리를 맺습니다. 한발 더 나아가면 밤나무도 참나뭇과에 속하는 나무이지만, 열매가 도토리와 생김새가 다르고 밤의 특징이 강해 참나무라고 부르지 않는 겁니다. 그러니까 흔히 참나무라고 부르는 나무는 도토리를 맺는 나무라고 생각하시면 틀리지 않습니다.

참나뭇과의 나무 가운데 굴참나무는 줄기에 세로로 골이 깊게 진다고 해서 처음에는 '골이 지는 참나무'라고 부르던 나무입니다. 나중에는 '골'이 '굴'로 바뀌어 '굴참나무'로 이름이 굳어진 거라고 추측할 수 있습니다. 굴참나무는 우리나라 전 지역에서 잘 자라는 참나뭇과 나무 가운데 상수리나무만큼 친근한 나무입니다. 굵고 토실토실한 도토리를 맺이서 '도토리나무'라고 부르기도 하지요.

우리나라에는 오래된 굴참나무가 그리 많지 않습니다. 어찌 보면 워낙 친근한 나무이다 보니 귀하게 지키지 못한 것 아닌가 하는 생각도 하게 되네요. 그래서 가장 오래된 굴참나무가 서울의 신림동에 살아 있다는 게 어쩌면 뜻밖으로 들리실 겁니다. 그냥 살아남기도 힘든 도시에서 가장 오래된 굴참나무를 찾아볼 수 있다니 뜻밖이 아닐 수 없겠지요. 무려 1000살이나 된 무척 오래된 나무입니다.

지금은 흔적도 찾아볼 수 없지만, 예전에는 난초가 많이 있는 골짜기라 해서 '난곡(蘭谷)'이라는 옛 이름을 가진 신림동 지역은 고려시대 때 강감찬(姜邯贊) 장군이 태어나 자라고 천하를 호령하던 곳이기도 합니다. 장군의 흔적 중에 유명한 낙성대가 있습니다. 낙성대는 지하철 2호선의 신림역 바로 다음 역 이름이기도 하지요. 낙성대는 '떨어질 낙(落)'과 '별 성(星)', 그러니까 별이 떨어진 곳이라는 이야기인데, 이곳에 별이 떨어진 것은 강감찬 장군이 태어나던 바로 그날이었습니다. 하늘도 알아볼 만큼 훌륭한 인물이 태어나는 것을 기념하여 하늘에서 별이 떨어졌다는 겁니다. 낙성대는 지하철역의 이름이 될 징도로 많이 알려졌지만, 장군의 또 다른 자취인 신림동 굴참나무는 그리 알려지지 않았습니다.

이 굴참나무는 강감찬 장군이 이 마을을 지나다 우물가에서 물 한 잔 얻어

마신 뒤 짚고 다니던 지팡이를 땅에 꽂은 게 자라난 나무라고 합니다. 강감찬 장군이 살았던 시대를 생각하면, 나무의 나이는 1000살쯤으로 봐야겠지요. '강감찬 나무'라는 별명은 그래서 붙은 겁니다.

강감찬 굴참나무인 천연기념물 제271호 서울 신림동 굴참나무를 처음 찾아가던 10여 년 전 어느 날이 생생히 떠오릅니다. 가을바람 선선히 불어오던 날이었어요. 요즘은 스마트폰에 내비게이션이 있어 길 찾는 일이 어렵지 않지만, 그때는 그런 게 없었지요. 그저 대략 어느 지역에 있다는 정도만으로 마을을 찾아가 주변 사람들에게 큰 나무를 물어물어 찾는 수밖에 없던 시절이었지요. 물론 찾기 어려우리라는 예측은 하고 떠난 길이었어요. 지하철을 타고 신림역에서 내려 나무가 있는 아파트 단지를 찾아갔습니다. 미리 나무의 위치로 알아둔 신림동 건영아파트를 찾기는 했지만, 도대체 나무를 찾을 수가 없었습니다. 나무가 있을 것 같은 느낌이 들지 않았습니다. 아파트 단지 바깥으로 뱅뱅 돌다가 단지에 붙어 있는 초등학교 앞을 지났어요. 마침 초등학교 아이들이 지나가기에 아이들에게 "이 마을에 강감찬 장군의 지팡이가 자라났다는 큰 나무가 있다는데, 어디 있는지 아니?"라고 물었습니다. 그러나 아이들은 고개를 설레설레 흔들며 모른다고 했습니다. 제가 초등학교 아이들에게 물은 건 초등학교 교과 단원 중에 '우리 마을 이야기'가 있어 마을에 있는 큰 나무 정도는 알지 않을까 해서였지요. 그러나 아이들은 그 단원을 아직 배우지 않은 탓인지 나무의 존재를 전혀 몰랐습니다. 이어 길에서 만난 젊은이에게도 물었지만 역시 몰랐습니다. 이번엔 비교적 나이가 드신 어른께 물었으나 마찬가지였어요. 찾는 길 포기할까 하는 생각이 들 정도였지요.

그러다가 신림동 건영아파트가 여기 말고 또 있나 싶어 아파트 단지 안에 들어가 경비 아저씨에게 물을 요량으로 비탈을 거쳐 단지 안으로 들어섰습니다. 길게 이어지는 단지 끝 부분까지 휘이휘이 걸어서 오르는데 바로 그곳에 나무가 있었습니다. 비탈 위쪽으로 고층 아파트가 번듯이 솟아올라 있고 단지 앞마당이라고 할 곳의 움푹 파인 데에 나무가 풍덩 빠져 있었습니다. 게다가 나무를 둘러싸고는 여러 대의 자동차가 주차해 있었습니다. 사진에 보시는 그대로입니다. 단지가 비좁아 어쩔 수 없는 일입니다. 그러나 서 상태가 오래 방치된다면 나무에게는 치명적이 아닐 수 없습니다. 아무리 주차한 자동차라고 하지만, 자동차가 멈추거나 출발할 때 내뿜는 연기를 나무가 고스란히 들이마셔야 합니다. 더구나 자동차에서 배출하는 매연은 비교적 무거워 아래로 가라앉는 특징이 있는데, 나무는 바로 자동차들 아래쪽에 있으니 꼼짝없이 매연을 들이마시며 살아야 합니다.

 문제는 그뿐이 아닙니다. 생육 조건도 그렇습니다. 생육에 꼭 필요한 햇살도 참 모자라 보입니다. 고층 아파트에 가려 햇살을 제대로 받기 힘든 거지요. 나무는 이래저래 숨이 막힐 수밖에 없습니다. 또 하나 아쉬운 건 지나친 복토입니다. 뿌리 부분의 답압(踏壓, 흙이 눌려 다져지는 현상을 말하는데, 답압이 오래되면 뿌리의 호흡이 불가능해 나무가 살기 어려워진다)을 막기 위해 뿌리 부분에 흙을 덮고 그 위에 자갈을 깔았는데 그 높이가 지나치게 높아 보였습니다. 가만히 들여다보니 그건 단지 답압 현상을 막기 위한 것만은 아니었습니다. 가파른 비탈 위에 아파트 단지를 조성하려다 보니 나무의 보금자리는 움푹 팰 수밖에 없었을 테지요. 공사업자 입장에서 보면 아예 나무를 끄집어내고 평평하게 하고 싶었을 겁니다. 그러나 그게 여의치 않자 지금처럼 움푹 파인 부분을 그대로 유지한 건데, 그 높이 차이가 커서 나무뿌리 위로 흙과 자갈을 덮을 수밖에 없었던 것으로 보입니다. 그래서 전체적인 생김새가 불안정해 보입니다. 우리 어릴 때 머리가 큰 친구들을 '짱구'라고도 부르고, '가분수'라고도 놀렸잖아요. 바로 이 나무가 가분수 모양을 하고 있는 겁니다. 늠름하게 뻗어 올랐

서울 신림동 굴참나무

을 줄기의 상당 부분이 흙 속에 갇혔으니 아래쪽이 불편해 보일 만큼 작다는 이야기입니다. 그런 와중에 나무는 키 17미터, 가슴높이 둘레 2.5미터의 큰 나무로 자랐고, 수형도 전형적인 굴참나무의 생김새를 갖추었습니다. 주변에 쌓인 흙 위로 솟은 굵은 가지 하나가 1미터쯤 높이에서 옆으로 뻗었는데, 만일 복토가 아니었다면 적어도 3미터는 넘었지 싶습니다. 줄기는 다시 위로 곧게 솟아오르면서 여러 가지로 나누어져 동서 20미터, 남북 8.4미터까지 퍼졌습니다. 사실 이 정도의 크기라면 1000살이 넘었다는 나이를 믿기 어렵습니다. 다른 곳에 자라는 굴참나무의 크기에 견주어 그렇다는 말씀입니다. 하지

만 그야말로 최악의 생존 조건에서 살아남은 나무로서는 어쩔 수 없는 일이라고 받아들여야 할지 모르겠습니다.

우리나라 최고령의 굴참나무, 게다가 강감찬이라는 고려시대 장군의 자취가 담긴 나무의 기품은 이처럼 도시인들의 무관심과 무성의한 보호 대책에 의해 흐트러지고 말았습니다. 그나마 수도 서울 한복판에 살아 있다는 것만으로 만족해야 할 따름인지 아쉬운 마음 그지없습니다.

나무의 존재에 대한 마을 사람들의 생각도 아쉬움을 보탭니다. 아무리 들고남이 잦은 도시라고 하지만, 어쩌면 자기 마을에 우리나라를 대표할 만한 나무가 있다는 사실을 모르냐는 말입니다. 또 제가 직접 그 단지 바로 옆의 초등학교 교과서를 살펴보거나 선생님들을 찾아뵌 건 아니지만, 그 학교도 너무한 거 아닌가요? 교사들도 그렇잖아요. 그 학교에 부임하셨다면 먼저 마을의 상황을 톺아보셨어야 하는 거 아닌가요? 그저 영어, 수학만 가르쳐 좋은 대학만 보내면 단가요?

도시의 나무들이 처한 운명은 대개 비슷합니다. 아무리 오래된 나무라 하더라도 그 나무를 대하는 도시민들은 어쩔 수 없이 바쁩니다. 나무는 바라보는 사람이 없으면 아무것도 아닙니다. 그건 사람도 마찬가지 아닐까요? 바라보는 사람이 없다면, 혹은 사랑하는 사람이 없다면 사람은 무슨 의미로 존재하는 걸까요? 아무리 우리에게 꼭 필요한 생명체라 하더라도 우리가 돌아보지 않는다면 나무는 스스로 자신의 존재 이유를 잃게 될 것이고, 그러다 보면 나무는 저절로 쓰러지고 말 것입니다.

◀서울 신림동 굴참나무

인천 신현동 회화나무

강감찬 나무만큼 오래되지는 않았지만 제가 태어나 자란 인천시에도 오래된 나무가 있습니다. 인천시 서구의 신현동 회화나무입니다. 신현동은 제가 서른 살 즈음에 10년쯤 살았던 곳이기도 합니다. 신문사 기사 생활을 하는 동안 살았지만, 솔직히 말씀 드리건대 저 역시 그곳에 사는 동안에는 우리 집 곁에 이런 나무가 있는지를 몰랐습니다. 신현동 회화나무를 처음 찾아본 때는 신현동을 떠나고 두 차례의 이사를 거쳐 지금의 부천시에 둥지를 튼 뒤였습니다. 그러니 저도 서울 신림동에서 느꼈던 아쉬움에서 그리 떳떳한 사람은 못 됩니다. 어쩌면 사람이 문제가 아니라 사람을 그렇게 만드는 도시의 분위기가 문제라고 변명을 해야 할지도 모르겠습니다.

신현동의 큰 나무는 회화나무입니다. 회화나무는 앞서 강의 중에 한 많은 나무로 소개한 충남 서산 해미읍성 회화나무를 이야기할 때 살펴본 나무입니다. 천연기념물 제315호인 신현동 회화나무는 500살이나 됐습니다. 생김새도 대단히 아름다운 나무입니다. 제가 가장 아름다운 회화나무로 꼽는 나무는 충청남도 당진 삼월리 회화나무(천연기념물 제317호)인데, 인천 신현동 회화나무도 그 못지않게 아름다운 나무죠. 키가 22미터나 되고, 가슴높이 둘레도 5.3미터나 되는 큰 나무이지요. 그러나 이 나무는 그만큼 크게 느껴지지 않습니다. 물론 주변 환경 때문이지요. 게다가 나무의 생육 조건도 서울 신림동 굴참나무와 다름없이 어려운 상황입니다. 자연의 삶을 거슬러 살아가는 도시에서 명을 이어가야 하는 나무의 어쩔 수 없는 운명인 셈이지요.

요즘은 그나마 주변 환경이 조금 나아졌습니다. 제가 처음 이 나무를 찾아갔던 12년 전 상황은 그야말로 최악이라 해도 될 정도였습니다. 나무를 찾아가는 길은 나무 주변 큰 도로에 천연기념물을 알리는 안내판이 있어 긴 시간

인천 신현동 회화나무

이 걸리지 않았습니다. 안내판의 화살표를 따라 골목에 들어서 곧 만나게 된 어린아이에게 나무의 위치를 물어보니 금세 가르쳐주기도 했고요. 그러나 나무가 처한 사정은 참담하다 해도 될 정도였어요.

　나무가 있는 자리는 널찍하게 공간을 비워 충분한 생육 공간을 마련했지만, 햇살도 바람도 넉넉지 않았습니다. 나무 보호구역 옆의 사방은 5층짜리 빌라가 둘러싸고 있었습니다. 한쪽으로만 그런 게 아니라 사방으로 건물이 둘러싸고 있어 마치 나무를 5층 건물로 둘러싼 듯한 환경이었습니다. 주변을 둘러싼 건물들로 사위(四圍)가 완전히 막혀 있는 상태이니, 나무가 햇빛을 제대로 보기 힘든 환경이었습니다. 바람도 제대로 맞기 어려웠을 겁니다. 이곳에서도 역시 도시의 특징을 그대로 볼 수 있었지요. 나무 옆의 울타리에는 자동차들이 즐비하게 주차해 있었어요. 불법과 합법을 따지기 전에 그저 집 앞의 작은 공간에 자동차를 주차한 '마을 주차장'인 셈입니다. 그뿐만 아니라 철제 울타리 옆을 살펴보니 누군가가 몰래 내다버린 쓰레기들이 어지러이 늘어져 있었어요.

나무를 바라보는 마음이 편하지 않았습니다. 돌아와서 곧바로 저는 인천시정, 인천시 서구청, 그리고 인천시에서 활동하는 환경단체의 홈페이지를 찾아 자유게시판에 나무의 상태를 적어놓았습니다. 흥분한 어투로 나무 주변 상황을 묘사하면서 나무 관리를 어쩌면 이리 무성의하게 하는지를 꾸짖었습니다. 그때만 해도 제가 나무를 찾아다니던 초기여서 소극적이었던 겁니다. 지금 같으면 당장 전화를 걸어 이야기했을 텐데, 그때는 전화 걸기가 머뭇거려졌고 또 전화 못지않게 홈페이지 게시판을 통해 더 많은 사람들에게 알리는 게 좋다는 생각도 했습니다. 인천 신현동 회화나무는 인천시의 내륙 지방에서는 유일한 식물 천연기념물이거늘 그저 하나 제대로 지키지 못한다는 게 어디 말이 되냐는 것이었지요.

화가 난 일반 시민들의 댓글이 이어졌고, 며칠 뒤 인천시장실에서 전화가 왔습니다. 담당 공무원이었어요. 나무 주변의 환경은 어쩔 도리가 없다는 것입니다. 그러나 그동안 관리에 소홀했던 것도 사실이니 앞으로 청소 작업을 비롯해 각별히 신경 쓰겠다는 얘기였습니다. 그리고 제가 게시판에 쓴 글을 지워달라는 요청이었어요. 그러나 저는 좀 더 지켜보고 제 눈으로 확인한 뒤에 지우겠다고 했습니다. 그리고 얼마 뒤 다시 나무를 찾아갔어요. 담당 공무원의 이야기는 허튼소리가 아니었어요. 나무 주변은 말끔하게 청소됐고, 한낮이어서 그랬는지 주차한 차도 없었습니다. 그리고 보호구역에 둘러친 울타리에는 '나무를 잘 보호하자'는 내용의 커다란 현수막도 걸려 있었습니다. 어쩔 수 없는 환경은 그렇다 치고, 이 정도면 그나마 최소한의 관리는 이루어지는 것이다 싶어 아쉽지만 안도하는 수밖에 없었지요.

  도시에서 힘겹게 살아가는 인천 신현동 회화나무에는 별다른 유래가 없습니다. 다만 이 나무의 꽃이 위쪽부터 피어나면 풍년이 들고, 아래쪽에서 먼저 피면 흉년이 든다는 대수롭지 않은 이야기만 전할 뿐이죠. 7월이 지나 여름 햇볕이 따가울 즈음에 가지 끝에서 우윳빛으로 아롱아롱 피어나는 작은 꽃을 바라보며 사람들은 한 해 농사의 풍흉을 점쳤다는 이야기입니다. 물론 지금은 이를 기억하는 사람이 그리 많지 않습니다. 그저 기록으로만 남아 있을 뿐이지요. 신현동은 사람들의 들고남이 잦은 도시인 탓에 이곳에서 오래 살아온 토박이 주민을 찾기 어려운 것도 이유일 것입니다.

  기록으로 남은 이야기를 바탕으로 하면 이 동네가 필경 농사를 짓던 마을이었으며, 나무 옆으로는 너른 논밭이 펼쳐졌던 게 분명하다고 짐작할 수 있습니다. 제가 이 지역에 살던 20여 년 전만 해도 부근이 지금처럼 변화하지 않았지요. 그때 제게는 초등학교에 들어가기 전인 어린아이가 있었는데, 제가 야근하고 돌아와 집에서 쉬는 날에는 아이가 마을 뒤쪽으로 펼쳐진 들판으로 놀러 가자고 했었지요. 아이는 그곳에서 자주 볼 수 있는 염소를 보고 싶었던 겁니다. 그래서 이제는 스무 살이 훨씬 넘은 아이도 그때 이야기를 하면 '염소 보러 가던 곳'이라고 이 지역을 떠올리곤 하지요. 그런데 그 넓은 들판이 지금은 그야말로 상전벽해가 됐습니다. 이른바 청라지구가 개발된 것입니다. 그 옆으로는 아라뱃길이라는 이름의 난데없는 뱃길도 났어요. 옛 환경은 찾아볼 수 없게 바뀐 거죠. 물론 인천 신현동 회화나무 옆에 5층짜리 빌라가 들어선 건 그보다 조금 먼저입니다. 나무 옆의 환경은 지금이나 그때

▼인천 신현동 회화나무(384·385쪽)

나 그대로이지만, 그 당시에는 나무에서 조금만 벗어나면 너른 들녘을 만날 수 있었지요.

　인천 신현동 회화나무를 다시 찾은 건 지난해 겨울이었습니다. 걷잡을 수 없는 변화의 한가운데 서 있던 회화나무도 그사이 적지 않은 변화를 겪은 듯합니다. 무엇보다 눈에 띈 건 성장과 개발의 숨 가쁜 흐름에서 나무를 지키려는 사람들의 노력이 적지 않았던 것으로 보이는 몇 가지 흔적입니다. 줄기 앞에는 전에 없던 제단이 놓였습니다. 동네 사람들이 동제를 올리기 위해 마련한 제단입니다. 과연 얼마나 정성스럽게 제사를 올리는지는 알 수 없지만, 그래도 제단이 놓였다는 사실 하나만으로도 이전과는 다르다는 걸 느낄 수 있었습니다. 나무 옆의 주차 상황은 여전했지만, 주변 환경은 한결 깨끗해졌습니다. 울타리를 깔끔하게 정비했을 뿐 아니라, 전에 무차별하게 쓰레기를 내다놓던 걸 막기 위한 노력의 하나인지 모르겠으나 울타리 한쪽 귀퉁이에 공동 분리수거함과 쓰레기통이 따로 설치되어 있었습니다. 또 나무 옆으로 자리를 더 내어 아담한 정자도 세웠습니다. 정자 옆으로는 어린이를 위한 놀이 기구와 몇 가지 체육시설을 설치해 작지만 잘 꾸민 근린공원이 됐습니다. 나무가 받아야 할 햇살과 바람을 막고 서 있는 5층 빌라야 어쩔 수 없이 그대로이지만, 이 정도라도 얼마나 다행인지 모르겠습니다.

　지금 나무와 더불어 살아가는 게 결코 쉬운 일은 아니라는 건 분명합니다. 더구나 하루하루 각박하게 이어지는 도시의 사람살이와 느릿느릿 살아야 하는 나무의 살이가 어울린다는 건 애당초 불가능하거나 어려운 일임이 틀림없습니다. 그러나 나무를 한번 더 바라보고, 나무와 더불어 살아가기 위해 애쓰는 작은 노력이 이어진다면 나무는 필경 자신의 받은 모든 것을 사람에게 되돌려줍니다. 물론 그것이 당장 일어나는 일은 아니라 해도, 사람의 짧은 수명으로는 감히 엄두도 내지 못할 긴 세월 동안 사람살이를 더 아름답고 평화롭게 일으킬 것입니다.

　도심 복판에 자리 잡은 나무들은 어쩔 수 없이 대개의 도시민처럼 지친 삶을 이어갑니다. 그들의 거친 숨결에는 이 땅에서 살아온 옛사람의 이야기가 담겨 있고, 그 위로 지금 우리들의 역사가 차곡차곡 덧씌워지고 있습니다. 1000년 전 강감찬 장군의 흔적, 불과 몇십 년 전 농부들의 삶을 나무는 또렷이 기억하고 있을 겁니다. 아울러 지금 나무를 바라보는 우리들의 눈동자를 나무는 정말 또렷이 기억할 겁니다. 결국 지금 나무를 바라보는 일은 우리 삶의 오래된 흔적을 찾는 일이며, 아울러 우리의 미래를 위해 지금 우리가 해야 하는 일임을 도시의 큰 나무들이 침묵으로 웅변하고 있는 것입니다.

22.

개발의 험난함 속에서 끝까지 살아남다
– 전주 삼천동 곰솔

앞에서 우리는 지금 이 순간 우리에게 나무는 어떤 의미인가를 짚어봤습니다. 특히 성장과 개발이라는 이름으로 나무를 비롯한 다른 생명체를 돌아볼 여유를 가지지 못한 채 바삐 살아가야 하는 도시에서 나무들이 짊어진 슬픈 운명을 이야기했습니다. 그리고 이제 다시 또 한 그루의 나무를 짚어볼 차례입니다. 조금은 참담한 마음으로 이야기할 수밖에 없는 나무입니다. 그동안 주로 아름답고 훌륭한 나무들을 이야기했는데, 마무리를 이런 나무로 한다는 게 조금은 안타깝지만 지금 우리의 처지를 돌아보기 위해 일부러 이 나무 이야기를 오래 참고 이제야 꺼냅니다.

나무 이야기에 들어가기 전에 옛사람들이 나무와 사람의 관계를 이야기한 글을 좀 살펴보겠습니다. 먼저 우리 근대의 학자 가운데 이른바 북학파 실학자로 분류되는 홍대용(洪大容)입니다. 그는 '사람의 입장에서 물(物)을 보면 사람이 귀하고 물이 천하지만, 물의 입장에서 보면 물이 귀하고 사람이 천하다.

그러나 하늘의 입장에서 보면 인간과 물은 균등하다'는 이른바 인물균(人物均) 사상을 설파한 학자입니다. 그의 인물균 사상은 세상 모든 만물과 더불어 살아가야 한다는 온생명 사상과 크게 다르지 않다고 여겨집니다. 그의 대표 저술 가운데 《의산문답(醫山問答)》이 있습니다. 이 책에서 그는 근대 생태주의자들에게 경종을 울릴 만한 이야기를 남겼습니다.

"지구는 활물(活物)이다. 흙은 그 살이고 물은 그 피며, 비와 이슬은 그 눈물과 땀이고, 바람과 불은 그 혼백이며 기운이다"라고 전제하고는 "풀과 나무는 지구의 모발이고 사람과 짐승은 지구의 벼룩이며 이(蝨)다"라고 선언했습니다. 지구를 하나의 생명체로 보고, 그 위에서 자라는 나무는 터럭으로 보고, 그 곁에서 살아가는 사람을 몹쓸 기생충인 이로 본 겁니다. 좀 지나친 극단적 비유이지 싶지만, 어쩌면 나무의 덕을 그저 빼먹기만 하는 사람의 속성을 잘 상징한 것이라는 생각도 듭니다. 어떠세요? 이런 이야기를 듣자면 한편으로는 사람으로서 기분이 나빠지기도 하지만, 그렇다고 무작정 반대하기도 어려운 게 사실입니다. 우리 사는 일이 모두 그 비유에서 크게 벗어나지 않으니까요.

지구 위의 생명체 가운데 사람에 대한 이 같은 비관적 표현은 홍대용뿐이 아닙니다. 더 많은 사례를 찾아볼 수 있을 겁니다. 그 가운데 자연주의적 사고를 여러 저술에서 자주 표현한 프리드리히 니체(Friedrich Wilhelm Nietzsche)가 있습니다. 홍대용 할아버지보다 100년쯤 뒤에 활동한 니체도 비슷한 말을 남겼어요. "지구라는 아름다운 별이 앓고 있는 유일한 피부병은 인간"이라고요.

거참, 언짢지 않을 수 없는 이야기입니다. 만물의 영장이라고 자부하며 살아가는 사람을 기생충에, 피부병에 비유하다니요. 그런 생각에 동서양이 따로 없다는 것 역시 약 오르는 일이 아닐 수 없습니다. 제가 이런 옛사람들의 이야기를 먼저 떠올린 것은 이 같은 말에 대항할 수 없을 만한 일이 바로 우리 곁에서도 일어나고 있기 때문입니다.

이제 오늘 제가 이야기할 나무를 소개할 때가 됐네요. 우선 사진으로 보시죠. 보시다시피 나무의 생김새는 제가 그동안 소개한 여느 나무에 비해 보잘것없습니다. 아니, 참혹한 모습으로 줄기만 남은 모습이 끔직해 보이기까지 합니다. 이 나무는 천연기념물 제355호인 전주 삼천동 곰솔입니다.

전주 삼천동 곰솔

곰솔은 앞에서 제가 '사라져간 나무들'을 이야기하면서, 벼락 맞아 죽은 몇 그루의 나무를 소개할 때 이야기했습니다. 그 자리에서 제가 곰솔 이야기를 살짝 넘어갔기에 잠깐 보태겠습니다. 곰솔은 소나무의 한 종류입니다. '해송

(海松) '흑송(黑松)' '숫솔' '완솔'이라고도 부르는 소나무이지요. 흔히 그냥 소나무라고 부르는 나무는 바닷가의 소금기 짙은 바람을 맞으면 살기 힘들지만, 곰솔은 바닷가에서도 잘 자라는 나무입니다. 원래는 바닷가에서 자란다는 뜻에서 육지의 소나무를 '육송(陸松)'이라고 부르는 것처럼 '해송(海松)'이라고 불렀습니다. 그러나 중국에서 바다 건너 해동국에서 들여온 소나무를 일괄적으로 '해송'이라 부르기도 하는 바람에 헷갈리기 쉽습니다. 지금이야 해송이라 하면 바닷가에서 자라는 소나무를 말하는 것임을 금세 알지만, 옛날에는 그런 혼동이 있었다는 이야기입니다.

생김새만으로 곰솔과 소나무를 구별하는 건 그리 쉽지 않습니다. 그러나 둘 사이에는 뚜렷한 특징이 있습니다. 바로 곰솔이 줄기 껍질에 검은색을 띠고 있다는 점이지요. 뭍에서 자라는 소나무의 껍질이 붉은색을 띠고 있는 것과 명백한 차이점입니다. 그래서 육지의 소나무를 적송(赤松)이라고 부르고 바닷가의 소나무를 흑송(黑松)이라 부르게 된 것입니다. 흑송이라는 이름을 순우리말로 바꾸어 오래전부터 '검은 솔'이라고 부르기도 했답니다. 그러다가 발음하기 편하게 바뀌면서 나무의 이름이 아예 '곰솔'로 자리 잡았습니다.

우리나라에서 곰솔은 서해안의 경기도 남쪽, 동해안의 강릉 바닷가 아래의 남쪽으로부터 남해안 섬 지방에까지 잘 자랍니다. 바닷가에서 주로 자라는 곰솔은 대개 수십 그루가 모여 군락을 이루지요. 이 같은 특성 때문에 곰솔은 바닷가에서 방풍림으로 많이 심어 키우곤 합니다. 바닷가에서 흔히 만날 수 있는 소나무 숲은 곰솔 숲이라 보아도 크게 틀리지 않습니다. 그러나 육지 안쪽으로 깊숙이 들어와 잘 자라는 곰솔도 적지 않습니다. 곰솔은 생장 속도가 느리지만 생명력이 강인해, 일단 뿌리만 잘 내리면 그 자리에서 오래도록 잘 살아가는 특징을 가지고 있거든요. 그러다 보니 저절로 자생하는 곳이 바닷가일 뿐 육지에서도 잘 자라는 나무라는 말씀입니다. 지금 이야기할 나무가

바로 육지에서 자란 곰솔입니다.

　한 그루의 나무를 되풀이해 찾아가는 것이야 제 오랜 답사 방식입니다만, 유난히 자주 찾아가는 나무 가운데 하나가 바로 전주 삼천동 곰솔입니다. 과장처럼 들리실지 모르겠지만, 저는 이 나무 앞에만 서면 정말 참을 수 없는 치욕과 참담함에 몸을 떨지 않을 때가 거의 없습니다. 심지어는 나무를 한참 바라보고 있노라면 저도 모르게 눈물이 주르르 흐르기까지 한답니다. 그러고는 앞에서 말씀 드렸던 홍대용과 니체의 이야기가 저절로 떠오릅니다. 기생충이며 피부병인 인간으로서 참담함을 느끼지 않을 수 없습니다.

　가장 최근에 이 나무를 찾아본 것은 지난해 겨울 눈 내리던 날이었습니다. 그해의 첫눈이었는데, 남부 지방에서 맞이하는 첫눈치고는 매우 큰 눈이었습니다. 전주 삼천동 곰솔은 몇 해 전에 이미 전문가들의 정밀 조사에 의해 사망 진단을 받은 걸 잘 알고 있습니다. 그때 하마터면 천연기념물의 지위도 잃을 뻔했지요. 죽은 생물에게 천연기념물이라는 지위를 부여할 수는 없을 테니까요. 그러나 그때 문화재청에서는 이 나무의 천연기념물 지위를 그대로 유지하기로 했습니다. 그 사연은 뒤에 천천히 이야기하겠습니다. 그때 나무가 더 이상 썩거나 훼손되지 않게 하기 위해 나무줄기 전체에 부식 방지 처리를 했습니다. 앞의 사진이 그때의 모습입니다. 마치 나무줄기가 니스를 칠한 것처럼 반들반들하지요. 저 상태로는 나무가 숨을 쉴 수 없겠지요. 그러나 더 썩지 못하게 하려는 최소한의 조치였습니다.

그러나 다음 사진을 보세요. 이게 바로 이번에 새로 찾아보았을 때 사진입니다. 다른 게 보이시죠. 그러니까 예전에 부식 방지를 위해 줄기 표면에 처리했던 칠을 모두 벗겨내고, 나무가 숨을 쉴 수 있도록 숨구멍을 틔워준 겁니다. 나무는 저리 처참한 모습으로도 아직 죽지 않은 겁니다. 그리고 얼마 전 사망선고를 내렸던 문화재청에서도 사망선고를 되돌리고, 여전히 살아 있는 생물로서 관리하고자 한 겁니다. 물론 천연기념물로서의 지위도 그대로 유지하고 있습니다. 뭉개지고 부러지고 찢기면서도 나무는 여전히 생명을 내려놓지 않았습니다. 거기엔 사람들의 크고 아름다운 마음이 있었습니다.

이 나무가 겪어온 구구절절한 사연을 천천히 짚어보겠습니다. 그러면 먼저 이 나무가 지금처럼 참혹한 모습을 하기 전 모습을 보지요. 이 사진은 제가 촬영한 것이 아니라 문화재청의 자료 사진입니다. 문화재청의 허가를 얻고 제가 이 나무를 알릴 때마다 보여드리는 사진입니다. 원래 바닷가에서 자라는 소나무인 곰솔이 내륙 한가운데인 전주 삼천동 지역에서 살아간다는 것만으로도 특별한 나무임이 틀림없는데, 사진에서 보시는 것처럼 한창 싱그러울 때의 생김새는 우리나라에 살아 있는 여느 곰솔에 견주어도 모자람이 없이

전주 삼천동 곰솔(ⓒ 문화재청)

아름다웠습니다. 나무의 생김새를 과거형으로 이야기해야 하는 게 참으로 가슴 아픕니다.

  살아 있던 전주 삼천동 곰솔은 키 14미터, 가슴높이 둘레 4미터 규모의 작지 않은 나무였습니다. 키는 그리 크지 않으나 나뭇가지를 동서 34.5미터, 남북 29미터나 펼친 아름다운 나무였어요. 당시 모습을 직접 보지는 못했지만, 사진만으로도 그 아름다움은 능히 짐작할 수 있습니다. 나무는 땅에서 2미터까지 굵고 곧은 줄기를 우뚝 솟구쳐 올리고, 그 부분에서 수평으로 여러 개의 가지를 펼쳤습니다. 어찌 보면 마치 한 마리의 학이 날아오르는 듯한 수려한 모습이에요. 이 모습을 놓고 사람들은 전주 삼천동 곰솔에게 '학송(鶴松)'이라는 별명을 붙여주기도 했지요. 우리나라의 옛사람들은 아무데나 학의 이름을 붙여주지 않았습니다. 두루미라고도 부르는 학은 예로부터 장수뿐 아니라 고

고한 기상을 가진 선비의 이상적인 성품을 상징했지요. 동화나 전설에서는 학을 신선에 비유하기도 했을 정도입니다. 그런 학을 나무의 생김새에 빗대어 별명으로 붙였다는 것만으로도 나무의 기품이 어느 정도였을지 짐작할 만합니다. 학의 이름이 붙은 다른 소나무가 하나 있기는 합니다. 바로 충청남도 보령시 청라면 장현리에 있는 소나무를 '귀학송(歸鶴松)'이라고 부르는데요, 그건 나무의 생김새를 학에 비유한 게 아니라, 학이 깃드는 소나무라는 뜻에서 붙인 이름일 뿐 나무가 학을 닮았다고 한 건 아니에요. 아마도 생김새를 학에 비유한 나무는 전주 삼천동 곰솔이 유일할 겁니다. 그만큼 이 곰솔은 우리나라의 모든 곰솔 가운데 가장 아름다운 나무라는 데 누구도 주저하지 않을 만한 나무입니다.

　곰솔이 저절로 자라는 바닷가가 아니니, 삼천동에서 자라는 곰솔은 분명히 누군가가 일부러 심어 키운 나무일 겁니다. 대개는 무언가를 기념하기 위해 심어 키운 특별한 나무이기 십상이지요. 달리 말해 사연을 가진 나무라는 거죠. 전주 삼천동 곰솔도 그렇습니다. 나무가 처음 심어진 때와 유래가 전하는 게 없어 정확히 말씀 드릴 건 없습니다. 따라서 전주 삼천동 곰솔의 나이에 대해서도 제가끔 다른 이야기가 여럿 전합니다. 문화재청의 천연기념물 자료에 따르면 이 나무를 250살 정도로 추정한다고 했지만, 전주시청의 자료에는 500살 정도 된 나무라고 돼 있습니다. 어느 쪽이 맞는지는 여전히 알 수 없는 일입니다.

　하지만 전주 삼천동 곰솔이 이 자리에 심어진 이유만큼은 정확하다고 할 수 있습니다. 원래 이 자리는 인동 장씨의 선산 지역이었어요. 그리고 곰솔은 이 지역이 선산임을 표시하기 위한 '표지송(標識松)'이었습니다. 다만 누가 언제 심었는지가 정확하지 않을 뿐입니다. 1920년대에 들어 인동 장씨의 후손 가운데 한 사람인 장재철이라는 분이 나무 둘레에 축대를 쌓고, 그 앞에 '장씨산송대(張氏山松臺)'라는 표지석까지 세웠습니다. 이 표지석은 고행하는 모습으로 서 있는 나무 앞에 여전히 남아 있습니다.

이 지역은 그때만 해도 도시 변두리의 고요한 숲이었습니다. 나무는 고요 속에 파묻혀 인동 장씨의 선산을 표시하고 지키며 행복하게 잘 자랐습니다. 나무에게는 아주 행복한 환경이었겠지요. 그래서인지 바닷가에서 자라는 다른 곰솔과 달리 전주 삼천동 곰솔은 키를 높이 키우지 않고 옆으로 넓게 가지를 뻗으며 아름다운 모습으로 자랐습니다.

그렇게 행복하게 지내던 1990년대 초반의 어느 날, 이 지역에 난데없는 개발 열풍이 불어닥쳤습니다. 사람이든 나무든 멧돼지든 너구리든, 도시에서 살아가는 뭇 생명이 결코 피할 수 없는 일입니다.

이른바 안행택지지구 개발 계획이었습니다. 착착 진행된 개발 계획에 따라 나무 옆으로는 8차선 도로가 뚫렸고, 고층 아파트가 올라갔어요. 죽은 사람의 주검이 고요히 지내던 자리에 산 사람이 보금자리를 틀기 시작한 겁니다. 더불어 나무가 고요히 살던 나무의 보금자리에 사람의 보금자리가 들어왔지요. 그러나 그들은 애초부터 함께 살기 어려웠습니다.

천연기념물인 곰솔 부근은 문화재 보호구역으로 지정된 탓에 그나마 택지 개발의 모든 과정에서 벗어날 수 있었습니다. 마침내 택지 개발이 완료되고 새로 지은 아파트와 자동차로 사람들의 수런거림이 들어서자, 곰솔은 번잡한 도심 한가운데 마치 하나의 섬처럼 덩그러니 떨어져 있게 됐지요. 사람들 사이에서 사람들로부터 멀어진 형국이 된 겁니다.

나무 앞의 도로에는 온갖 자동차들이 소음과 매연을 내뿜었고, 나무 옆의 고층 아파트는 나무로 스며드는 바람의 길을 가로막았습니다. 햇살도 머뭇거리게 했지요. 생기를 잃고 나무가 허약해진 건 자연스러운 순서입니다. 그리고 얼마 뒤, 숨이 막혀 허덕거리던 전주 삼천동 곰솔의 상태가 급격히 악화됐습니다. 푸른 솔잎이 우수수 떨어지고, 검은빛의 가지도 희뿌옇게 말라 죽기 시작했어요.

사람들은 가까이에 다가가 살펴보았습니다. 그때 놀랍게도 나무의 밑동 부분에서 예리한 공구를 이용해 뚫은 구멍 여덟 곳이 발견됐습니다. 지름 1센티미터, 깊이 9센티미터 크기의 구멍 안쪽에는 독극물이 투여된 흔적까지 남아 있었습니다. 택지 개발 계획이 착착 진행되던 2001년의 일입니다. 누군가가 나무를 죽이려고 치밀하게 계획한 것이 분명합니다. 명확한 물증이 없기에 잡아내지는 못했으나, 이는 필경 개발 이익을 노린 자의 소행임이 분명하겠지요. 앞에서도 말씀 드렸듯이 천연기념물이라는 지위는 살아 있는 생물에게만 부여합니다. 그러니 나무가 죽으면 자연스레 전주 삼천동 곰솔은 천연기념물에서 해제될 것이고, 그리 되면 보호구역 역시 해제되겠지요. 뒤늦게나마 개발 이익을 챙길 수 있으리라는 계산에서 나온 명백한 범죄 행위임이 틀림없습니다.

선량한 전주 시민들은 이 같은 범죄 행위에 분노했을 뿐 아니라, 전주의 상징인 곰솔을 살리기 위해 백방으로 노력했습니다. 나무를 시(市)의 상징으로 여기며 자랑스러워하던 전주 시민들은 부랴부랴 나무에 투여된 독극물을 제거하고, 나무가 고행을 이겨낼 수 있도록 갖가지 대책을 마련했습니다. 전주시가 중심이 되어 나무를 살릴 수 있는 갖가지 묘책을 찾아내 시행했지만, 이미 독극물이 뿌리 깊은 곳까지 스며들어 몸 전체로 퍼진 뒤였습니다. 온갖 아이디어가 속출했고 용한 나무의사들이 동원됐지만, 나무를 온전히 살려내는 데는 실패하고 말았습니다. 그토록 아름답던 전주 삼천동 곰솔은 그리하여 차츰 생명의 기운을 놓아야 했어요. 솔잎을 하나둘 떨어뜨리던 나무는 싱그럽던 가지까지 툭툭 부러뜨렸습니다. 마침내 무성하던 곰솔의 가지 가운데 햇살 잘 드는 동쪽으로 난 가지 몇을 제외한 모든 가지를 떨어뜨렸습니다. 예전의 화려한 모습은 모두 잃고, 이제는 도저히 살았다고 할 수 없는 참혹한 모습이 되고 말았습니다.

이는 결코 전주 삼천동 곰솔의 모습이라 말할 수 없습니다. 이 흉측한 모습이야말로 바로 개발과 성장에 눈이 먼 사람들의 감춰진 속내일 겁니다. 아름다운 곰솔의 외피에 덧씌운 부끄러운 줄 모르는 사람의 추하고 흉측한 모습입니다. 그런 일은 없어야겠지만, 이 나무가 완전히 썩고 말라 죽더라도 두고두고 잊지 말아야 할 우리 자신의 음험한 속내임을 부인할 수 없습니다.

거꾸로 우리 곁의 나무들을 잘 보살피고 그를 아름답게 살리는 것, 그것은 바로 우리 자신의 모습을 더 아름답게 단장하는 일이라는 걸 전주 삼천동 곰솔은 온몸으로 우리에게 가르쳐줍니다.

이제 간악한 인간의 뜻대로 나무는 천연기념물에서 해제될 차례였습니다. 그러나 이때 문화재청에서 이 나무가 자연적으로 죽은 것이 아니라 사람들에 의해 고의적으로 죽은 나무이므로 이를 오래도록 반면교사로 삼자는 의견이 나왔어요. 그러고는 죽은 생명체이지만 예외적으로 천연기념물의 지위를 계속 유지하기로 결정했습니다. 더불어 나무 주변의 보호구역을 최대한 넓혀 곰솔 공원으로 조성하되, 나무 앞에는 예전의 아름다웠던 모습을 담은 대형 입간판을 세우기로 했습니다. 아울러 입간판에는 이 나무가 왜 지금의 참혹한 모습을 하고 있으며, 또 죽어가는 나무이지만 여전히 천연기념물인지 등 나무가 겪어온 모든 사연을 글로 정리해 남기기로 한 것입니다. 훌륭한 결정이 아닐 수 없지요.

그리고 식물과 조경 관련 전문가늘이 나무의 상태를 정밀 점검했습니다. 점검의 결과는 재생 불가 판정이었고, 이 정도면 나무에게 사망선고를 내릴 수밖에 없다는 안타까운 결정을 내리고 말았습니다. 그런 상태로 놔두었다가는 나무의 중심 줄기가 더 썩어들어 아예 무너 앉을 수도 있다는 절박한 염려

전주 삼천동 곰솔 잎

가 있었던 겁니다. 아직 한쪽 가지가 살아 있지만, 이 가지를 살리기 위해 나무를 방치한다면 나무의 줄기 부분이 차츰 더 썩어 들어가 줄기까지 손상되어 그나마 흔적조차 잃을 수 있다는 절박한 염려였습니다. 그래서 곧바로 나무줄기 부분에 방부 처리를 했습니다.

하지만 이 같은 조치와 무관하게, 전주시의 나무를 사랑하는 많은 분들은 나무를 살리기 위해 여러 애를 썼고, 또 나무를 찾아와 멀리서나마 사랑의 마음을 전하곤 했습니다.

부러진 가지

몇 해가 지나면서 남아 있던 한쪽 가지가 살아 있다고 해도 별 문제없을 만큼 점점 더 울창하고 무성하게 자랐습니다. 아마 몇 해 전 이 나무에 사망선고를 내리신 전문가들께서도 전혀 짐작하지 못한 무성함입니다. 그러자 다시 의견을 모아 나무줄기 표면의 방부 처리를 벗겨내기로 했습니다. 마침내 지난해부터 방부 처리했던 나무줄기 표면의 칠을 걷어내고, 대형 외과수술을 해서 나무를 더 튼튼하게 보호하기로 했습니다. 그게 지금 뒤의 사진의 모습입니다.

얼마 전에 전주 시민을 대상으로 강연을 한 적이 있습니다. 2시간 동안 이어진 강연 중에 전주의 상징인 이 나무를 소개하면서 나무를 살리기 위해 애쓴 전주 시민들의 노고를 찬양했습니다. 그날 강연이 끝난 뒤에 한 노인께서 제게 다가와 "고 선생. 고마워, 고마워. 정말이야"라고 몇 번을 되풀이해 말씀하시면서 제 손을 쓰다듬으셨습니다. 바로 이처럼 따뜻한 어른들의 정성된 노력이 사망선고까지 내렸던 나무를 되살린 것입니다.

전주 삼천동 곰솔에는 지금 19개의 부러진 가지 흔적이 남아 있습니다. 그리고 여전히 4개의 가지는 무성하게 잘 자라는 중입니다. 찢기고 부러진 나무의 흔적은 볼수록 참담함을 금할 수 없게 하지만, 이는 곧 개발 시대에 살아가는 우리 자신의 모습이라는 생각에 슬픔이 치밀어 오릅니다.

나무에게도 분명 수명이 있습니다. 그뿐만 아니라 살아 있는 동안 사람이나 동물처럼 병들어 아프기도 하고, 나이가 들면 늙이 시들기도 하지요. 생로병사는 어쩔 수 없이 모든 생명이 짊어져야 할 운명이니까요. 그러나 그 모든 운명은 스스로 헤쳐 나가야 합니다. 누구도 다른 생명체의 운명을 쥐락펴락할 수 없습니다. 더구나 하냥 주는 것 없이 받기만 하는 사람이 스스로

를 만물의 영장이라 자만하며 다른 생명체의 존엄한 생명을 쥐락펴락할 수는 없습니다. 한곳에 서서 말없이 평생을 살아가는 나무도 물론이지요. 사람은 결코 나무의 생살여탈권을 가지고 있지 않습니다. 나무는 사람 곁에 서서 사람에게 모든 것을 다 내어주고 결국은 사람에 의해 목숨을 잃는 경우가 적지 않습니다. 헤아려보면 그게 어디 전주 삼천동 곰솔뿐이겠습니까? 한없이 많은 경우를 찾아낼 수 있겠지만, 전주 삼천동의 곰솔은 그 대표적인 경우입니다.

전주 삼천동 곰솔 앞에서 우리는 너나 할 것 없이 한결같이 지구라는 아름다운 별의 언짢은 피부병이고, 건강한 터럭 틈에 숨어 살며 끊임없이 지구의 건강한 피를 쪽쪽 빨아먹기만 하는 이나 벼룩이 될 수밖에 없습니다. 지금부터라도 우리 스스로를 참담하게 하는 이 같은 일이 다시는 이 땅에서 일어나지 않기를 두 손 모아 바랄 뿐입니다.

끝으로 한 말씀 보탭니다. 앞에서도 전주 시민들의 노고를 이야기했지만, 분명 우리 안에는 개발과 이익만을 좇는 악마 같은 마음이 있습니다. 그리고 그 마음이 시키는 대로 따라하는 무지몽매한 인간이 있는 것도 사실입니다. 그러나 그 정반대편에는 분명 세상의 모든 생명들과 함께 살아가고자 하는 본성이 있습니다. 생과 사를 몇 차례 왔다 갔다 한 전주 삼천동 곰솔을 저리 참혹한 모습으로나마 지금 우리가 바라볼 수 있는 것은 그래서 아프지만 분명한 행복이라고 말할 수밖에 없습니다. 이제 오늘은 멀리에 있는 나무가 아니라, 우리 곁에 있는 나무들의 안부를 한번쯤 꼭 살펴보았으면 좋겠습니다. 그건 나무를 살리는 길만이 아니라, 결과적으로는 우리가 더 아름답고 평화롭게 사는 길입니다.

나무가 아름답게 사는 곳은 사람도 평화롭게 사는 곳이고, 나무가 죽어가는 곳이라면 필경 사람도 죽어갈 수밖에 없다는 아주 평범한 진리를 오래도록 마음 깊이 새길 수 있기를 진심으로 기원하겠습니다.

| 에필로그 |

끝나지 않는, 결코 끝날 수 없는
나무 이야기를 위하여

'한국의 나무', 혹은 '나무와 사람'이라는 주제의 강연에서 뵈었던 분들은 참으로 다양했습니다. 불특정 다수의 독자를 대상으로 쓰는 글과 달리 다양한 분들을 찾아뵙는 현장 강연에는 보다 꼼꼼한 준비가 필요했습니다. 수강생의 연령과 참가자의 규모는 물론이고, 강연회 장소도 고려해야 했습니다. 더불어 강연회 일정이 봄인지 가을인지도 나무 이야기를 하는 데 중요한 변수가 아닐 수 없었습니다. 결국 시기에 따라, 청중에 따라 알맞춤한 내용을 새롭게 구성하여 강연을 진행했습니다. 그렇게 십 년 가까이 지났습니다.

나무 이야기를 강의로 기획하여 저를 찾아주시는 고마운 분들은 대개 제게 특별한 배려를 하십니다. 강의뿐 아니라 방송도 그랬습니다. 나무로 할 수 있는 이야기가 얼마나 있겠느냐 지레 짐작한 탓에, 긴 시간을 배정하면 제가 당황할 수도 있겠다 여기고 강좌 시간도 짧게 잡고, 방송이라면 출연 횟수를 짧게 조정하십니다. 분명 고마운 배려입니다. 그러나 일단 강연을 시작하면 늘 시간이 모자랐습니다. 그래서 강연을 주최하시는 분들이 추가 강연회 자리를 마련하곤 하셨습니다. 이 책은 그렇게 시간이 모자라 하릴없이 생략할 수밖에 없었던 나무와, 맥락을 제대로 잇지 못했던 나무 이야기를 하나의 흐름으로 종합하려는 뜻에서 이루어졌습니다.

이 땅의 큰 나무들에는 참으로 많은 이야기가 담겨 있습니다. 나무도 사람처럼 살아서 사람과 더불어 살아가는 분명한 생명체인 까닭이지요. 그러나 나무가 건네주는 이야기를 알아듣는다는 건 매우 어렵거나 불가능한 일입니다. 나무 곁에 머물러 그의 속내를 가만히 바라보는 데서부터 나무 이야기를 듣는 일은 시작됩니다. 그를 심어 키우며 그의 속살을 오랫동안 어루만졌을 그곳 사람들을 찾아보는 일은 당연한 다음 순서입니다.

그래서 나무 이야기라고 했지만, 사실 나무를 찾고 그의 이야기에 귀 기울이는 과정은 나무를 둘러싸고 살아온 주변 사람들의 이야기와 어우러질 수밖에 없습니다. 나무가 서 있는 아름다운 마을을 찾아가고, 그 마을에서 오래 살아온 노인들을 찾아뵙고 이런저런 나무 이야기, 혹은 마을 살림살이 이야기를 듣는 건 빠뜨릴 수 없습니다. 나무와 더불어 살아온 사람들의 이야기를 듣고 나면, 어느새 나무가 아무것도 모른 채 처음에 만났을 때와는 전혀 다른 모습으로 제 앞에 다가서 있음을 깨닫고 화들짝 놀라는 일이 항다반사입니다.

그렇게 나무를 바라보고 있으면 어느 순간 나무는 기쁨의 빛깔을 띠기도 했고, 어떤 때는 바라보기 힘들 만큼 한 많은 슬픔의 빛깔로 다가오기도 했습니다. 결국은 사람 이야기인 셈입니다. 하긴 사람으로부터 벗어나 홀로 사는 나무라면 이처럼 긴 이야기가 필요 없겠지요. 사람과 더불어 살아가는 생명체로서의 나무라는 점이 중요한 화두였습니다. 저에게 나무는 언제나 나무 줄기 깊숙한 곳에 말갛게 새겨진, 숱하게 많은 우리 삶의 희로애락은 물론이고, 우리의 큰 역사, 작은 역사가 담긴 우리 삶의 알갱이 그 자체였습니다.

그렇게 하나의 나무 이야기를 완성해 나갈 때의 기쁨 혹은 만족감은 더없이 컸습니다. 비로소 나무가 저에게 이야기를 걸어오는 듯했습니다. 그건 어쩌면 제 안에, 혹은 우리 안에 담긴 삶의 알갱이를 찾아내는 일인지도 모릅니다. 틀림없습니다. 오랫동안 이어온 '나무 강연회'도, '한국의 나무 특강'이라는 이 책의 이야기도 모두 이 같은 나무와의 만남 과정을 풀어낸 것입니다.

나무 답사는 언제나 경건할 수밖에 없습니다. 아울러 답사를 마치고 돌아오는 길에는 헤아릴 수 없이 깊은 그리움에 몸부림치는 것도 하릴없습니다. 물론 처음에는 나무에 대한 그리움이라고 할 수밖에 없습니다. 그러나 그 깊은 그리움의 바닥에는 나무와 함께 살아가는 노인들, 혹은 나무를 심고 애지중지 키우다 이승에서의 삶을 마무리한 옛사람들에 대한 그리움이 똬리 틀고 있음을 분명히 알 수 있습니다. 나무를 향한 그리움이 왜 그리 절실할 수 있는지를 깨닫게 되는 까닭입니다.

*

그동안 나무 특강을 통해 뵈었던 분들은 참으로 다양했습니다. 초등학교에 들어가기 전인 유치원 아이들부터 칠순을 넘긴 노인들까지 모든 연령 대의 사람들을 만날 수 있었습니다. 모임의 특징도 제가끔 달랐습니다. 기업을 이끄는 CEO들이 모인 어느 대학교 경영대학원의 최고경영자과정도 있었고, 중등학교 교감·교장 연수회도 있었으며, 회계·경영 전문가들의 모임도 있었습니다. 나무 이야기에 관심이 많은 숲 해설가들 모임은 지극히 당연했습니다. 아울러 자연에 대한 관심이 높은 유치원 교사, 혹은 초중등 교사들의 모임도 있었습니다.

다양했지만, 어느 모임에서든 나무에 대한 관심과 애정을 확인할 수 있었습니다. 강연이 끝나면 일부러 찾아와 제 두 손을 꼭 잡고, '좋은 나무 이야기

참 고맙다'고 여러 차례 인사를 건네는 어르신들이 계신가 하면, 귀퉁이가 닳아빠진 수첩에 굳이 몇 줄 글을 써 달라고 청하는 분도 계셨고, 때로는 기념 촬영까지도 함께하자 하셨습니다. 모두가 고맙고 즐거운 기억입니다. 그 모든 고마움의 바탕에는 언제나 우리를 하나로 이어주는 나무가 있었습니다. 나무가 아니고서야 이처럼 순하고 소박한 만남이 어찌 가능했겠습니까?

강연에서의 만남은 한참 지난 뒤까지 이어졌습니다. 어느 중학교의 선생님은 제가 낸 책을 들고 아이들을 이끌고 학교 안의 나무를 헤아리는 수업을 동영상으로 촬영해 보내주기도 하셨고, 어떤 분은 자신의 집 근처에서 새로 바라보게 된 나무 사진을 정성껏 찍어 보내주기도 하셨습니다. 그리고 더 많은 분들이, 가까이에 있는 나무들을 새로 한번 더 바라보게 됐다는 감사와 격려의 편지를 보내주셨습니다. 또 여행 중에 큰 나무라든가 특별한 나무를 만나면, 잊지 않고 꼬박꼬박 나무의 사진과 위치를 적어서, 꼭 한번 찾아가보라는 연락도 수시로 전해주셨습니다.

그런 와중에 뜻밖의 편지를 받기도 했습니다. 대장암 말기로 죽음의 고비를 넘나드는 고통을 겪는 부인을 간병하는 중이라고 자신을 소개한 중년 남자 분의 편지였습니다. 이어지는 간병으로 탈진 지경에 이르렀던 어느 날, 그분은 제가 홈페이지 솔숲닷컴을 통해 띄우는 나무 편지를 천천히 바라보며 쌓인 피로를 풀 수 있었다고 하셨습니다. 작가로서 더없이 행복하고 영광된 순간이었습니다. 그리고 곧바로, 그렇게까지 중요한 의미를 가질 수 있는 나무 이야기, 나무 편지였다면 조금 더 성의를 기울였어야 하지 않나 하는 반성도 들었습니다.

그런 일은 또 있었습니다. 이번에는 치매에 걸린 친정어머님을 정기적으로 찾아뵙는다는 아주머니였습니다. 그분은 친정어머님이 계시는 요양원에 갈 때마다 노트북을 가지고 간다고 하셨습니다. 정신이 온전치 않은 친정어머니께 제 나무 이야기에 포함된 나무 사진을 보여주기 위해서였다고 합니다. 딸조차 알아보지 못하는 늙은 어머니가, 사진 속의 나무만 보면 정신이 말짱해지면서 옛 추억을 끄집어내신다는 겁니다. 치매에 걸린 어머니께는 어느 치료약보다 제 나무 사진이 가장 좋은 약이라는 분에 넘치는 칭찬과 감사의 인사가 담긴 편지였습니다.

나무는 사람과 더불어 살아가며 사람에게 큰 위안과 영향을 주는 생명체라는 생각을 다시 떠올리지 않을 수 없습니다. 물론 강연회를 통해 만나 뵈었던 모든 분들과 강연회 이후까지 살가운 연락을 주고받는 건 아닙니다. 그러나 인연이 지속됐든 혹은 그렇지 않았든 분명한 건 나무를 중심으로 많은 분들과 함께 아름다운 기억을 나누게 됐다는 사실입니다.

그건 제가 화려한 이야기 재주로 많은 분들을 감동시켰기 때문이 아닐 것입니다. 그분들 모두가 이미 나무에 대한 생각이 많았음이 틀림없습니다. 제가 한 일은 고작해야 나무에 대한 그분들의 간절한 마음을 말로, 혹은 글로 끄집어냈을 뿐입니다. 달리 이야기하자면, 우리 모두의 속 깊은 곳에 담긴 생명에 대한 경외감을 한번 더 돌아볼 수 있게 이야기로 풀어낸 것 이상이 아니라는 뜻입니다. '우리 안에 담긴, 나무처럼 아름다운 생명의 참 알갱이'라고 해도 될 아름다운 마음들입니다.

'특강'이라는 형식으로 엮어낸 이 책 역시 같은 의미에서 제가 특별한 이야기를 풀어냈다기보다 우리들 스스로가 나무와 더불어 살면서도 지나친 분주함 탓에 오래 바라보지 못했던 생명의 알갱이를 짚어낸 정도에 지나지 않습니다.

나무 이야기를 하면 할수록 나무의 모습이 곧 우리의 모습이라는 생각을 떨칠 수 없습니다. 사람살이가 아름다운 곳에서 나무는 그만큼 아름답게 서 있고, 사람살이가 고단하고 거친 곳에서는 나무 역시 고단한 표정으로 사람을 맞이합니다. 결국 '나무가 아름다운 곳은 사람이 평화롭게 살 수 있는 곳이고, 나무가 죽어가는 곳에서는 사람도 살 수 없다'는 지극히 평범한 진리를 다시 이야기하게 됩니다.

*

'한국의 나무 특강'이라는 이름으로 좌충우돌 이어온 이야기는 일단 여기서 마무리합니다. 그러나 나무 이야기는 여기가 끝이 아닙니다. 사람보다 먼저 이 땅에 자리 잡아 살아왔고, 앞으로도 사람보다 더 오래 이 땅에 살아남을 나무 이야기는 결코 끝나지 않을 것입니다. 이 땅에 생명이 존재하는 한 세상의 모든 생명을 먹여 살리는 나무 이야기는 끝날 수 없습니다.

마무리 글을 쓰는 지금 이 순간에도 나무는 필경 새로운 생명의 나래 짓으로 부산할 것입니다. 또 어쩌면 생로병사에서 자유로울 수 없는 나무가 태풍이나 번개처럼 피할 수 없는 자연재해로 아파하고 있을지도 모릅니다. 그들의 이야기는 우리 곁에서 우리 삶과 함께 끝없이 흐를 것입니다.

그동안 현장에서 만나 뵈었던 많은 분들이 그러셨듯 이 책을 통해 다시 만나게 될, 그리고 새로 만나게 될 많은 독자 여러분들과 함께, 들녘에 홀로 서 있는 한 그루의 나무에서 울려나오는 생명의 노랫소리에 가만가만 귀 기울일 수 있기를 진심으로 희망합니다. 그것이 곧 우리 자신의 삶을 돌아보고, 이 팍팍한 시절을 더 평화롭고 지혜롭게 살아가기 위한 첫걸음인 까닭입니다.

고맙습니다.

2012. 가을
고규홍

고규홍의 한국의 나무 특강

글 · 사진 | 고규홍

1판 1쇄 발행일 2012년 11월 26일
1판 3쇄 발행일 2018년 3월 19일

발행인 | 김학원
편집주간 | 김민기 황서현
기획 | 문성환 박상경 인은선 김보희 최윤영 선누현 최인영 이보람 김진주 정민애 임재희 이효온
디자인 | 김태형 유주현 구현석 박인규 한예슬
마케팅 | 이한주 김창규 김한밀 윤민영 김규빈 송희진
저자 · 독자 서비스 | 조다영 윤경희 이현주(humanist@humanistbooks.com)
스캔 · 출력 | 이희수 com.
조판 | 홍영사
용지 | 화인페이퍼
인쇄 | 청아문화사
제본 | 정민문화사

발행처 | 휴머니스트
출판등록 | 제313-2007-000007호(2007년 1월 5일)
주소 | (03991) 서울시 마포구 동교로23길 76(연남동)
전화 | 02-335-4422 팩스 | 02-334-3427
홈페이지 | www.humanistbooks.com

ⓒ 고규홍, 2012

ISBN 978-89-5862-549-0   03810

* 도서의 국립중앙도서관 출판시도서목록(CIP)은 e-CIP홈페이지(http://www.nl.go.kr/ecip)와 국가자료공동목록시스템(http://www.nl.go.kr/kolisnet)에서 이용하실 수 있습니다. (CIP제어번호 : CIP2012004630)

만든 사람들

기획 · 편집 | 박지홍 박세원
디자인 | 김태형
문의 | 전두현(jdh2001@humanistbooks.com)

* 이 책은 저작권법에 따라 보호받는 저작물이므로 무단전재와 무단복제를 금합니다.
* 이 책의 전부 또는 일부를 이용하려면 반드시 저자와 (주) 휴머니스트 출판그룹의 동의를 받아야 합니다.